U0141249

資安鑑識分析

數位工具、情資安全 犯罪偵防與證據追蹤

ICC AB

王旭正
李榮三
周澤捷
著

作　　者：王旭正、李榮三、周澤捷
責任編輯：Cathy

董 事 長：曾梓翔
總 編 輯：陳錦輝

出　　版：博碩文化股份有限公司
地　　址：221 新北市汐止區新台五路一段 112 號 10 樓 A 棟
　　　　　電話 (02) 2696-2869　傳真 (02) 2696-2867

發　　行：博碩文化股份有限公司
郵撥帳號：17484299　戶名：博碩文化股份有限公司
博碩網站：http://www.drmaster.com.tw
讀者服務信箱：dr26962869@gmail.com
訂購服務專線：(02) 2696-2869 分機 238、519
（週一至週五 09:30 ～ 12:00；13:30 ～ 17:00）

版　　次：2024 年 12 月初版

建議零售價：新台幣 560 元
I S B N：978-626-414-036-2
律師顧問：鳴權法律事務所 陳曉鳴律師

國家圖書館出版品預行編目資料

資安鑑識分析：數位工具、情資安全、犯罪偵
防與證據追蹤 / 王旭正，李榮三，周澤捷著．
-- 初版 .-- 新北市：博碩文化股份有限公司，
2024.12

面；　公分

ISBN 978-626-414-036-2(平裝)

1.CST: 資訊安全 2.CST: 數位科技 3.CST: 電
腦犯罪 4.CST: 鑑識

312.76　　　　　　　　　　　113018140

Printed in Taiwan

博 碩 粉 絲 團　歡迎團體訂購，另有優惠，請洽服務專線
　　　　　　　　(02) 2696-2869 分機 238、519

推薦序

回望過去數十年學術與技術的飛躍，從年輕時研究的實證科學，到今日的數位證據與網路安全，科技的發展速度令人嘆為觀止。這本《資安鑑識分析：數位工具、情資安全、犯罪偵防與證據追蹤》所探討的正是資安與網路犯罪等的未來。

過去的司法偵查仰賴紙本檔案和實體證據，對比今日，專業人員不僅需要理解複雜的網路架構，還要熟悉媒體、數位內容上的蛛絲馬跡。這樣的變化當然改變調查人員證據蒐集的方式，也讓人們重新思考證據的可信性與可用性。

數位證據不像傳統物理證據，難以具體感知，並且具有易於複製、修改和刪除的特性。透過先進的加密技術和驗證機制，數位證據可以確保在採集、存儲、傳輸及呈堂過程中的完整性與不可否認性，讓每一個數據都經得起最嚴格的法律檢視。這正是為何鑑識人員必須格外謹慎，確保所呈交的每一個證據都經得起法律的檢驗。

本書剖析了數位鑑識的每一個環節，從數位證據的搜集到法庭上的呈堂過程，體現出這個領域的專業性和重要性。書中不僅詳述了數位證據的處理流程、映像檔製作的詳細解釋，還提供了大量的實務案例與技術分析，特別是在面對數位證據易於竄改、難以保存等挑戰時，密碼學技術的應用無疑是這些問題的核心解決方案。

隨著社會愈發依賴科技，數位證據已成為法庭上不可或缺的一部分。我相信這本書將成為相關專業人士的重要入門，並激發更多關於數位安全與證據保障的研究與討論。這本書的出版，不僅填補了在數位鑑識與資安領域的一大空白，更為當前和未來的研究者、實務工作者和司法從業者提供了一份寶貴的敲門磚，無論是初學者還是業內專家，都能獲益良多。

何宜武先生學術講座

張真誠 教授

作者序

「資安」，現在正夯，那是因為：科技的趨近完美、完整，沒有「安全」與「保障」的背書加持，總是少了那內心的「放心」，也就是「安全感」。那不就是我們掛在嘴邊的「安全」。在科技裡的「安全」掛上形容詞的「資訊／科技」也就成就了「資安」／「科安」，「夯」字有它的道理，那就是文明的脈絡。

「資安」發展，很長，很有趣的故事，是可以聊的，也將令人耳濡目染，津津有味。簡單聊提資安的「鑑定」是找出「貨真價實」的真訊息、真來源、真貨來拉出「鑑識」。「資安」與「鑑識」，一前一後、一左一右、一上一下，一直都在一起，甚而合而為一，只要判斷「真／假」，都是資安「鑑定」的本事；只要「真／假」裡，還要拿出證據，來精確連結更多關係，例如：人事時地物的「祖宗八代」糾葛，那就是資安「鑑識」的出場表現。

科技時代裡，資訊多了，訊號飛來飛去，不經意裡，造成互動裡的「不確定性」，也偶爾造成「侵犯性」。為了釐清科技時代的「真相」、「重建現場」，資安「鑑識已浮上抬面。走在時代洪流開始出征，在科技資訊戰場，開始立下汗馬功勞—「往前衝衝衝，紅透半邊天」！

電腦／科技世代硬體與軟體的天作之合，開啟了資安鑑識／科技／網路世代的新紀元。資安鑑識的世代 -「鑑識」與「證據」的組合，互依互存有如天作之合的軟體「鑑識」與硬體「證據」，少了其中一種就無法發揮其作用。因此如果沒有「證據」的殘屑佇留，何來「鑑識」之推敲、溯衍。另一方面沒有「鑑識」的抽絲剝繭，碎屑依然散落，就算有再多的證據也無「證明力」來證明犯罪事實。瞭解了數位「鑑識」與「證據」之關係，最重要的工作是如何從眾多的證據中找到足以證明「侵犯」的事實。另一方面是利用數位鑑識工具及方法所萃取出來的證據，得妥善保存才能證明「侵犯」事實之證據力及證明力。

作者 王旭正／李榮三／周澤捷

作者簡介

王旭正 Shiuh-Jeng Wang

國立台灣大學電機工程學博士。現任中央警察大學教授。研究領域為資安分析、資訊鑑識與數位證據、資訊安全與管理、密碼學。目前亦為社團法人台灣 E 化資安分析管理協會（ESAM，since 2018, https://www.esam.io/）創辦人（ESAM，https://www.esam.io/wang/）。

作者是「情資安全與鑑識科學實驗室」（Intelligence and SECurity FORENSICS Lab.，簡稱 SECFORENSICS, https://www.secforensics.org/）、「資訊密碼與建構實驗室」（Information Cryptology and Construction Lab.，簡稱 ICCL）主席。帶領研究團隊，自 2003 年開始為資訊科技類雜誌撰寫技術專欄，包括：《網管人》雜誌（2007 年起迄今, https://www. esam.io/netadmin/），及法務部調查局的資安生活科技專欄（2021 年起, https://www. mjib.gov.tw/eBooks）等。

作者多次以國際訪問學者身分至美國多所大學進行學術研究工作，擔任 ESAM 理事長（2018-2024），國內外著有二十餘本著述，包括：《The First/Second SITAIBA, Security and Information Technologies with AI, Internet Computing and Big-data Applications》（由國際著名出版社 Springer/Springer Nature 出版, https://www.springer.com/series/8767）、《資安密碼系列(科普讀物)－秘密不再是秘密：輕鬆認識密碼學－打造你的數位安全防線》、《數位神探系列（科普讀物）－資安密碼 - 隱形帝國：數位鑑識學院尋探之旅》、《資訊生活安全：行動智慧應用與網駭實務》、《數位神探（科普讀物）－現代福爾摩斯的科技辦案：10 個犯罪現場偵蒐事件簿》、《數位鑑識：e 科技資安分析與關鍵證據》、《數位多媒體技術與應用：Python 實務》、《數位與醫學影像處理技術：Python 實務》、《認識密碼學的第一本書》（中國大陸簡體版《給祕密加把鎖》，西苑出版社）等相關專書；並審校《巨量資料安全技術與應用》、《雲端運算安全技術與應用》等資安趨勢與應用書籍。

李榮三 Jung-San Lee

　　李榮三博士於國立中正大學資訊工程學系取得博士學位。歷任逢甲大學資訊安全研究中心主任、逢甲大學資源管理中心主任、逢甲大學資訊工程系暨研究所主任與所長。現任財團法人資訊工業策進會資安科技所所長、逢甲大學資訊工程學系特聘教授。研究領域包括資訊安全、電子商務安全、密碼學、數位影像處理、區塊鏈技術與應用、無線通訊網路及遠距數位鑑識。

　　李教授在資訊安全工程領域的貢獻具有創新與實用性，其研究不僅推動了技術創新，更促進了理論與實踐的緊密結合。在遠距數位鑑識領域，團隊開發了創新的「雙鏈託管機制」，有效解決了跨國網路犯罪調查中的證據保全問題。此外，團隊設計的遠端鑑識機制符合國際標準，實現了合法、可追溯的遠程證據收集。在零信任架構研究中，團隊運用機器學習技術，分析企業員工的行為特徵，提出了兼顧安全與使用體驗的動態身份驗證方案，為產業界與政府機關提供了實施零信任策略的新思路。

　　自 2008 年起，李教授主持逢甲安全實驗室（Joint Security Laboratory，簡稱為 JS Lab），該實驗室在相關研究領域已發表逾百篇論文，其中多篇發表於 IEEE 高影響力期刊，李教授亦是國際知名 Springer 出版集團的 Spring Nature Proceedings book 系列－《Security and Information Technologies with AI, Internet Computing and Big-data Applications》的議程主席；以及 International Computer Symposium（ICS）之議程主席，彰顯了李教授團隊的研究實力與國際影響力。李教授曾任電腦學刊執行編輯以及資訊安全通訊客座編輯，並有資訊安全專書：《資訊生活安全、行動智慧應用與網駭實務》（博碩出版社）；法務部調查局科技專論，介紹國內外的網路攻擊、詐騙，各式假消息的手法等犯罪事件；《網管人》雜誌（城邦媒體控股集團）的科技專欄寫作專家，為資安科技提供最新的資安分析、鑑識技術與國際趨勢。目前亦擔任社團法人台灣 E 化資安分析管理協會理事與大學聯盟中心主任；中華民國資訊安全學會常務理事，積極推動資訊安全領域的學術交流與產業發展。

周澤捷　Chit-Jie Chew

逢甲大學資訊工程博士，研究領域為資訊安全、數位鑑識、零信任、區塊鏈技術與應用，在所屬領域已發表十餘篇國際期刊論文。現任三甲科技股份有限公司（AAA Security Technology Co., Ltd., https://www.aaasec.com.tw/）資安技術研發工程師，亦兼任逢甲大學資訊工程學系助理教授，開授網路安全領域課程。曾榮獲斐陶斐榮譽學會會員資格及第二十九屆全國資訊安全會議最佳學生論文獎。

目錄

1

0 與 1 的崛起－數位證據

1.1 數位證據 1-2

1.2 數位證據的處理程序 1-6

1.3 數位證據類型 1-10

1.4 映像檔－擷取數位證據的核心 1-22

1.5 數位證據處理問題 1-31

1.6 數位證據的儲存與管理 1-45

1.7 結語 1-49

2

現代包青天－數位鑑識

2.1 數位鑑識之概念 2-3

2.2 數位鑑識與證據 2-7

2.3 鑑識工具概論 2-11

2.4 木馬抗辯的觀察與追蹤策略 2-22

2.5 結語 2-35

3

最普遍的系統－Windows 鑑識

3.1 Windows 作業系統 3-2

3.2 稽核紀錄 Log File 3-2

3.3 Windows 的登錄資訊 3-13

3.4 Windows 數位證據的縱橫萃取與連結 3-16

3.5 結語 3-25

4 Windows 鑑識工具介紹

4.1 FTK 介紹與應用 4-3

4.2 EnCase 介紹與應用 4-11

4.3 非整合性之鑑識工具 4-20

4.4 結語 4-29

5 最穩定的系統－Unix 鑑識

5.1 Unix 作業系統 5-2

5.2 證據蒐集技術 5-7

5.3 Unix 檔案系統 5-14

5.4 結語 5-16

6 Linux 鑑識工具

6.1 Linux 的系統工具 6-2

6.2 Linux 的密碼破解工具 6-15

6.3 Linux 鑑識整合工具 6-17

6.4 結語 6-23

7 隨身小電腦－智慧型手機鑑識

7.1 手機作業系統介紹 7-2

7.2 手機數位鑑識 7-4

7.3 手機鑑識程序 7-9

7.4　整合型鑑識工具介紹應用 7-11

7.5　iOS 鑑識工具介紹應用 7-22

7.6　Android 鑑識工具介紹應用 7-27

7.7　結語 7-34

8 網路無國界－數位網路危機與鑑識

8.1　網際網路與數位鑑識 8-3

8.2　雲端運算與數位鑑識 8-26

8.3　雲端列印 8-41

8.4　結語 8-55

1

CHAPTER

0 與 1 的崛起－數位證據

導讀

由於數位資料相當脆弱，任何存取動作都可能改變其原始狀態，為確保數位
證據之證據力，在數位證據的處理更應特別謹慎，並注意數位證據的儲存與
管理，特別是如何確保從證據的蒐集、分析到最後呈現於法庭上完整的數位
證據管理鏈，如此，當從大量的資料中分析出對於偵辦電腦／網路犯罪有用
的數位證據時，該數位證據才能具有其證據能力。另外，鑑識人員應熟知
各種蒐證的技巧及證據資料可能藏匿的位置，並注意數位證據處理相關的問
題。而在進行數位鑑識時，為保全現場第一步即是進行電腦設備映像檔的製
作，因此，映像檔的製作可說是擷取數位證據的首要工作。

前言

　　由於電腦與網路的快速發展、普及和應用，依賴傳統證據為主的鑑識方法，已經不足以對抗科技導向的資訊犯罪案件。資訊犯罪案件範圍很廣，包括：製造施放電腦病毒、盜拷資訊、盜用資訊資源、駭客入侵、網站攻擊、非法侵占、蓄意破壞以及資訊戰爭…等。因此，司法單位開始利用資訊科技的各種方法以取得儲存於電腦及儲存媒體中的資訊，並將數位型態之資訊轉為呈堂證據。數位證據（Digital Evidence）主要是蒐集數位類型的犯罪證據以幫助司法人員調查各種類型的案件，更可協助司法單位進行資訊犯罪的鑑識。在許多國家，數位證據已經可以在法庭上成為呈堂證據，藉此彌補傳統辦案方式的各種障礙與不足。面對這些涉及電腦的傳統犯罪或是電腦犯罪案件，鑑識人員已無法利用傳統的犯罪偵查模式來完成採證工作，此時需要電腦鑑識技術的輔助來完成證據採集。且由於數位證據本身具有可無限複製且輕易竄改的特性，所以很難推斷該證據本身是否為「原始資料」，這使得數位證據之證據力常遭受質疑。實際上，數位證據不可能永遠存在，在保管不慎的情形下證據稍縱即逝。

　　隨著資訊科技與網際網路的發達，傳統的犯罪型態已經逐漸演變成新興的資訊犯罪模式。犯罪者利用資訊與網路科技為工具將犯罪領域延伸，因此依靠傳統的偵查技術及方法已不足以收集存留於資訊與網路設備中的線索。本章就數位證據的基本觀念做簡要的介紹，內容包括：何謂數位證據、數位證據的處理程序及類型、映像檔相關概念與數位證據處理及管理。

1.1　數位證據

　　數位證據（Digital Evidence）又稱為電子證據（Electronic Evidence）。數位證據與傳統證據不同之處，在於數位證據是以數位的型態儲存或傳輸，它是可以在法庭成為證據用的數位電子資訊。數位證據並非可以直接察覺及非具體存在的事物，通常以電磁或電波的方式儲存於電子媒體上。因為這個特性，它必須藉

助電子設備加以讀取、分析或顯示，以呈現供視覺可判讀的資訊型態，因此在法律之角度上不易如實體證據般擁有相同的地位。再者，電磁紀錄不易蒐集取得、容易消失、保存不易、且容易偽造變造，也不易證明所擷取的證據與原始證據相同，因此很難成為法庭上的佐證。為了克服上述問題，我們必須統合鑑識科學與資訊科技兩個領域的專業技術，協助鑑識人員蒐集相關證據。鑑識科學提供處理數位證據的科學方法，而資訊科技提供資訊與網路的知識及技術。利用這兩種科學技術，期能確保數位證據的公信力、證明力，並受司法單位所採信。

數位證據所涵蓋的層面甚廣，包括：電子郵件、數位相片、數位影音檔案、即時通訊程式對話記錄、試算表、網際網路瀏覽器歷史記錄、電子資料庫、會計管理程式檔案、電腦檔案備份、電腦列印資料、文字編輯程式文件、電腦記憶體內的內容、自動櫃員機交易記錄、國際定位系統記錄、酒店及旅館的電子門鎖記錄等等。若從法律的層面來看，數位證據可分成以下幾類：

1. **書證**：電子媒體內儲存的電磁資料，以電子設備顯示於螢幕上、列印於紙上或成為檔案等，可稱為書證。

2. **物證**：電子設備內的資料因損壞而使數位資料變成亂碼或無意義的符號，或者部分資料被刪除等情況，此電子資料亦有可能作為物證。

3. **其他**：電子資料與被告並非直接關係或密切相關，被告亦未對其加以辨認或表示意見，該項證據本身亦可供推理欲證明之事項。

由於鑑識過程所擷取及分析後的數位證據，將用於法庭上，甚或成為訴訟中的關鍵證據，因此數位證據需要以嚴謹的標準進行處理，要採用經認證、專業的工具或軟體來萃取電磁紀錄資料。傳統證據在法庭上被採納的特性要求，如：可被採納性、證據的延續性及證據的重要性等特性，數位證據也應該具有相同的特性。相較於傳統證據，數位證據具有一些獨特的性質，包含：電腦資料容易更改和完全複製、電腦原始資料不能直接解讀、部分電腦資料是高度揮發的、數位證據在處理過程可能被改變、資料量可能極大以及電腦資料不容易個體化等。鑑識人員若要使數位證據在法庭上具有證據力，必須要能證明所擷取的證據與原始資料是相同的。因此在處理過程，鑑識人員要能確保數位證據的

完整性。要確保完整性，通常要採用密碼學技術，例如：Hash function(One-way Hash Function) — MD5、SHA-1、SHA-2，或訊息驗證碼（Message Authentication Code，MAC）等。此外，分析數位證據往往不容易直接證實嫌犯的身分，判別為某一獨特的個體所為，如同採用 DNA 或指紋一般。數位證據需要傳統證據的輔助，以求達到個體化之目的。

一、數位證據之特性

近年來，傳統犯罪也逐漸與電腦有關，電腦及網路設備被使用作為新的犯罪工具或媒介，諸如：網路詐欺、網路釣魚、網路色情及身分盜用等。新興的網路犯罪（Cyber Crime），就是利用電腦及網路設備作為工具，所衍生的各種犯罪行為，例如：電腦入侵、散播病毒、後門程式、阻絕服務攻擊及網頁竄改等。偵辦傳統犯罪需要蒐集傳統證據，而電腦與網路犯罪需要蒐集數位證據。傳統證據的蒐證程序已有公認的標準。數位證據是指儲存於電子媒體或在電子設備上傳送且具偵查價值的資料，它必須從實體設備中擷取出來。數位證據也稱為電子證據。傳統案件的偵辦，執法人員在進行調查時，有刑事鑑識專家協助蒐集現場的物理證據（Physical Evidence），並進行分析及驗證，進而作為法庭上的參考依據。傳統司法人員的訓練過程中，刑事鑑識也是犯罪偵查的訓練課目之一，以學習蒐集、確認、與保存各種證物的基本程序。

相較於傳統犯罪，電腦犯罪在偵查作為上即有許多差異性；基本上，犯罪證據已由傳統形式轉變為數位形式。而數位形式的證據具有以下各種特性：

1. **難以蒐集萃取與保存**：數位形式的電磁紀錄隱藏於電腦中，必須依賴相關軟硬體技術，由專業人員協助收集取得。

2. **無法直接感知與理解**：數位形式的電磁紀錄係以電磁方式記錄於儲存媒體，需藉助電子設備才可檢視或理解其內容。

3. **易於複製竄改與刪除**：電磁紀錄是以 0 與 1 的形式儲存於電腦系統，易於為使用者所複製竄改與刪除。而檔案資料的原始狀態不易保存，每次存取都可能會改變資料的狀態，因此，數位資料的證據力容易受到質疑。

4. **難以證實來源與完整性**：電磁紀錄容易被複製或竄改，鑑識時不容易將所得證據與嫌犯產生直接之連結關係。不像指紋或 DNA 一般，容易個體化（Individualization）。另外，要證明數位證據的完整性，就要證明它未被竄改或刪除，這也是困難所在。

5. **難以建立連結關係**：電磁紀錄能夠做為證據的另一個要素，在於必須建立證據以及證據與當事人的連結關係。舉一個例子說明。公司要追查一封洩露電路設計圖機密的電子郵件，必須要連結的項目包含：當事人在場的時間、上線時間、使用主機上網記錄、使用郵件軟體與寄信記錄、所登入的郵件主機與主機上的寄信記錄等。缺少其中任何一項，數位證據的證明力都會受到質疑。對於電腦犯罪案件，在當事人、目標、時間、地點，都不明確的情況下，要建立證據之間的連結關係就更加困難。

　　電腦與網路犯罪偵查中，一般證據是主要的證據，數位證據則扮演輔助性功能。一般證據如，證人證言、當事人陳述、鑑定結論與勘驗記錄，這些都是左右數位證據的關鍵。數位證據是輔助的角色，用來加強嫌犯的犯罪事實。而就數位證據本身而言，法庭所關心的是數位證據的取得來源、是否與原始的記錄相同、是否遭到竄改或變更內容，以及它能證明什麼。簡單的說，就是該證據的能力與證明力。證據具有能力，在法庭上才可被視為有效的證據；證明力是該證據能證明什麼事實。數位證據完全依據其內容來辨別是屬於傳聞證據還是直接證據。不同於物理證據，數位證據每當被檢核時都可視為是一次存取，會因為檢核而改變其內容。所以，數位證據要以凍結狀態來保存，才能獲得法庭之採納。而證據對於傳統犯罪與電腦犯罪是否能破案，都是非常重要的關鍵。而證據的主要來源，是對於犯案現場的立即偵查與蒐證結果。證據對於破案有以下的功用：

1. **提供犯罪事件相關訊息**：犯罪現場所遺留證物的種類、證物毀壞情形與存留狀況，都可從中獲得與犯罪動機及作案手法等相關訊息。

2. **研判可能的犯罪模式**：調查被害人，並詳細檢查現場遺留物證的性質、種類及其相互關係，研判可能的犯案模式，以確定偵查對象。

3. **嫌犯與被害人的關聯性**：檢驗物證以建立嫌犯與受害人之間的關聯性。

4. **嫌犯與犯罪現場的關聯性**：分析證物可以驗證嫌犯與犯罪現場的關聯性。

5. **驗證證言之可靠性**：從分析物證所得的結論，以驗證證人陳述之可靠性。

6. **嫌犯與案件的關聯性**：每一個物證都有可能連結嫌犯與案件之關聯性。

7. **引導案件偵查方向**：分析物證以詮釋其形成的方式，進而可推斷犯罪的手法及過程，並引導案件偵查的方向。

了解證據對於破案的功用，因此對犯罪現場的立即偵查與蒐證，就是要將現場、物證、被害人以及嫌犯等，四個面向的關係連結起來，形成互連接的基本關係，如圖 1-1 犯罪連結關係圖，如此才能有效的將偵查與蒐證所得之證據善加利用。

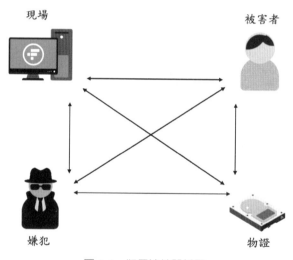

圖 1-1　犯罪連結關係圖

1.2　數位證據的處理程序

數位證據是文字、影像、聲音、與多媒體的混合體，包含利用心理學和犯罪分析來重建犯罪現場或提供嫌犯、被害人、現場、以及物證等之間的數位資料關係。隨著電腦與網路使用率的普及，數位證據對於犯罪偵查越來越重要，有時甚至成為調查案件的唯一線索。而數位證據往往被辦案人員所疏忽、非適當擷取或不正確保存分析，導致無法獲得完整的資訊，且難以研判整個犯罪過程。如果只

有片段或少量的資訊，很難確定及判斷案件的必然事實。因此研究鑑識科學，就是要提供一套科學的方法，以確保證據是可信賴的。

數位證據的處理程序，主要是透過檢查電腦並作備份、檢查與分析資料，藉由執法機關標準的處理證據程序來保全數位證據，作為日後法庭上的佐證資料。在今日的社會，越來越多案件依靠資訊科技所提供的佐證資料，鑑識人員如果不具備電腦相關知識與技能，很難取得具體有效的證據。再者，當鑑識人員蒐證擷取資料時，也可能因疏忽而毀損電腦中的重要資料。因此，對於各種的檔案格式、作業系統，或是隱藏檔案，都要謹慎處理，以免破壞或漏失相關證據。

隨著電腦犯罪的日益普遍，數位證據採集、復原與分析的工作，也越來越重要。透過數位證據資料保存、識別、萃取與文件化的過程，鑑識人員將片段的資料以完整且實際的方式呈現，並透過使用電腦的觀念描繪事件大略的情形，以還原數位證據所要呈現的原始真相。事實上，今日數位鑑識技術的發展，已經能呈現電腦中所潛藏的資料並解釋其意義，然而大部分從事犯罪偵查及資訊相關人員缺乏數位鑑識的知識、技術與訓練。尤其培養具備數位鑑識知識與技術的資訊系統管理人員已刻不容緩。因為在電腦資產遭到入侵、破壞、盜用或竄改時，系統管理人員如果未能適時採取合宜的防護與採證措施，則在法律程序上恐怕也很難獲得彌補。

一般而言，法庭的鑑識處理程序包含以下步驟：初步分析（Preliminary Analysis）、證據蒐證（Evidence Collection）、證據擷取保存（Preserve Evidence）、證據檢驗分析（Evidence Analysis）與結果呈現（Case Interpretation），參考圖 1-2 法庭的鑑識處理程序，茲分述如下：

初步分析 ➡ 證據蒐證 ➡ 證據擷取保存 ➡ 證據檢驗分析 ➡ 結果呈現

圖 1-2　法庭的鑑識處理程序

一、初步分析

對於犯罪現場的證據採證，鑑識人員必須先對整個案件作分析，以擬定蒐證的目標與方向。

二、證據蒐集

在作全面性蒐證之前，需要確認搜索票及合法的授權，並對案件細節、軟硬體設施特性、可能的潛在證據，以及對整個現場環境作通盤深入的調查。行動前需準備鑑識工具箱以及考慮加入其他鑑識專家的支援協助。遵照證據處理上的優先順序進行蒐證，並考量其他可能獲取證據的地方，例如：網際網路服務供應商（Internet Service Provider, ISP）的使用記錄、電子郵件伺服器與遠端儲存設備等。另外，對於現場的周邊設備，如印表機、掃描器、儲存裝置及文件等，也都可能存有重要的線索。

採擷相關證據之後，接著進行的檢驗、分析與個體化的作業，最好能在辦公室或鑑識實驗室等容易掌控的環境實施。如果有必要實施線上檢查時，需評估時間、人力和設備等因素。對於需要長時間佈署的線上蒐證，以不影響企業營運及證據擷取為原則。電腦犯罪的偵查，到目前仍然沒有標準的處理流程，此處只是介紹一般執行的程序。對於不同的個案可能需要不同的處理流程，要能靈活運用才可有效的掌握偵查的正確方向。

三、證據擷取與保存

到達犯罪現場後首先要注意的是保存證據，尤其對於具有相當脆弱性的數位證據，可能會因為一些疏忽而被毀損，如果處理不當可能使資料改變、消失或無法讀取，以致蒐集到的資料失去證據能力。因此，進入現場的首要工作是控制現場，並記錄時間與鑑識人員對證據的各種操作，重視證物鏈（Chain of Custody）的管理，如圖 1-3 所示，並注意「蒐證記錄與分工」、「證據辨識與取得」及「證據保存及保護」等三項議題。

圖 1-3　證物鏈

（一）蒐證記錄與分工

鑑識人員對蒐證過程如：犯罪現場的人、事、時、地、物等相關資料，要作詳細的記錄。此外，應注意標準時間以及電腦系統時間，並記錄鑑識工作人員的姓名，和所使用的鑑識軟體，然後進行數位證據鑑定工作，並將鑑定結果製作文件，以證明蒐證過程之合法性並提高證據的證明力。

數位證據是包含文字、影像、聲音的多媒體形式，其目的在重建犯罪現場或連結嫌犯、物證、受害人與現場的關係。因此，存取原始電腦物證的資料時，應由有能力處理的人員擔任，並配合錄影進行蒐證。存取資料時應對處理動作適當加以說明，並解釋證據的實質意義。為利於法院交叉詰問之進行，應配合了解案情的偵查人員之協助由數位鑑識人員或資訊專才來處理電腦資料的解讀。

（二）證據辨識與取得

數位證據的辨識，是辨識哪些硬體存有數位資訊，以及分辨哪些數位資訊是與犯罪行為相關的。在嫌犯與被害人的關係中，可能留有犯罪證據，要確認犯罪現場數位證據的處理範圍。從儲存在軟硬體設備的數位資訊，分辨哪些是被運用來犯案的或其所產生的結果，並將這些數位資訊進行保存、採集及文件化等工作。保存是將軟硬體設備保護在適當溫度、濕度及安全的環境；證據採集是使用儲存設備將資料完整複製或部分複製，並以不破壞原始物證為原則；文件化是記錄數位資訊的狀態、內容或位置，可利用攝影機或照相機來作記錄。

（三）證據保存及保護

到達犯罪現場如果電腦較多而人力有限，可挑選最有可能儲存證據的電腦優先處理，例如：公司負責人、或資訊人員等主要涉案人。為使數位證據獲得法院的信任，必須確保數位證據保存原始狀態。因此，電腦物證的拆裝、包裝與搬運，都應妥善保存於適當環境下，避免強光、高溫或潮濕影響證物。

四、證據檢驗及分析

在犯罪現場取得證據後，接著是分析這些證據。現今有許多軟體工具可用來檢視一般的電腦文件、圖片、聲音等數位資料。然而，有些已經被刪除的檔案可

能是重要的證據資料，所以要對磁碟的殘留空間（Slack Space）進行檢視。有關殘留空間的意義，將在其他章節介紹。因此備份資料時一定要使用字元串流拷貝，然後利用軟體工具來做字串搜尋與檔案重建。

邏輯鑑識（Logical Forensics）的過程就是分析證據。在取得證據並加以分析之後，就是研判鑑識結果與嫌犯之間的關係。藉由對證據作分類、比對與個體化，檢驗鑑識結果以分析嫌犯的行為模式。進而產生可辨識嫌犯身分的數位指紋，縮小偵查範圍，以確認嫌犯的真實身分。舉例說明：將嫌犯曾連線到某個網站、到過某些場所、或撥打哪個電話等資訊，蒐集在一起可以研判該案件之來源帳號、電腦名稱或網址等資料，透過分類、分析與比對，以鎖定某特定對象的個體化資料。

五、結果呈現

鑑識結果必須要能清楚地陳述。在分析證據的來源以及與嫌犯的關係時，要排除其他可能的替代解釋，以證明鑑識人員的解釋是唯一的。例如：有些資料可能是使用瀏覽器時下載的，但也有可能是其他惡意程式暗中下載，兩種不同的陳述可能影響整個案件的方向。

在法庭上，鑑識結果的呈現，可提供破案的線索，但對證據與其因果關係若有些微懷疑，就可能影響到證據被採納及告訴的成立。結果呈現的目的主要在重建犯罪現場。現場重建的工作包含回復被損毀或刪除的數位資料，以及利用這些數位資料重建犯罪行為模式，以還原犯罪者的動機與手法。而重建電腦犯罪現場的目的就在於了解嫌犯的動機與目的，以完成電腦犯罪的偵查工作。

1.3 數位證據類型

儘管國家已有部分相關法律條文規範電腦與網路犯罪，然而每當司法人員偵查相關案件時，許多有利於偵查的資料都儲存在電腦裝置、硬碟、網路設備、或網路安全系統的日誌中。需要一套有系統的方法以檢查及取得裝置設備內的資訊，以協助司法單位調查，同時也要保存這些資訊，作為法庭上參考的依據。

　　針對不同的犯罪型態以及犯罪現場，數位證據可能存在的位置不盡相同，尋找電腦設備中的數位證據方法也有所不同。例如：若要偵查嫌犯使用瀏覽器的習慣，可以檢查瀏覽器的 Cache file、History file、Bookmarks 或是 Cookies 等。如果要偵查入侵 Linux 的案件，可以先找到最新產生的使用者帳號或是入侵過程使用到的 Rootkit。

　　為了避免第一線偵查人員遺漏數位證據可能的藏身處，本節詳列各類型可能存有數位證據的電腦設備，並介紹在取得設備後，如何針對設備中不同類型的記憶體進行鑑識工作及鑑識相關應注意事項，如後所述。

1.3.1　尋找數位證據

　　數位證據的存在依賴著電腦設備做為載具，因此，在搜尋數位證據時，也應以電腦設備為中心，而電腦設備除了電腦系統本身外，還包含其周邊與相關元件以及電腦網路等，以下將分別說明數位證據可能隱藏的地方。

一、電腦系統

　　電腦系統主要是由以下單元所組成：中央處理單元（CPU）、資料儲存裝置、輸出裝置、輸入裝置等。電腦系統可能是以獨立主機存在或是連結到網路上。電腦系統有很多類型，如：筆記型電腦、桌上型電腦、迷你電腦、直立式電腦、積架式電腦、大型電腦及平板電腦等。可再連接其他設備，包含：數據機、印表機、掃描器、外部儲存裝置等。我們常用的桌上型電腦就由主機外殼、主機板、CPU、資料儲存設備、外接式鍵盤和滑鼠等構成。電腦系統主要功能在於作各種數值運算和文數字字型資訊儲存，包含：文書處理、執行計算、通訊和多媒體應用。由電腦系統所發現的證據大多存放在硬碟、或儲存媒體上的檔案資料。檔案資料包括以下各種形式：

（一）使用者建立的檔案

　　使用者建立的檔案中，可能包含犯罪活動的一些重要證據。例如：通訊錄與傳輸資料檔可證明與案件連結，圖片或影像資料也可做為相關證據，而嫌犯的電

子郵件、信件等也可能是重要證據。因此，使用者建立的檔案可包括：通訊錄、電子郵件、多媒體檔案、文件檔、網路書籤（如圖 1-4 所示），及資料庫檔案等。

圖 1-4　各式不同瀏覽器中我的最愛（由左至右分別為 Edge、Chrome 以及 Brave）

（二）使用者保護的檔案

使用者可能將證據資料，採用各種方式來隱藏。例如：將證據資料以加密方式或以密碼保護方式儲存。也可能將檔案隱藏在硬碟或其他媒體中，亦可能將檔案命名為不相關的檔案名稱。這些檔案包括：壓縮檔案、錯誤名稱的檔案、加密檔案、密碼保護的檔案、隱藏檔案、採用偽裝法（Steganography）隱藏後的檔案。有關偽裝法以及其偵測的技術，將在第五章介紹。

（三）系統建立的檔案

系統建立的檔案，包括：組態檔案、備份檔案、記錄檔案、Cookies（如圖 1-5 所示）、交換暫存檔案、暫存檔案、系統檔案、隱藏檔案及歷史檔案等。此

外，還有其他資料隱藏區域，包括：損壞磁區、電腦日期／時間／密碼、已刪除的檔案、未使用磁碟空間、隱藏分割區、其他分割區、保留區域、剩餘空間、軟體註冊資訊、系統磁區以及未分配區域等。在這些電腦系統所建立或儲存的檔案或資料區塊中，也可能會發現數位證據。對使用者而言，並不容易發現被寫入這些區塊中的資料。其他如網路瀏覽記錄、暫存備份檔等，也經常被復原來作檢驗，這些檔案常具有證據上的價值。除了針對檔案本身的內容外，還包括檔案的建立、修改、存取的時間、刪除記錄、使用者名稱以及檔案屬性等資訊。

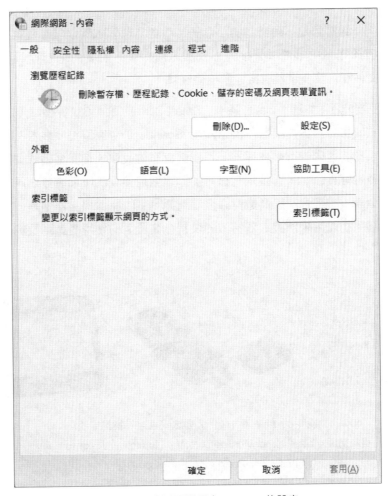

圖 1-5　網際網路選項中 Cookies 的設定

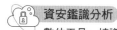
二、電腦周邊與相關元件

隨著電腦技術的快速進步，容易與電腦連結以處理其他工作的周邊設備不斷地被開發出來。電腦系統可包含的元件不僅功能越來越多，也更加複雜。接下來就常見的電腦周邊與相關元件進行探討，一台電腦的組成大致有以下元件，且都有可能是存有數位證據的地方：

1. **中央處理器、記憶體**：在竊取、或偽造電腦零組件的犯案中，此元件本身即為證據。

2. **硬碟**：外觀看像是一個密封的小盒子，內含有數個磁盤以儲存資料。硬碟可以內接於電腦中，或以外接的形式與電腦相連。主要用來儲存電腦應用程式、文件資料及多媒體檔案等數位化資料。

3. **存取控制裝置**：如圖 1-6(a) 智慧卡（Smart Card）、圖 1-6(b) 保護鎖（Dongle）、圖 1-6(c) 生物特徵掃描器（Biometric Scanner）等存取控制裝置。智慧卡是一種小型裝置內嵌有微處理器，可以儲存數位貨幣、加密金鑰或認證資訊及數位憑證等資訊。保護鎖是一種可插到電腦連接埠的一種裝置，同樣可儲存加密金鑰、認證資訊以及數位憑證等資訊。生物特徵掃描器則是一種可連接到電腦系統以用來辨識人體特徵的裝置，裝置上的使用者識別及認證資訊可視為證據。

圖 1-6　(a) 智慧卡 (b) 保護鎖 (c) 生物特徵掃描器

資料來源：(a)https://idcwonline.com.au/、(b)https://dlinkmea.com/、
(c)https://www.biometricsupply.com/

4. **數據機**：數據機是用來讓電腦與電腦得以連接並建立通訊的設備，而裝置本身就可以作為證據。包含內接式和外接式數據機及無線網路數據機。

5. **網路元件**：中繼器（Reapter）、集線器（Hub）、橋接器（Bridge）及交換器（Switch）路由器（Router）等，這些電子裝置用於網路系統。基本上，它們在功能上有些差異。中繼器（集線器）不會檢查封包中究竟包含些什麼資料，它只是單純地將封包視為電子訊號並轉送這些訊號。橋接器（交換器）會依照封包前面 MAC（Media Access Control）標頭的內容來判斷封包傳送目的地並轉送封包。路由器會依照資料傳輸通訊協定的標頭內容來判斷傳送目的地，以常用的 TCP/IP 協定而言，會依照 IP 標頭來判斷封包的傳送目的地。裝置本身及具網路管理功能交換器中的設定資料可做為證據。

6. **印表機**：印表機種類很多，包含：雷射、噴墨、點陣與熱昇華印表機等。可透過連結埠或紅外線等技術與電腦連接。大部分印表機內配有記憶緩衝器，以利列印時可先將文件資訊儲存於內並等待列印。印表機的維護記錄、時間資訊、網路識別資訊可做為證據。

7. **掃描器**：掃描器可以將紙本文件掃描轉換成電子檔案並儲存到電腦中，讓使用者可以透過電腦進行編修，因此也是潛在證據。對於色情、偽鈔、身分竊取等案件，此裝置本身即為證據之一。

8. **儲存裝置**：儲存裝置用以儲存電磁紀錄，如隨身碟、軟碟片、光碟片、磁帶、各式記憶卡等。主要用途在於提供可以讓使用者增加、修改、刪除、儲存資料的儲存空間，可用來儲存電腦程式、多媒體檔案及文字檔案等資訊。

除了上述介紹電腦系統以及電腦周邊元件，事實上，日常生活中還有很多其他不是以一般電腦主機加螢幕形式存在的電子裝置或設備，亦可能隱藏著數位證據。以下簡要介紹：

1. **行動裝置（Mobile Device）**：行動裝置可用來記錄、傳送和接收電子訊息，包括文數字與符號資料。而隨著行動裝置的功能和記憶空間愈來愈擴大，其可儲存的訊息也愈來愈多樣化，最早期的呼叫器僅記錄數字訊息，而個人數位助理（Personal Digital Assistant, PDA）的發明，可提供運算、通訊、網

路連線及儲存資訊等功能。行動裝置演進至現今時下最流行的智慧型手機及平板電腦，其運算能力與功能，已和一台電腦主機不相上下。而在手機中的SIM（Subscriber Identity Module）卡內含許多關鍵的數位證據，可利用SIM卡分析工具來做分析，例如：利用 GemXplore Case（如圖 1-7 所示），分析行動裝置中的通訊錄、行事曆、電子郵件、密碼、文字訊息、語音等訊息，擷取後都可以作為證據。

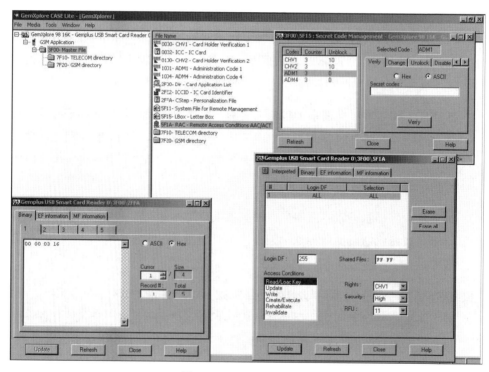

圖 1-7　GemXplore Case

2. **數位相機、攝影機**：數位相機、數位攝影裝置等，可儲存照片、影片、聲音、時戳，也可以做為證據。

3. **監視器**：監視器可說是現代案件偵辦的重要利器，自然成為蒐集數位證據的重要標的，除了和數位相機、攝影機同樣具有攝影鏡頭外，監視器具有 24 小時不間斷、可遠端集中管理等特色，由於配有數位攝影機的監視器解析度愈來愈高，使得監視器在預防犯罪和犯罪偵查工作上更顯重要。

4. **信用卡刷卡機（Credit Card Skimmer）**：信用卡刷卡機用於讀取塑膠卡片上磁條的資料。因此磁條上所包含的持卡人資料，如持卡人姓名、信用卡有效期間、持卡人住址及信用卡號碼等，都可作為相關證據。

5. **傳真機（Facsimile Machine）**：傳真機能記錄預先設定的電話號碼和傳送與接收文件訊息。因此文件內容、電話號碼、影片匣、傳送與收件記錄都可作為相關證據。

6. **答錄機**：答錄機可記錄語音訊息與時間，這些資料可做為證據外，我們亦可藉此建立事件之時間點。

三、電腦網路

　　隨著網際網路的發展和普及，它不僅成為企業組織內部溝通的橋梁，更是企業組織和外部機構進行各類業務往來的重要管道。對於連上網路的電腦設備運轉情形，需特別注意網路流量及其傳輸內容，了解網路系統是否有不明的程式在執行，或者有不明的封包在傳送。透過監控網路封包的傳輸情形，以了解嫌犯正在網路上做些什麼。對於網路的監控，可以採用 Sniffer、TCPDUMP、Snort 等工具。另外，對於網際網路上的數位證據，通常都只想到利用 IP 位址來判定使用者身分，但因為嫌犯可能會使用跳板攻擊手法，所以單純利用 IP 位址是不夠的。應該再更進一步蒐集的證據包括：系統登錄文件、應用登錄文件、AAA（Authentication、Authorization、Accounting，認證授權與計費）登錄文件、網路單元登錄（Network element logs）、防火牆登錄、HIDS（主機入侵偵測系統）事件、NIDS（網路入侵偵測系統）事件、磁碟機、文件備份及電話記錄等。在對抗網路攻擊時，可以採用入侵偵測系統對網路攻擊進行監測。入侵偵測系統可以通告事件發生的訊息，並協助確認嫌犯。

　　由於電子郵件已經被廣泛使用於生活當中，因此對於犯罪型態造成很大影響。相較於傳統郵件，電子郵件傳送速度快、效率高，在許多企業組織中，電子郵件已漸漸具備正式公文書的效力。企業組織的檔案管理已經不侷限於紙本文件，也包括各類來往的電子郵件。如果能對電子郵件作有效的管理及備份，企業組織將可更有效地管理其文件檔案。近年來，由於電子郵件使用的方便性提高，

已經演變成員工有意或無意洩露組織機密的主要管道。根據調查，美國大約四分之三的大型企業，已經開始利用特殊軟體來檢查員工的電子郵件，以預防洩露公司的機密資訊。因此，電子郵件亦成為調查犯罪的重要證據之一，許多案件的偵查都需追查嫌犯的電子郵件，以發現所傳遞的訊息內容。許多企業組織都規定企業間往來的電子郵件，必須儲存保留相當的時間，以備未來查核需要。另外，網際網路上使用其他類型的應用軟體，如：即時通訊軟體及社交網站等，都將是網路監控以及採集嫌犯資料時所必須注意的。

1.3.2 記憶體鑑識

「記憶體」是電腦設備或相關元件中儲存各種資料的核心，因此，在取得欲進行鑑識的目標裝置後，第一步即是將裝置中的記憶體內容萃取進行備份，以利後續分析工作。一般而言，依照記憶體的儲存資料的特性可分為揮發性（Volatile）與非揮發性（Non-volatile）兩種。儲存在非揮發性記憶體中的資料，除非使用者加以刪除或更動，否則將常駐於儲存裝置中，如：唯讀記憶體（Read-Only Memory, ROM）與快閃記憶體（Flash Memory）；而存於非揮發性記憶體中的資料，則是一旦電腦關機或是重新啟動後，便會從電腦記憶體儲存空間中消失的資料，如：隨機存取記憶體（Random Access Memory, RAM）與快取記憶體（Cache Memory）。

存放於電腦揮發性記憶體中的資料，通常是運作中的程序或是當時與電腦狀態有關的資料，常見的揮發性資料有：

1. 系統的基本程序。

2. 正在執行的程序或剛終止執行的程序。

3. 打開的 TCP/UDP Port 的資訊。

4. 網路連線的狀態與分享的資訊。

5. 儲存在虛擬記憶體中的檔案。

6. 快取記憶體中的資料。

7. 隱藏的資料。

除了一般常見的隨身碟或硬碟中的實體記憶體外，記憶體還包括了虛擬記憶體與快取記憶體，分述如下：

一、虛擬記憶體

虛擬記憶體相對於實體記憶體而言，是一種作業系統運用的技術，將磁碟空間模擬成記憶體，使得在實體記憶體不足的系統上，也可執行需要記憶體較多的應用程式。通常 Windows 中會將虛擬記憶體的大小調整在實體記憶體的 2.5 倍。虛擬記憶體在磁碟內是以「虛擬記憶體交換（置換）檔」存在，就是拿一部分的硬碟空間來當作記憶體使用，先把一些記憶體中閒置太久的程式，丟到硬碟上，當有需要用到程式或資料時再從硬碟裡叫回來。

使用虛擬記憶體之優點：

1. 程式不再受到實際記憶體可用空間限制，記憶體可用空間變大。

2. 有更多程式能同時運用記憶體，增加了 CPU 使用率。

3. 載入程式或置換程式所須 I/O 次數減少，速度加快。

二、快取記憶體

由於 IntelCPU 速度的飛快躍進，而處理速度進步規模遠遜於 CPU 的記憶體無法完全支援配合，因此電腦系統，必須在 CPU 與傳統的 DRAM 記憶體之間，以快取記憶體系統（Cache Memory System）作為兩者之間的緩衝。當 CPU 處理資料時，它會先到快取記憶體中去尋找，如果資料因之前的操作已經讀取而被暫存於其中，就不需要再從主記憶體（Main Memory）中讀取資料。由於 CPU 的執行速度一般比主記憶體快，因此若要經常存取主記憶體的話，就必須等待數個 CPU 週期而造成時間的浪費。數位鑑識流程與記憶體分析的關係如圖 1-8 所示。

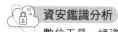

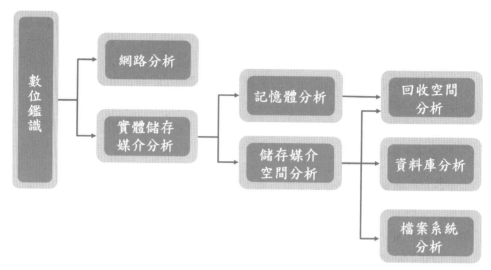

圖 1-8　數位鑑識儲存資料分析流程

1.3.3　數位證據的鑑識工作注意事項

　　數位資料的擷取，包含實體擷取與邏輯擷取。實體擷取是對於實體儲存媒體資料的檢查，如硬碟、檔案及資料區塊。實體擷取資料的處理方式包括：關鍵詞的搜尋、檔案切割的方式以及從切割表中辨別硬體實體空間，或是對未使用空間的檢查。邏輯擷取是指在檔案系統上所呈現的動態檔案、被刪除的檔案、殘餘空間的檔案及未被配置的空間所儲存的檔案進行資料檢查，並可利用摘要比對來將檔案減量。以下列舉幾項進行鑑識時應注意事項：

1. 如果鑑識的標的是一個硬碟，須注意它的記憶容量及磁碟分割的型態。

2. 如果鑑識的標的是光碟片，須注意它的儲存容量。

3. 必須注意檔案系統以及檔案結構。

4. 所有的目錄應該詳細列出：文件的結構、檔案名稱、日期／時間標籤及邏輯檔案大小等。

5. 必須注意安裝何種作業系統。

6. 必須檢查使用者建立的檔案，利用系統上的應用程式、檔案瀏覽軟體或是十六進位文字模式瀏覽檢查。檔案形式包括：文字檔案、報表、資料庫、財務資料、電子郵件、數位影像、聲音及其他多媒體文件。

7. 如果有發現任何由作業系統檔案和應用程式產生的文件都應該檢查。這些檔案包括：開機檔、註冊檔、暫存檔、隱藏檔、歷史檔及記錄檔等。

8. 必須注意系統中安裝的各種應用軟體。

9. 透過檔案摘要（計算訊息摘要）的比較，可以將檔案減量，排除一些不需要檢查的檔案。

10. 硬碟中未使用和未被分配的空間都應該針對之前刪除的資料（資料夾）做檢查，並注意殘餘空間資料、使用者故意配置的空間，以及自動將檔案切割存放在未被配置或未使用的空間，都可能有潛在的證據。

11. 可以用關鍵詞檢索以辨識檔案或是硬碟空間，找出具有證據價值的資料或是縮小證據搜尋範圍。

12. 針對檔案系統如 NTFS、FAT、MFT 等做檢查，包括任何不規則或是特別的檔案系統。

13. 並不是每一個磁區都可正常的被存取做檢查，例如磁碟片上特殊的軌道或磁區，或者硬碟上被保護的磁區。

14. 為了加強對資料、使用者設定、設備裝置和軟體功能的檢驗，可能會用到開機磁片來開機或是在原始裝置上使用安全的儀器來檢驗軟硬體設備及其功能。

15. 鑑識用的軟體在檢驗的過程中需要注意它的版本及軟體供應商的授權使用協定。此外，鑑識機構與鑑識人員使用的軟體必須經過適當的測試，並通過有效性的檢驗。

1.4 映像檔－擷取數位證據的核心

一般的備份軟體如 Ghost、Acronis True Image 或虛擬還原等，為求完整的備份資料，都會以映像檔的形式，將整個硬碟或是硬碟中完整的分割區內每一個磁軌及磁區的數位資料完整的掃描記錄，就如同照鏡子一般的完全複製。因此，一旦原來的硬碟資料有損毀情形，不論損毀程度如何，只要使用備份軟體，將備份的映像檔覆蓋回硬碟中，就會呈現出與原系統無差異的狀態。

同樣是拷貝資料，或許人們心中有個疑問—為什麼不簡單的複製資料還要存成映像檔 /Image File 這麼麻煩？其癥結不外乎就是「資料的完整性」。Image File 不像其字面上的意思，其會先將來源資料經過轉換，儲存成與目標完全相同的檔案格式，再用一比一的方式對應至儲存媒體中，以製作出與來源資料相同的映像檔，就如同鏡子完全投射物品，將該物的原貌完全呈現一般，因此被稱其為 Image File。若使用一般作業系統內的複製和貼上，將硬碟的資料拷貝至另外的空間（例如另一顆硬碟或是分割區等），照理說應該也是整個硬碟的資料內容會完整搬移，但是事實上不同作業系統中的隱藏檔、系統檔、登錄檔及開機使用的檔案，都會在搬移的過程中被忽略，而無法順利的移動或複製。在硬碟或光碟片中，都有它們專屬的檔案配置方式，純粹使用複製就想把資料全部搬運，實為難上加難。因此，備份軟體才會選用映像檔的型式儲存資料，以確保資料能完整的恢復至初始備份的狀態。

1.4.1 製作映像檔的優點與用途

將光碟內容或硬碟資料製作成映像檔後，其主要的功用如下所述：

一、降低燒錄的失敗機率

映像檔最主要的好處就是可以降低燒錄光碟失敗的機率。以「複製光碟」為例：燒錄一共包含了「讀取檔案」、「轉換格式」、「實際寫入」三個步驟，只要有一個步驟出現問題燒錄就會失敗。而映像檔的功用就是預先完成「讀取檔案」和

「轉換格式」兩個步驟，因此在燒錄時就只剩下「實際寫入」這項單一的過程，理論上燒錄的成功率便會大幅增加。

二、完整複製光碟內容

若想複製多片內容完全一樣的光碟，縱使有燒錄機也有光碟機，利用映像檔絕對會比兩台機器的光碟對拷更有效率。

三、臨時轉存光碟資料

在無空白光碟的情況下，可先將光碟內容製成映像檔存入硬碟中，等到想燒錄卻找不到來源光碟時，就可將事先完成的映像檔直接從硬碟內取出、燒錄即可。

四、保存原版光碟

若原版光碟在使用上需要經常換片（常見如遊戲光碟等），為了預防所珍藏的光碟不在拿取的過程中有刮傷或損壞情形，只要做成映像檔，就可以利用 Nero ImageDrive 或 Alcohol 120% 等映像檔支援軟體讀取，無需讀取原版光碟。

五、檔案傳送完整、外出攜帶方便

網路上常見到以壓縮映像檔的型式來傳送資料，不但能將一張光碟的內容完整傳送出去，解壓縮後更能直接轉燒成光碟；另外，還可以把許多映像檔放入體積小、重量輕的隨身硬碟上，跟帶著一堆光碟片的攜帶方式比較起來，更具實用及便利性。

而對於製作映像檔和直接使用複製貼上來移動檔案的差別為何？在本節一開始即提到，由於系統中的隱藏檔、系統檔、登錄檔及開機使用的檔案，都會在搬移的過程中被忽略，而無法順利的移動或複製，因此才需要使用映像檔製作的方式來「完整」的複製目標檔案。圖 1-9 至圖 1-12 顯示使用複製貼上和使用映像檔還原程式檔案的區別：

圖 1-9　檔案的映像檔

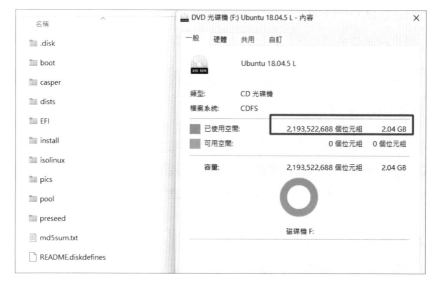

圖 1-10　映像檔內的檔案

圖 1-11　複製移動內容

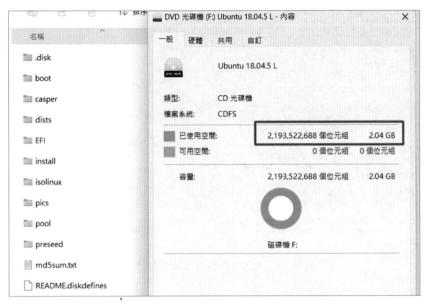

圖 1-12　目標位置檔案

　　由圖 1-9 和圖 1-12 可以看出磁碟大小的差別，使用複製貼上會遺漏部分的系統登入檔或隱藏檔案，為了避免檔案的遺漏，以映像檔的型式儲存資料較為合宜。另外，我們再使用一份 Word 文件來比較更改原檔案內容是否會造成原檔案大小的改變，如圖 1-13 至圖 1-14：

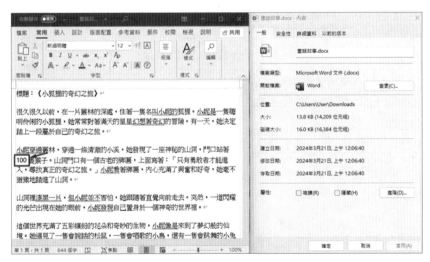

圖 1-13　原 Word 檔案文件

圖 1-14　更改內容後的 Word 檔案文件

　　由圖 1-13 和圖 1-14 可以看出更改原文件些微的內容，並不會對檔案的大小有所影響，唯一會改變的只有修改日期和存取日期。但是只要有心人士利用免費軟體諸如 SKTimeStamp 或者修改系統的登入檔，就可以輕易地改回原日期時間。因此純粹使用複製的檔案資料並無法確保其內容是否遭受竄改，這也是為什麼許多犯罪的證據文件必須使用映像檔來保存資料的完整性，以確保其在法庭上能被採信的重要原因。

　　綜合上述，可以歸納出基本比較，如表 1-1 所示：

表 1-1　Word 文件複製與映像

比較　　　　　　檔案格式	複製的 Word 文件	Word 文件的映象檔
檔案大小	相同	N/A
內容可否修改	✓（可以）	✗（不可以）

1.4.2　常見映像檔格式及製作方法介紹

　　映像檔中「映像」的意思不是圖像，而是檔案的 Image。一般是用來做光碟（CD）的映像，因為其儲存的檔案不是使用複製的個別檔案，而是一整個 ISO file，所以才叫它做「映像檔」。檔名 *.Iso 是映像檔中最常見的副檔名，而且 *.Iso 檔被大眾接受的程度遠超過其他的映像檔副檔名格式，最主要原因是可以被壓縮軟體所支援開啟，而且壓縮這類的映像檔大致上都是因為原光碟沒防拷或等級低，又或者已破解完的映像檔。

　　隨著科技產品的進步及大容量硬碟的普及，電腦使用者已經習慣將光碟拷貝成光碟映像檔使用，普遍採用的便是聲名遠播的「ISO 9660」國際標準格式。因此，光碟映像檔也簡稱 *.iso 檔，*.iso 檔保留了光碟中的全部資料資訊（包括光碟啟動資訊），我們可以方便地採用常用的光碟刻錄軟體（如 Nero Burning-Rom）透過 CD-R/Rw 燒錄成光碟，也可以透過虛擬光碟機軟體（如 Daemon-Tools）直接使用。ISO 9660 映像檔為 CD 或 DVD 的實體模型，包括其內容和邏輯格式。映像檔最常見的用途為將其寫入空白的 CD-R 或 DVD-R 中，以得到與原始光碟完全相同的副本，當中包括檔案名稱和磁碟區資訊。*.iso 映像檔也可以開啟其內容，並將內容複製到本機資料夾，與 *.zip 檔案非常類似。*.iso 檔案也能夠使用虛擬光碟軟體將其掛載，並且作為裝置來存取。以下介紹二種使用 *.iso 映像的方法。（注意：依據使用的軟體，可能需要將副檔名從 *.img 或 *.udf 重新命名為 *.iso）

一、將 ISO 檔案寫入 CD-R

　　大多數 CD-R 寫入軟體都包含從映像檔建立 CD 的功能。以下是一些普遍應用程式的指示：

（一）Roxio Easy Cd Creator

　　從 [File(檔案)] 功能表中，選取 [Create Cd from image file(從映像檔建立 Cd)]。Roxio Easy Cd Creator 會假設副檔名是 *.cif，所以請輸入完整路徑和檔名，或者將 *.iso 檔案重新命名為 *.cif。

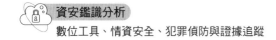

（二）Iso Recorder

適用於 Windows 2000/XP/Vista/Win7 的協力廠商附加元件，可新增影像檔寫入功能（以滑鼠右鍵按一下映像檔，並選取 [Copy Image to Cd(複製影像到 CD)]，但是檔名必須以 *.iso 結尾。）

（三）Nero Burning Rom

在 Nero 中，從 [File(檔案)] 功能表，選取 [Burn image(燒錄影像)]。

（四）Testing Cd-Rs and Dvd-Rs

在寫入 CD/DVD-R 後，可以使用 Crc 工具來確認 CD-R 已正確寫入，相關工具使用說明如下：

1. Crc305.exe 工具可從 TechNet Subscriber Downloads 的 Tools and Utilities 資料夾中下載。

2. 在命令提示視窗中執行 Crc305 filename（當中 filename 是映像檔名稱）。

3. 執行 Crc305 x:(當中 x 是包含 CD/DVD-R 之磁碟機代號)。Crc 值應該相符。

二、複製 ISO 檔案的內容

映像檔的內容可以直接使用協力廠商工具來存取。我們可以使用此方法將映像檔展開到硬碟上的暫時資料夾，然後執行安裝程式，可提供此類的影像檔支援工具如：IsoBuster、CDmage 以及 Daemon Tools 等。

光碟映像檔（由 International Organization for Standardization 國際標準化組織所制定的檔案標準）一般副檔名為 *.iso，但也因為每個燒錄軟體皆有其專屬的映像檔副檔名，所以其副檔名格式之多難以細數。圖 1-15 和表 1-2 為較常見的映像檔副檔名。

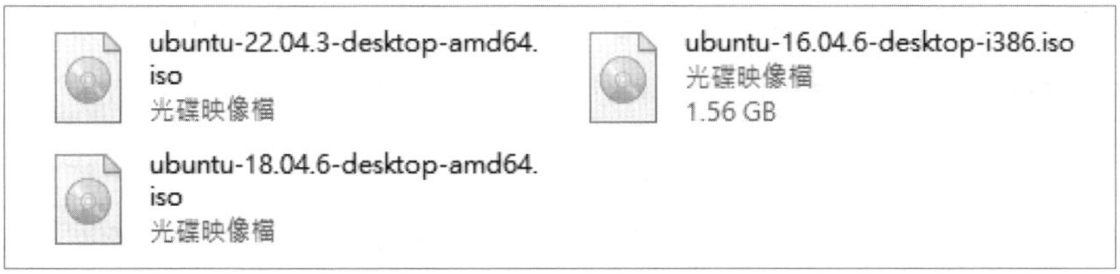

 ubuntu-22.04.3-desktop-amd64.
iso
光碟映像檔

 ubuntu-16.04.6-desktop-i386.iso
光碟映像檔
1.56 GB

 ubuntu-18.04.6-desktop-amd64.
iso
光碟映像檔

圖 1-15　常見的映像檔

表 1-2　常見燒錄軟體副檔名格式

燒錄軟體名稱	產生或支援的映像檔
Nero	*.nrg、*.cue、*.bin、*.iso
NTI Cd Maker	*.ncd、*.cdp
Win On Cd	*.c2d
Easy Cd Creator	*.cif、*.iso
CdRwin	*.cue、*.bin
DiscJuggler	*.cd1
CloneCd	*.ccd、*.img、*.sub
Blindsuite (Blindread & Blindwrite)	*.bwt、*.bwi、*.bws (subchannel)
Prassi Global-Cd	*.gcd
Duplicator	*.dao、*.tao
Cd MATE	*.cmi
VideoPack	*.c2d
Fantom Cd	*.mds、*mdf
BurnDrive	*.ccd、*.img、*.sub
Feurio	*.wav
Ha!Cd Burner	*.iso、*cpm
FunCd	*.iso
Alcohol 120%	*.mds、*.ccd、*.cue、*.bwt、*.iso、*.cdi

除了了解各類型映像檔及製作 ISO 檔方式，當使用映像檔備份硬碟或分割區時，需注意以下兩個步驟，以確保備份資料完整無誤：

1. 映像檔的大小，必須視欲備份的空間容量來決定。備份軟體為了節省磁碟空間，通常會主動壓縮資料使映像檔的容量較原資料為小，一般而言映像檔的平均大小為來源磁碟總容量的三分之二，因此至少要預留欲備份資料三分之二以上的空間來儲存映像檔較為妥當。

2. 在製作映像檔前，進行磁碟檢查可大幅降低因磁碟錯誤造成映像檔毀損的風險，對磁碟重組後的硬碟或磁區執行映像檔製作，可提升製作速度。

一般的備份軟體（如 Ghost），都是 DOS 模式的執行檔，其運作方式為預先將欲備份的映像檔和備份軟體放在一起，然後利用光碟上的 DOS 系統開機後執行備份軟體，就能利用製作映像檔的工具備份出檔案資料。目前最常見也最妥當的備份方式即將映像檔與備份軟體燒錄到一張光碟片中，再將該張光碟片製作成「可開機」模式，就能在開機時利用該光碟片復原系統檔案。很多品牌的電腦在購買時會附贈還原光碟，就是利用此種方式，提供還原光碟讓使用者能隨時還原原本的系統內容。

1.4.3 數位證據與映像檔

資訊流通的當下，企業管理者經常需面對科技與法律相關的問題，當企業在面對有關數位資訊的問題時，常因為不了解數位證據重要性的情況下不當操作相關數位證據，使自身的權益遭受重大損失。而電腦鑑識的主要目的就是在應用嚴謹的程序及科技方法去處理數位鑑識的相關工作。鑑識科學的研究指出，藉由接觸表面的互動，將有殘留物質交換，因而必然留下痕跡。這就是在鑑識科學與犯罪現場重建之重要依據。因此如何以科技的方法，在具有證據力的前提下將所有的數位證據正確蒐集及分析，即為電腦鑑識服務之主要工作項目。

在搜索案發現場後，為了確保原始證物的資料未遭受破壞，鑑識人員首要執行的步驟即是把原始證物先製作成映像檔。藉由使用「位元流備份」的技術來製作與原始證物相同的映像檔，如此無論對映像副本作任何的分析處理，原始證物

的完整性都不會因此遭受破壞。製作映像檔時，會使用位元流（Bit-Stream）的複製方式將原始證物從第一個位元複製到最後一個位元資料，而一般通稱的證據映像檔，即指複製此資料的目的端檔案。為了確認映像檔的資料與原始資料相同無誤，會使用 MD5 或 SHA1 等運算來比對，以確保所產生的 DIGEST 檔的一致，而往後的鑑識過程則大多會利用此映像檔來進行鑑識工作。

1.5　數位證據處理問題

電腦系統中對電子資料的處理，如：輸入、輸出、處理及儲存等，對電腦犯罪偵查均有其極為重要的意義。電子資料可能是犯罪之工具或犯罪後產生的結果，抑或是用於儲存相關犯罪之訊息。故如何藉由各種電子資料形成之數位證據，達到犯罪現場、被害者、犯罪者之認定與犯罪關係的連結與回溯，正是資訊鑑識人員須不斷努力的方向。

在虛擬的網路世界裡，犯罪現場、被害者與犯罪者三者之間的認定往往是模糊難辨的。在確認是否有犯罪之前，必須先找到嫌犯作案當時使用的網址，以確認做案電腦的來源（位置），進而追查犯罪來源之電腦設備，再調查該來源電腦的所有記錄檔。針對歷史稽核紀錄的判定，網址的查證和時間的校對是最根本也是最重要的一環。嚴格來說，需要在伺服主機端取得個案之「相關網址」、「事件時間」、「數位行為」及「系統訊息」等四要件，在解析該稽核紀錄之前，必須對此四要件十分清楚，才能降低誤判來源主機，冤枉嫌犯的機會。茲分述如下：

一、相關網址（IP Address）

每一台電腦連上網路後，會自動向路由器宣告自身的 IP 位置，或透過自動分配 IP 的方法取得，此 IP 將作為對外通訊的聯絡窗口，若於網際網路上發生不法事件時，須先了解此「IP 位置」相關要件。一般網路通聯記錄中，會出現客戶端（來源端）或伺服端（目的端）等不同場所之網址。因嫌犯所使用電腦的來源 IP 可能遭假造，即可能衍生誤認或誤判的情形，故執法人員在偵辦或受理相關網路

犯罪案件時,尚須就個案相關事證分別請教專家,避免因認知錯誤進而影響及侵害相關當事人權益。尤其當嫌犯否認犯行時,更需仔細求證相關疑點。

就回溯事件的調查角度而言,網址的種類大致可分為三種。第一種是靜態網址(Static IP Address),其網址登記者近乎不變,大多由某特定組織(人員)管理或使用,如 www.cpu.edu.tw、www.cib.gov.tw 或 bbs.csie.nctu.edu.tw 等等。除非該公司、機關或組織的單位名稱更換,否則使用的縮寫名稱不會變更,網址的網域名稱也不會做修改。通常該網址會由特定的組織或人員做定期的規劃或維護,就像公司需要固定不變的地址一樣,讓客戶或他人在需要時能夠輕易地找到,避免不必要且費力的尋找。第二種則是動態網址(Dynamic IP Address),每次電腦設備連上網路時會隨機取得一網址,作為對外通訊的聯絡通道。故具有不同時間有不同人使用的特性,亦即表示特定時間由特定人使用。所以,想要釐清某個時間點下網址的使用人,便需要特別注意「正確的時間點」,才能找到「過去特定時間點使用該網址」的人員。第三種是代理網址(Proxy Server IP Address),目的是為了減輕伺服器負擔和網路流量而設置,基於安全考量的防火牆網址,也可歸於此類。由於此類網址的流量十分龐大,許多單位在管理時未必會留存相關資料,就算有保留稽核資料,但期間也不長,查詢時需要提供更多的個案資訊(除時間點外,電腦名稱、使用協定、目的網址及通訊內容等都是有利於調查的資訊),才能對應至真正的來源電腦主機。

二、事件時間

任一電腦透過網際網路可跟世界各國的主機相互溝通聯絡,又因每台電腦使用的時區不同,為因應個案查詢相關資料時,須對應正確的當地時間。如 GMT(即 +0000)表示為格林威治時間,CST,即 +0800,為中原標準時間。個別事件尚須交叉換算不同時區的時間,方能取得正確的案發時間。復因使用動態網址上網的使用者,每次上網的網址都不同,不同時間的網址使用者自然也就不同。當案發時區時間未注意或出現誤差,便可能發生查無資料或鎖定錯誤對象的情形發生。此外,如記錄作案時間的電腦系統時間有誤或遭不當更改,亦可能衍生不同電腦記錄時間無法相互比對之情形。此時便需進一步深入剖析正確的案發時間,與記錄不符之原因,進而釐清事實真相。

　　在檢查受害電腦過程中，需檢查受害（或案發）電腦的時間是否與中原標準時間相符，再檢核電腦中哪些檔案可顯示犯罪事件發生的時間點。舉凡稽核紀錄中特定帳號的登入／出時間、特定檔案的修改／存取時間、正常與異常狀況的區隔期間（最後確認運作正常時間與第一個發現異常的時間）等。均可縮小可疑的時間範圍，過濾入侵事件前後的特殊徵狀，亦可判斷相關時間的演進過程，剖析犯罪事件的經過歷程。在整個調查過程中，「正確時間」是十分重要的要件，因調閱其他相關主機的正確時間記錄，才能比對出在案發的時間點上是否有一致性或次序性的相關資料，進而推論出「該受害主機的稽核資料是否遭異常變動處理」及「稽核資料是否值得信賴」等關鍵問題。

　　在案發時間方面要確認 3 點，一是「時區」問題（如中原標準時間以 CST 或 +0800 表示），二是「陽光節約」問題，三是「時間校對」問題（指 2 個電腦記錄的時間落差）。就「時區」方面來看，地球大致是圓球體，在同一個時間點，世界各地呈現白天、黑夜、黃昏或清晨等不同時刻。為方便辨別與管理，人們制訂「時區」制度來解決相關的生活問題。若將地球 360 度「經線」（由北極連到南極的剖面線）等分成 24 個區間，每個 15 度區間為一個「時區」，以通過英國格林威治天文台的經線為零度經線作為基準時區。由於往東的時區比基準時區更早看到太陽，當地的標準時間必須設定得比基準時區早，故其時區名稱便稱為 GMT +01:00、GMT +02:00；相反的，往西的時區則稱為 GMT -01:00、GMT -02:00。每台電腦都有屬於每個國家應設定的時區時間，若稽核紀錄的目的及來源時區不同便需做校正處理，避免產生時間錯認的結果。

　　另就「陽光節約時間」的部分而言，陽光節約時間（Daylight Saving Time）乃為達到節約能源目的，將時鐘調快一段時間，配合夏天時太陽會提早東昇的自然現象，讓白天的時間提早發生。在台灣陽光節約時間也曾實施過一段時間，主要是因為當時出現世界性的石油能源危機，為因應天然資源的不足，便有人提議在一年之中太陽比較提早東昇的那段時間，將每天日常生活作息提前 1 小時，如此便可增加利用有陽光的時間。如此說來除了做時區的修正之外，陽光節約時間也要一併考慮進去。

最後一點需要考慮的是「修正時間」。時間的校正是最重要的階段，為使來源電腦與目的電腦時間能同步化，可將來源電腦與目的電腦的時間資訊，放在同一條時間軸上，讓彼此有先後順序關係。將這些時間資訊整合起來之後，來修正誤差時間，並解釋數位證據的時間欄位是否無誤，進而做為稽核紀錄之證據力強弱的判斷依據。

三、數位行為

網路犯罪事件回溯，需準備電腦歷史稽核紀錄，以了解事件發生的經過情形。在網路犯罪案件的追緝過程中，經常會藉由電腦稽核檔所提供的資料追查可能的涉案線索或人員。電腦稽核檔的功能不僅在於讓系統管理者可以檢視帳號使用者的存取過程及執行程序等歷史記錄，亦可使主機具備基本的保護機制且可偵測出企圖避開保護機制的行為，有效保護系統主機的安全。

電腦稽核紀錄主要是收集本地或遠端使用者執行程式指令過程中所產生的活動資訊，將個別描述單一系統狀況的事件記錄，依照事件的發生順序排列，以組成稽核資料檔案或報表。在進行稽核紀錄檢核時，最好能提供犯案用的帳號（Account）、通訊協定（Protocol）、期間（Period）、手法（Method）、程式（Program）及通訊埠（Port）等內容，以深入了解網路犯罪者的行為，以利正確引用適合法條與罪名。發現事件的來源網址時，需檢核該網址的種類（如動態或靜態網址）、主機所屬網路服務業者（在國外或國內）及使用的程式軟體名稱（如作業系統版本、瀏覽器版本或攻擊程式名稱與版本等），作為爾後交叉比對嫌犯真實身分的判別參考依據。

一般而言，電腦稽核紀錄只會依據使用者的設定運作，也因現有稽核紀錄難以詳實記錄入侵者一舉一動的缺失，就算知道進入的帳號或方式，經常無法詳細知悉攻擊者的所作所為。最好在確認入侵者的使用習性後，藉由群體討論方式修正防護軟體的稽核策略，再依個別入侵者的特徵做細節記錄，提供一較完整的某一時間區段資料，進而確認入侵事件攻擊源頭主機。此外，需了解系統記錄、稽核紀錄、應用程式記錄、網路活動記錄及網路封包擷取記錄等資料意義，藉由事後群體分析解讀方式，判讀訴訟程序中所需要的證物，以描繪出一完整事件經過。

四、系統訊息

電腦稽核紀錄訊息通常包含來源網址（或電腦名稱）、帳號、群組（或類別）、日期、時間、指令及狀態（或事件 ID）等欄位內容，作為事後判斷的參考基準。但當電腦稽核紀錄出現丟置（Drop）、停止（Stop）、封鎖（Blocked）、拒絕（Rejected）、終止（Terminated）、拒絕存取（Access Denied）或攔截（Intercepted）等訊息時，通常表示該事件之失敗，這對事件的還原十分重要，有助辨明事件的原始態樣。

在分析事件的過程中，尚須思考是否應相信它已成功地阻擋被識別出來的攻擊？還是當攻擊事件在瞬間完成時，防護機制還來不及反應？這些記錄屬於無效的數位證據，還是未成功的嘗試侵入訊息（即失敗訊息），這是面對法律訴訟案件上，處理數位證據時所應有的態度。這些記錄雖然可能有誤，卻仍然可作為安全防護上的重要參考指標。更何況電腦稽核紀錄的本身也只能算是一般的檔案內容，該記錄檔案的內容是否均是由防護工具所分析產生，是否有「外力介入」？是否有被攻擊者「編輯」過？這仍是一個需要查證的議題。尤其當面臨法律訴訟事件時，這樣的問題更值得深思！

在電腦犯罪事件發生後，資訊鑑識人員於被害者與犯罪者之主機內的數位記錄蒐證結果，便成為十分重要的數位證據。以 Windows 作業系統為例，在其電腦裡可能存在的數位證據包含：

一、最近開啟的文件

通常位於電腦路徑 C:\Users\％使用者名稱％\Recent 之下，如圖 1-16 所示。可以顯示此電腦近日內曾開啟之檔案。

圖 1-16　我最近的文件

二、Cookies

通常位於電腦路徑 C:\Users\% 使用者名稱 %\AppData\Local\Google\Chrome\User Data\Default\Network 之下，如圖 1-17 所示。可以顯示相關之 Cookies 資訊。

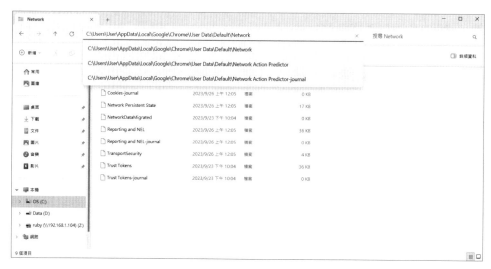

圖 1-17　Cookies

三、我的最愛

通常位於電腦路徑 C:\Users\％使用者名稱％ \Favorites 之下，如圖 1-18 所示。可以顯示此電腦使用者自訂之最常瀏覽的網站連結。

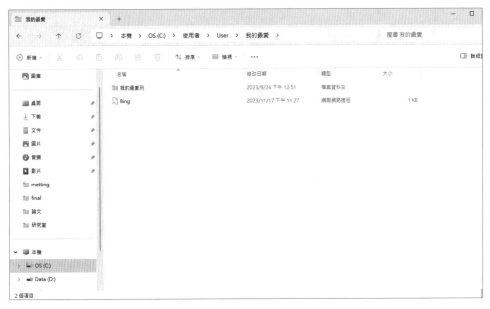

圖 1-18　我的最愛

四、網頁暫存檔（**Temporary Internet Files**）

通常位於電腦路徑 C:\Users\％使用者名稱％ \AppData\Local\Microsoft\Windows\INetCache 之下，如圖 1-19 所示。可以顯示此電腦曾瀏覽過之網頁所留下的相關檔案。

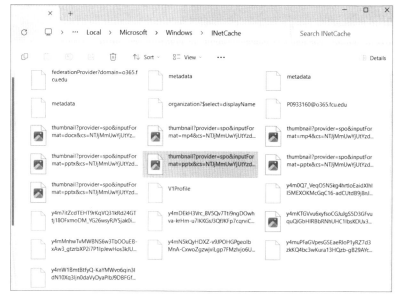

圖 1-19　網頁暫存檔

五、連線記錄（**History**）

通常位於電腦路徑 C:\Users\％使用者名稱％\AppData\Local\Microsoft\
Windows\History 之下，如圖 1-20 所示。可以顯示此電腦近日內曾瀏覽過之網頁
連結。

圖 1-20　連線記錄

六、我已接收的檔案

通常位於電腦路徑 C:\Users\％使用者名稱％ \Documents\ 我已接收的檔案之下，如圖 1-21 所示。可以顯示此電腦使用者曾下載之檔案。

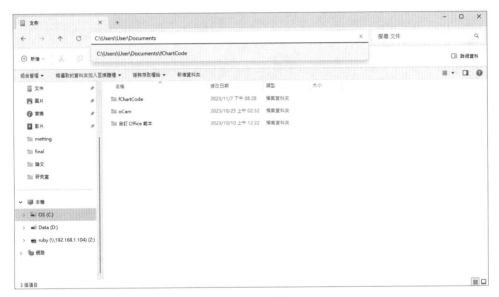

圖 1-21　下載檔案

七、即時通訊軟體的對話記錄

以 Windows Live Messenger 的對話記錄為例，通常位於電腦路徑 C:\Users\％使用者名稱％ \My Documents\ 我已接收的檔案 \％通訊軟體之使用者帳號％ \ 記錄之下，如圖 1-22 所示。可以顯示此電腦使用者曾使用即時通訊軟體與他人對話之記錄。

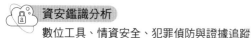
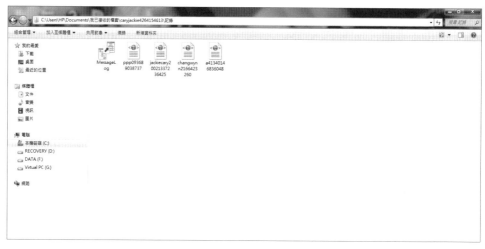

圖 1-22　Windows Live Messenger 的對話記錄

八、資源回收筒

在 Windows 作業系統中，各個磁碟區都有各自的資源回收筒，並且彙整於電腦路徑 C:\\\$Recycle.bin 之下，如圖 1-23 所示。可以顯示此電腦使用者欲刪除而尚未刪除之檔案。

圖 1-23　資源回收筒

九、暫存檔

通常位於電腦路徑 C:\WINDOWS\Temp 之下，如圖 1-24 所示。由於使用某些軟體時，其檔案過於龐大，故其軟體會自動儲存相關資料於此資料夾。

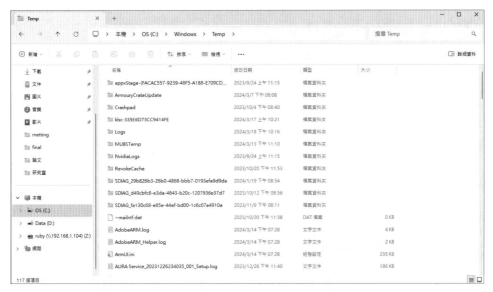

圖 1-24　暫存檔

十、交換檔（Swap File）

交換檔電腦路徑為 C:\pagefile.sys 之檔案，如圖 1-25 所示。交換檔平日為系統隱藏檔，作用為虛擬記憶體，可由使用者自訂其大小，其中可能存在一些可做為數位證據之資料。

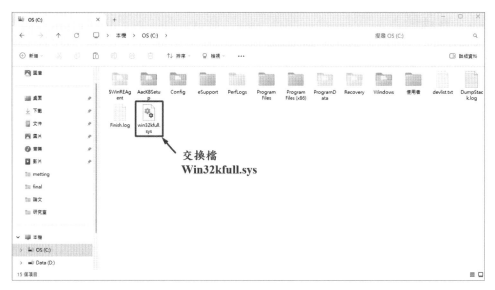

圖 1-25　交換檔

十一、電腦系統的 MAC（Modify、Access、Create）時間

用滑鼠左鍵選取一檔案→按滑鼠右鍵→選「內容」，即可顯示此檔案之相關資訊，如圖 1-26 所示。其中最常用以作為數位證據之資訊為「建立日期」、「修改日期」、「存取日期」，一般稱之為 MAC 時間。

圖 1-26　電腦系統的 MAC 時間

十二、網路連線的狀態

在 Windows 中，已取消「網路上的芳鄰」的設計，欲顯示本機和其他電腦的連結情形，可採取以下動作：滑鼠左鍵點選螢幕左下角之「開始」→用滑鼠左鍵選擇「控制台」→在「控制台」視窗中，選擇「網路和網際網路」→點選「檢視網路電腦及裝置」，如圖 1-27 所示。

圖 1-27　網路連線的狀態

十三、系統登錄檔（System Registry）

滑鼠左鍵點選螢幕左下角之「開始」→用滑鼠左鍵選擇「執行」→以鍵盤輸入 "regedit" 後按下「確定」，如圖 1-28 所示。從系統登錄檔可以了解此電腦中軟體安裝之情形及其他作業系統設定之相關狀態。

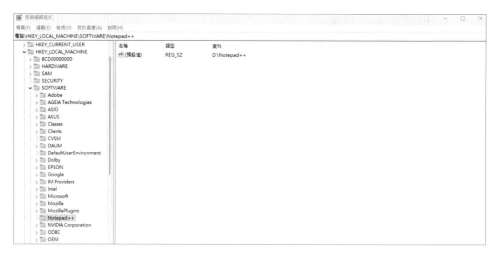

圖 1-28　系統登錄檔

　　除了上述各種數位記錄，其他足以證實其犯罪行為之文字、圖像、聲音、影片等各種具備證據能力與證明力之數位證據，均有可能做為法庭上之呈堂證供。

　　在進行數位鑑識過程中，除了找出被害者與犯罪者主機的數位證據外，尚須提出以具備公正第三者所認可之數位證據方可認定其犯罪事實，以達到犯罪現場、被害者、犯罪者之認定與犯罪關係的連結與回溯。依現今網路連線的架構而言，絕大部分的網路犯罪須透過第三者為媒介，如：伺服器、路由器或 ISP 業者。故其中各種關於網路連線之稽核紀錄均可能為極重要的數位證據，如：ISP 客戶資料檔、歷史稽核紀錄檔及路由器上之數位記錄等。

　　通常各伺服器都會存有用戶瀏覽本機網頁的 Log 記錄，如：IIS（Internet Information Server）Log 記錄、Apache Log 記錄、FTP（File Transfer Protocol）Log 記錄及系統的事件日誌。可能存在 Log 記錄中的數位證據包括：用戶連線時間、連線 IP 位址、連線帳號、瀏覽網頁及執行動作等資訊。而依 Windows 平台系統之特性，事件日誌主要可分為系統日誌、應用系統日誌與安全性日誌，其可能有的數位證據分述如下：

一、系統日誌

記錄系統與驅動程式之運作過程。可能有的數位證據包括驅動程式啟動之記錄、裝置硬體錯誤、網路上重覆的 IP 位址、服務啟動、暫停與停止等。

二、應用程式日誌

記錄使用者操作應用程式之記錄。可能有的數位證據為應用程式或一般程式記錄之事件，如失敗登入之次數及硬碟使用的情況等。

三、安全日誌

記載用戶登錄上網的情況，此為數位證據蒐集階段中最有用的日誌。可能有的數位證據包括用戶權限變更、帳號密碼登入之訊息及曾瀏覽過的網頁等。

為了建立進入網路之帳號，使用者通常需提供 ISP 業者相關資料，如：使用者姓名、住址、電話、付費方式及開戶時間等，以便讓 ISP 業者進行相關之收費行為。故當犯罪行為發生時，數位鑑識人員可由 ISP 業者處取得相關犯罪者申請之個人資料。且 ISP 系統通常記錄各種可作為數位證據之記錄，如用戶登入時間、登入帳號、登入之錯誤資訊、連線 IP 位址及登出時間等資訊。此類資訊應備份保存，其保存時間越長越好。一旦發生網路犯罪時，以便提供有關單位依法查詢，為資訊鑑識人員提供良好之證據與線索。

1.6 數位證據的儲存與管理

學者 Edmond Locard（路卡，1877 ～ 1966）所提出的 Locard's Exchange Principle（路卡交換原理），如圖 1-29，藉由接觸表面的互動，將有殘留物質交換，因而必然留下痕跡。這就是在鑑識科學與犯罪現場重建之重要依據。換言之，任何人或物，只要進入事故 / 犯罪現場，將直接或間接影響現場的擺設，如：移動或取走於犯罪現場的物件等。前述行為，可能產生或留下痕跡成為證據

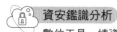
的推敲與追蹤最佳證據，而這些證據將用於還原犯罪現場，連結被害人、嫌疑人與犯罪現場之間的關係。而數位證據亦為物理證據的一種，但其有著不易保存且容易修改的特性，因此，對於數位證據的儲存及管理需特別注意，以下分兩方面進行探討。

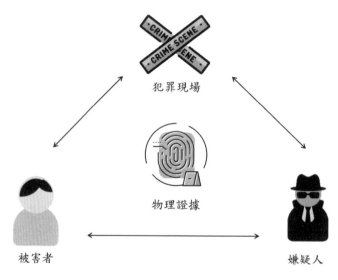

圖 1-29　路卡交換原理

一、數位證據儲存

　　基於數位證據容易修改的特性，以及為確保原始資料之完整性，數位鑑識的工作應盡量在其他電腦上進行，故需事先將原始資料做備份。在進行備份時，應採用容量足夠且事先經過格式化的硬碟，以免殘存在硬碟中的資料干擾採集到的資料，而使資料之證明力受到質疑。為了能完整記錄硬碟內的使用狀態，必需採用位元流備份，並且至少備份兩份，一份做為鑑識人員檢查分析證據之用，另一份則有兩個用途，第一可做為驗證用途，透過 HASH 的計算，輸出訊息摘要（Message Digest）之結果，以確保鑑識人員檢驗的資料與原始資料相同。另外也可做為需要額外備份時的資料來源，以免動用到原始資料，增加不必要的風險。而且在沒有確切證據之前，或者在不影響嫌疑人公司正常營運的情況下，無

法直接扣押電腦設備，則需使用磁碟備份技術來替代，所以採證的工作最好能一次完成。

如果僅要採集部分資料，像是已經得知確切資安事件事實，且也知道證據擺位置時，就不必費時又費工地備份整個硬碟的內容，也可省去位元流備份的過程，只要以一般複製檔案方式製作兩份複本即可。除了採集存放在電腦相關設備的數位資料外，對於資安事件現場各設備的擺放，以及不同的線路所連接的硬體等也是採證的重點之一，應利用相機將現場情況加以記錄。如果需要扣押現場電腦時，相機記錄的動作就更顯得重要，並且要將同組的電腦主機螢幕或印表機貼上標籤分類，各線路插在那個插座孔也應以標籤標記，這將有利於現場的重建工作。硬體的搬運應小心謹慎，雖然主機有外殼的保護，但無意的碰撞亦可能造成內部硬碟資料的毀損，導致無法挽回的過失。

對於任何蒐集到的證據都要嚴加管制，確保其安全性。在硬體方面，應該將扣押的電腦設備集中保管，禁止無權存取的人員進入。在軟體部分，可採取加密的手段保護得到的數位證據，避免遭他人修改。

二、數位證據管理

「數位證據管理鏈」是指數位證據在數位鑑識程序中的所有活動流程與關係，從數位證據的搜索及扣押開始，直到在法庭上成為法官判決依據的過程中，所有對於數位證據的處理與保管等過程稱之。在整個證據管理的過程中，只要有任何非依法定程序處理的活動，都將使數位證據的證據能力受到影響，甚至於失去效力。好比刑事偵查上有名的「毒樹毒果實理論」，意指非法程序（毒樹）所取得的證據（毒果實）並不是一個能在法庭上擁有「證據能力」的證據。如刑事訴訟法第一百五十六條第一項：「被告之自白，非出於強暴、脅迫、利誘、詐欺、疲勞訊問、違法羈押或其他不正之方法，且與事實相符者，得為證據。」說明了只有經過「合法程序」取得的自白，才具備成為一個合格證據的條件，也因此，在證據管理的過程中只要有任何瑕疵，都將使整個證據管理流程成為「毒樹」，所產生的結果，就是「毒果實」。

　　每個證據都有所謂的「證據能力」和「證明力」，證據能力係指一個證據是否能成為法庭上擁有公信力之證據的「資格」，而證明力則是證據能夠證明事實之效力強弱。一個理想的證據，不僅要具備證據能力，更應該有夠強的證明力來證明犯罪者的犯罪事實。對數位證據而言，最被人詬病的就是證據能力問題，也因此在數位證據的證據管理鏈中，每一個流程都應謹慎為之，才能避免使整個數位鑑識流程變為毒樹。

　　因為數位證據擁有易於修改及不易保存等特質，使得整個數位證據管理鏈的流程中每一個階段都是管理重點。數位證據的證據管理鏈如圖 1-30 所示，包含以下幾個階段：

1. 數位證據的取得：從查獲電腦犯罪的地點搜索發現證物並且將之扣押的過程，數位證據類型除了電腦主機外，還包括硬碟及手機等可以儲存數位足跡的媒體。在這個階段中，除了搜索及扣押等程序必須依法處理外，也須注意要在不破壞證物的情況下，正確地從搜索地點取得證據。

2. 數位證據的移送：指證據取得後移交到數位鑑識單位的過程，移送證據的程序，應該在數位證據未經過任何修改的狀況下完成，以避免數位證據因過長的保管時間遭人質疑其完整性。

3. 數位鑑識：此階段為數位鑑識單位，針對移送之證物進行數位鑑識的過程，為了保證證據的完整性，往往必須先產生證據的「副本」，再針對副本進行鑑識工作，在鑑識的過程中也必須對所有流程進行記錄。

4. 產生報告：針對鑑識結果產生報告，以提供法官案件判決的依據。

5. 數位證據的管理：泛指在過程中每一個階段對數位證據的保存、操作及處理等作為。數位證據的保管也是數位證據是否擁有證據能力的關鍵課題，在每個階段中都必須注意數位證據的處理是否符合法律要求，並避免任何非依法定程序的修改。

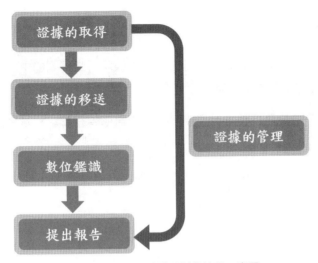

圖 1-30　數位證據管理鏈的流程示意圖

1.7 結語

　　傳統犯罪的偵查需要蒐集傳統證據，電腦犯罪則需要蒐集數位證據。對於傳統證據蒐證的程序已有公認的標準流程，數位證據相關的研究與應用是一個新興的領域，也是未來的趨勢。數位證據有其獨具的特性，並非為可以直接認知的已存在的具體事物，例如電磁紀錄是以電波或電磁的方式儲存在電子媒體上。對於這種非具象的事物，應該如何正確且有效的蒐集相關的物證，將是未來一個重要的課題。當與電腦犯罪相關的案件發生時，蒐證人員到達現場的首要工作須先辨識證據可能存在的地方。必須仔細檢查任何有可能存在犯案證據的電腦系統、相關周邊元件以及通訊傳輸設備，例如：硬體防火牆、印表機、手機通話記錄、網路服務供應商之客戶連線記錄、信用卡刷卡機上之記錄等。不能遺漏任何可能的線索，才能達成完全蒐集數位證據的目標。

問題與討論 🔍

1. 就國內電腦犯罪案件的研究中指出：司法機關所掌握到的主要證物可分為四類，而數位證據屬於下列哪種類型？

2. 進行鑑識時不易直接將所得證據與嫌犯的關係進行聯結，是數位證據的哪一個特性？

3. 電腦的組成元件中有哪些可做為數位證據，請列舉並說明？

4. 試簡述數位證據有何特性？

5. 試說明證物鏈的關係？

6. 數位證據的處理程序？

7. 試說明製作映像檔與複製檔案之差異？

8. 拷貝電腦內的證據資料是利用字元串流拷貝（Bit Stream Copy），其目的為何？

2
CHAPTER

現代包青天－數位鑑識

導讀

數位鑑識簡單來說，係利用數位科技與嚴謹的檢查程序，自電腦系統或其他硬體儲存媒體設備中，找尋與犯罪行為相關之實體或邏輯證據。換言之，數位鑑識是利用嚴謹的科學方法，以蒐集、擷取、分析及還原數位證據，並將這些過程詳細且完整記錄，作為法律上依據。數位鑑識所利用之技術層面甚廣，包含電腦軟、硬體及網路等相關技術。本章將針對從事數位鑑識工作所需具備的基礎知識及數位鑑識相關工具作介紹。

前言

網路因為具有隱匿性，過去僅蒐集傳統證據就能破案的模式已無法符合現代的需求，使得資訊犯罪的偵查比傳統犯罪更具挑戰性。對抗此種新型態的犯罪模式，也需要藉助專門的電腦與網路偵查技術及程序才能達到目的。因此，結合傳統證據和數位證據的偵查模式，將是新一代犯罪偵查的趨勢。

部分犯罪者能讓數位證據「藏匿於無形」，故在重大事件的取證上，實需運用「更高的偵查技巧」處理。為了將所蒐集的證據在法庭上受到法官的採信，所以我們將使用電腦鑑識工具來幫助鑑識工作的進行，並透過標準的電腦鑑識流程以及使用國際公認之電腦鑑識工具蒐集證據，可增加數位證據的完整性及可驗證性。雖可指出「某人在這台電腦上做過什麼事」，但卻無法很肯定的說「是什麼人做了這件事」，而這便是電腦鑑識價值所在。電腦鑑識是一種從電腦中找到足以在法庭上具有說服力、公信力及證據能力的資料之工作。其核心價值便是運用科學方法，取得犯罪事證，同時包含證物之取得、保存、辨認、鑑定、個化及案件重建等工作。凡此種種，面對不同犯罪個案，對電腦鑑識人員而言，都是一種嚴肅的挑戰！如同一般刑事案件的調查一樣，要找金融機關或聯絡手機的登記資料相當簡單，但大多數卻是人頭戶，並非真正的作案元兇。網路犯罪案件也是如此，不是只要相關網路服務業者（Internet Service Provider, ISP）聯絡電話、來源網址與作案時間便可找到涉案嫌犯。鑑識人員一旦陷入這樣的錯誤思考迷思，便容易成為陷人入冤獄的始作俑者。故偵查網路犯罪需要資訊技術背景做後盾，方能尋得幕後真兇。

2.1 數位鑑識之概念

一、數位鑑識（**Computer Forensics**）的內涵

1. 狹義的數位鑑識為從電腦中採集資訊以作為法院證據的科學。此時，鑑識人員將面對各種不同的作業系統、套裝軟體、通訊協定與網路環境，最好採團隊分工與專家諮詢方式進行，藉由事先分工讓團隊成員間均具有某特定領域的專長，除經常相互研商技術實作心得外，亦針對不同問題請教相關領域的專家，以架構一綿密合作的專業技術團隊。

2. 廣義的數位鑑識除採集有意義的數位證據資訊外，亦包含密碼鑑識、壓縮鑑識、邏輯鑑識及電腦證據處理程序等內容。數位鑑識不僅能透過電腦取得片段資料，描繪事件的大略情形以重建資料外，亦須適時地表達出專家證言，進而探討電腦證據資料保存、識別、萃取與文件化的科學。

二、數位鑑識的另一種詮釋與討論

數位鑑識乃使用科學技術進行蒐集、鑑定、找出關聯性、運用各種技術將數位證據文件化，並找出與案件所需且相關的數位證據；或是確認有意圖將進行破壞且未經授權的行為，並從系統中找出這些不法行為的證據。許多團體在這個新領域的討論也集中在以下幾點上：

（一）時間（**Time**）

在所有的鑑識活動中，分析時間與事件相關性與完整性是非常重要的，尤其是環境包含了審判權和時區時更形重要。因此，在這個方面下功夫是必要的。

（二）效能（**Performance**）

當這項研究開始適用在民間和軍事領域時，速度將是決定其效力和成功與否的重要因素。當然，電腦的性能和速度可以說是同義的，影響性能的主要因素是資料量，通常進行此類分析所需蒐集的資料量都十分龐大，例如：入侵偵測系統

（Intrusion Detection System, IDS）為分析網路行為提供了大量的資料，然而，雖然入侵偵測系統能提供大量的資料供分析之用，但在分析過濾及刪減不必要的資料時，卻不夠有效率。因此，研究工作應朝向如何提高資料採集及過濾的效率發展。

（三）複雜度（Complexity）

目前數位鑑識已經從對單一主機的分析，進展到對網路上全部具有意義資料進行詳細的分析，尤其是對以下幾項調查的幫助：

1. 工具（Tools）：為單一環境設計的工具已經無法應付網路環境上多樣化的作業系統、通訊協定、應用程式及資料格式，因此未來應該朝向提供可適應多樣化環境工具的方向進行研究。

2. 關聯（Correlation）：將資料轉換為有用、可理解的，以供進行有效的分析是必要的，幫助分析師了解存放在入侵偵測系統中資料之間的關聯，是十分重要的，在這方面，資料挖掘是關鍵領域。

（四）收集（Collection）

執行網路鑑識分析通常需要仔細地從多樣化（甚至常常來自不同的地區）的來源中過濾出資料，並考慮許多層面。

1. 何人（Who）：誰收集數據？傳統的鑑識方法要求證據提供者要有一定的信任標準。

2. 何時（When）：數據什麼時候或是多久該收集一次？這議題是與資訊「新鮮度」有關，尤其在資訊科技發展已趨近成熟的現在，對網路或系統狀態的了解愈顯其重要。

3. 何物（What）：要收集何物？這也是上述所要表達的主要問題之一，關於這個問題，由於現今提供作為鑑識的資料是由許多不同的軟、硬體系統或入侵偵測系統所組成，因此並沒有一個標準格式。

三、數位鑑識（Computer Forensics）的可行作法

對一般組織的電腦資產而言，可能會面臨外來攻擊者蓄意以非法的方式，未經同意而逕行進出組織的電腦系統，並使用高超技術進行不法侵害（網路入侵行為偵防追蹤），而不良（或離職）員工也可能蓄意加密重要檔案（密碼鑑識）、壓縮拷貝機密檔案（壓縮鑑識）、未盡責測試系統規格或把關驗收（邏輯鑑識）而造成組織困擾時，數位鑑識技術可有效檢視、發現問題所在。必要時，可透過法定作法（電腦證據處理程序）來保全跡證訴諸法律。

（一）密碼鑑識（Password Forensics）

如何破解祕密通訊為數位鑑識工作中面臨的最大挑戰。在實務運作上，不論使用密文攻擊（Cipher-Only Attack）、已知明文攻擊（Known-Plaintext Attack）或選舉文攻擊（Chosen-Text Attack），最主要的任務在有效期限內破解祕密。對鑑識人員而言，即使面對未知編碼演算法或理論安全（實際安全）問題，依然可採用暴力字典攻擊或心理突破作法，來取得相關的機密資料。

（二）壓縮鑑識（Compression Forensics）

壓縮與解壓縮的程式有 WINZIP、PKZIP、ARJ 及 GZIP 等多種，如果不了解參數用法而貿然操作，可能會將部分重要資料覆蓋而造成毀滅性破壞致無法修復。鑑識人員除對已知壓縮軟體要有敏銳的直覺外，對於壓縮技術的原理原則，亦需有一定程度的了解，以期面對新壓縮技術時能妥善因應。

（三）邏輯鑑識（Logical Forensics）

又稱為推斷鑑識（Computing Forensic），係依據電腦常識對不合常理的事務提出問題、比較差異及分析緣由的科學。主要係針對電腦蒐證程序中，所面臨的疑難問題提出解決之道，並分析犯罪案件中的電腦與資料，除針對個案提供科學報告外，在輔助法院訴訟程序進行的前提下，從事電腦資料的復原程序、資訊技術的諮詢提供及法院認可的專家證言（Expert Testimony）等工作。

（四）研擬電腦證據處理程序（Computer Evidence Processing）

電腦證據處理程序，主要係透過檢查電腦的技術方法，備份、檢查與分析電腦犯罪證據，並藉由執法機關標準的處理證據程序來保全證據，作為法院訴訟程序中的佐證資料。在訴諸法律程序的過程中，資訊科技所提供的佐證資料已變得日益重要，鑑識人員如未保持相關電腦知識的領先優勢，則很難提供具體有效的證據。此乃因正常操作程序也可能會破壞電腦中儲存的資料，所以面對未知（或不同）儲存媒體（或格式）的電腦資料，均需小心處理及妥善因應，以避免在電腦證據採集過程中，不慎錯過隱藏檔案或執行破壞程式。

四、數位鑑識應注意事項

1. 數位鑑識為從電腦中採集資訊以作為法院證據的科學。重大特殊案件之電腦證物遭毀損、刪除、格式化或經加密無法解讀，得將證物送交有能力處理之單位進行鑑識解析。

2. 進行數位鑑識前應先將重要資料備份以完整保存證據，必要時可全部備份。執行數位鑑識工作時應對備份資料進行非破壞性鑑識，必要時得對原始資料做鑑識解析，但鑑識經過需詳加記錄或錄影存證。

3. 數位鑑識處理人員針對各種不同的作業系統、套裝軟體、通訊協定與網路環境進行解讀時，可運用搜尋工具，輸入檔案名稱或內容搜尋電腦內部重要檔案（證據），找出可能相關的數字、姓名或文字串。

4. 電腦歷史稽核資料雖可供了解電腦異常事件的發生經過，記錄檔本身卻常常缺乏充份的完整記錄，亦無法有效區隔正常使用與異常濫用之差異，進而可能產出不正確的推論結果。面對相關被害者或網路服務業者提供的電腦歷史稽核資料時，數位鑑識處理人員需善盡查證解讀電腦歷史稽核紀錄的分析工作，進而嘗試利用修復或採集數位資料的方式，回復被損毀或刪除的數位證據，以重建犯罪行為，釐清犯罪的手法、過程與動機，進行數位證據的現場重建工作。

2.2 數位鑑識與證據

在說明數位鑑識與證據之前，筆者先對幾個常見的名詞作解釋，包含數位鑑識（Digital Forensics）及網路鑑識（Network/Internet Forensics）。簡單來說，數位鑑識泛指所有以電腦設備為媒介進行犯罪後對電腦所進行的採證工作，我們亦可把數位鑑識比擬成電腦結構中之軟體，針對不同的犯罪情況，鑑識人員所使用的鑑識方法亦有所不同，這也就像是電腦軟體針對使用者不同的需求，而使用不同的方式來解決使用者的問題一樣。網路鑑識是針對利用網路為傳媒進行犯罪後所執行的鑑識工作。數位鑑識另一個說法是指對於數位資料所作的鑑識工作。由於一般的電腦設備裡儲存的即為數位資料，所以數位鑑識的意義以科技的數位化趨勢而言，大致上是泛指數位資料的處理工作。若將數位鑑識相較於網路鑑識的使用範圍差異來做比較，前者數位鑑識的涵蓋範圍較廣，而後者網路鑑識範圍則較侷限於網路的作業環境，亦可釋義為包含在數位鑑識下，針對網路使用所衍生面對網路犯罪的偵辦作業。

要如何從這些新科技產物中取得法庭所需之證據，用以證明被告有罪或是無罪，就有所謂的數位證據（Digital Evidence）的產生。數位鑑識之目的在於專門負責蒐集、檢驗及分析數位證據。藉由保存電腦犯罪證據，並透過電腦採集有意義的證據資訊或從片段的資料中，描繪事件大略情形以進行現場重建。而數位證據也就是讓鑑識人員透過數位鑑識的幫助，來證明犯罪人是否真的有犯罪實證，並重建犯罪軌跡把犯罪者繩之以法。

數位證據有如電腦結構中之硬體，這些硬體散落在犯罪現場，需要靠鑑識人員細心的將所有的證據一一找出，電腦結構中空有硬體而沒有軟體的輔助，電腦硬體也是英雄無用武之地，從這個觀點我們可以知道電腦結構中，硬體跟軟體是相依並存的，缺少了那一部分都無法發揮其功能，由於電腦硬體與軟體的天作之合，開啟了電腦世代的新紀元。反觀「鑑識」與「證據」的組合，互依互存有如天作之合的軟體「鑑識」與硬體「證據」，少了其中一種就無法發揮其作用，因此如果沒有「證據」的殘屑佇留，何來「鑑識」之推敲、溯衍，另一方面沒有「鑑識」的抽絲剝繭，碎屑依然散落，就算有再多的證據也無「證明力」來證明犯罪事實。

　　了解了數位鑑識與證據之關係，最重要的工作是如何從眾多的證據中找到足以證明犯罪的事實，另一方面是利用數位鑑識工具及方法所萃取出來的證據，如沒有妥善保存則會失去其證明犯罪之證據力及證明力，因此筆者接下來要介紹的是，進行數位證據的採證與鑑識程序規則，其步驟如下圖 2-1 所示。

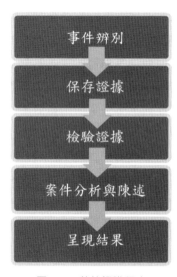

圖 2-1　數位鑑識程序

一、事件辨別

　　事件辨別即情報蒐集與案件分析。其目的在於取得我們所需的資訊與相關資料，也在於預先了解案件的挑戰與可採取的因應之道。事件辨別在於了解：

1. 是什麼事件？何時發生？是否已結束？

2. 哪些資訊遭攻擊、破壞或竊取？

3. 受調查單位的業務、資產或客戶受到哪些影響或損失？

4. 事件是如何發動的？在何處發動？

5. 是否會遇到法律方面的問題？是否已得到允許？

6. 要對哪些作業系統進行蒐證？

7. 要用到哪些工具？

在事件發生後，以及在進行蒐證與鑑識之前，要試著找出上述問題的答案及具體可行的方法，使得在不違反法律規範的情況下，以最快的速度完成鑑識工作。

二、保存證據

進入現場後，最重要的工作便是保存證據。在調查工作進行之前，首先，要確定得到法律之授權後再開始進行調查。這點，對於電腦犯罪案件中脆弱的數位證據（Digital Evidence）尤其重要，因為數位證據隨時都有可能因為鍵盤或滑鼠的一按而改變。所以到現場的第一步，就要控制好現場，並開始記錄時間及偵查與鑑識人員處理數位證據的操作步驟，也就是對證物鏈（Chain of Custody）的管理：

1. 誰取得這些證據？

2. 如何取得？在哪裡取得？

3. 誰持有這些證據？

4. 證據是如何在儲存媒介中回存（還原）以及保護？

5. 是誰以及為什麼要將證據取出？

同時，亦應注意：

1. 在移動或拆卸任何設備之前都要拍照。

2. 在調查中要遵循兩人法則，以防止調查人員竄改或破壞訊息。

3. 應記錄所採取的所有步驟以及對配置及設置的任何改變，要把這些記錄保存在可以找到的安全地方。

4. 必要時要關閉電腦。

然而，關掉電腦電源並非是在現場所要做的第一件事，因為立即關掉電腦電源將會造成正在記憶體中運行的程式與資料流失，造成證據的破壞或是直接影響到受調查公司的正常運作。例如當我們在調查嫌犯是否進行阻絕服務攻擊（Denial of Service, DoS）時，遽然關掉電腦電源，就會使得程式與網路連線中斷，之後就算在嫌犯的硬碟中發現相關的程式，也會使得證據的證明力減低，使得嫌犯有機會加以否認。因此，在需要進行電腦關機作業時，尤應審慎考量；在開機時，亦應注意不可使用可疑的磁片、光碟或驅動程式。拷貝電腦內的證據資料需要特殊的工具，必須是一個接一個位元來進行，也就是要進行字元串流拷貝（Bit Stream Copy），其與一般的拷貝方式最大的不同，在於這種拷貝方式可以使拷貝所得與原始資料完全相同。使用字元串流拷貝方式可以使拷貝所得資料具有證據力，也就是說如果把這些資料交給其他調查人員進行鑑識，也能發現相同的證據。最重要的是，在拷貝的過程中不能修改及變更數位證據。

三、檢驗證據

在現場取得證據後，下一步就是如何去分析這些證據。一般電腦文書資料、圖片及聲音等都可以利用許多工具軟體來檢視。然而，最大的問題在於被刪除的檔案，這些被嫌犯所刪除的檔案有時會是重要的證據資料。因此，便要對磁碟中的剩餘空間（Slack Space）進行檢視，這也就是為何一定要使用字元串流拷貝的原因之一。在此就利用工具軟體來進行字串搜尋與檔案重建。

四、案件分析與陳述

在取得證據並分析之後，就是如何將鑑識結果與嫌犯之間的關係進行分析。藉由對證據進行分類、比對，檢驗鑑識所得是否可與嫌犯連結，並藉由所得之證據來推斷出嫌犯的行為。例如：嫌犯是否經常連線到某個網站，或經常撥打哪些電話。這也就是說，我們要將證據與犯罪者、受害人與現場的關係建立起連結。

五、呈現結果

結果必須清楚地陳述。在探究證據的來源、成因與嫌犯的關係時，要去排除掉所有可能的替代解釋，來證明己方解釋為唯一解釋，方可明白確定無罪或有罪之假定。在法庭上，對證據與因果關係如有些微的懷疑，就足以影響證據是否被採納以及告訴是否成立的結果。

2.3 鑑識工具概論

由於資訊科技的發達，現階段刑事案件現場已不再單純只是傳統犯罪現場，在高科技資訊化的環境中，雖然是相同的犯罪案件，但與以往最不同的地方是犯罪現場多了許多軟硬體及數位電子設備，如：監視器、電腦、PDA 及隨身碟等。面對這些涉及電腦的傳統犯罪或是電腦犯罪案件，鑑識人員已無法利用傳統的犯罪偵查模式來完成採證工作，此時需要電腦鑑識技術的輔助來完成證據採集。因此，為了將所蒐集的證據在法庭上受到法官的採信，所以我們將使用電腦鑑識工具來幫助鑑識工作的進行，並透過標準的電腦鑑識流程，以及使用國際公認之電腦鑑識工具蒐集證據，可增加數位證據的完整性及可驗證性。在本文中，筆者將電腦鑑識流程各階段所需使用之電腦鑑識工具做深入的分析，並加以整理為本文之主軸，提供給從事犯罪偵查工作之人員參考，以期透過本文可以加速電腦鑑識工作速度，並節省尋找適當鑑識工具的時間，以提高破案率。

2.3.1 電腦鑑識工具於鑑識流程之應用

傳統的電腦鑑識程序是以犯罪嫌疑人作案用的電腦為犯罪現場，以犯罪現場所存在的數位設備作為蒐集的對象。譬如說嫌犯的電腦主機、螢幕、印表機及數位儲存媒體（如記憶卡、隨身碟等），主要是強調在犯罪現場設備扣押時至檢驗期間的證物鏈（Chain of Custody）完整性，並要求文件的記錄、物證的包裝運送，最後才到實驗室的鑑定，所有過程都須遵循數位鑑識流程。說明如下：

一、電腦犯罪現場的保全與評估

主要目的是要在進入犯罪現場的前置規劃，以保護偵查人員的安全及傳統證據和數位證據的完整性。在偵查人員進入現場後有所依據，能遵照計畫識別有效的證物及潛在的數位證據，並且注意可能遺留在光碟片、磁碟片、鍵盤及滑鼠的潛在證據，如指紋等。

二、電腦犯罪現場的文件記錄

　　主要目的是要在進入犯罪現場後，配合使用錄影設備，偵查人員完整的記錄現場線路的佈置、各項電腦、網路周邊設備的配接情形，以利日後能完整還原犯罪現場的情形。

三、證據的蒐集

　　由於事前的規劃及現場的記錄，偵查人員應能了解現場非數位化的證據（如便條紙、通訊名冊、行事曆等）及數位證據（主機與 ISP 的連線記錄、使用程式的 log 檔）的可能存在種類（傳統的物理證據）、位置或設備；以保持證據的完整性為前提下，有效地蒐集可能存在數位證據的設備，並且妥善包裝與標記後，再運送至實驗室進行鑑定。

四、證據的包裝與儲存

　　主要為了達到證物鏈的完整性，證據在從犯罪現場到法庭的處理過程中，偵查人員必須在不會破壞證據的前提下，將證據運送到傳統鑑識實驗室及數位鑑識實驗室，待鑑識完成後便將證物連同檢驗報告書一同送交法院，以維持證據的完整性。

五、依犯罪類型做不同的數位證據檢驗

　　除了傳統的指紋及字跡鑑定；為因應不同的電腦犯罪（Cyber Crime）態樣，應對犯罪現場的電腦系統作不同的檢驗，目前較常用的整合性鑑識工具如表 2-1 所示，利用鑑識工具將電腦主機的系統建立複本，再從複本上進行徹底的檢驗及搜尋的動作。應用於犯罪偵查的整合性鑑識工具說明如下：

（一）EnCase

　　Guidance Software（http://www.guidancesoftware.com/）所研發的產品。而 EnCase 是目前使用最為廣泛的鑑識工具，如圖 2-2，並能支持各種作業系統，包 括：FAT16、FAT32、NTFS、Macintosh HFS、HSF+、Sun Solaris UFS、Linux EXT2/3、Reiser、BSD FFS、Palm、TiVo Series One and Two、AIX JFS、CDFS、

Joliet、DVD、UDF 和 ISO 9660 等。EnCase 之使用相當人性化且功能完整，能循序引導電腦鑑識人員完成映像複本，具備位元流備份、Hash-MD5 驗證、CRC 校對碼等，得以驗證數位證據之完整性，並能深入作業系統底層查看所有數據，包括：檔案剩餘空間、未配置空間、交換檔之數據等，得以重新組織檔案結構，其採用 Windows 圖形介面顯示文件內容，除了基本的查看檔案建立時間、修改時間、存取時間、使用者名稱、檔案屬性外，尚有方便的圖檔顯示器，能支持 ATR、BMP、GIF、JPG、PNG 和 TIFF 等多種格式。在分析檔案方面，EnCase 能比較已知的特徵簽名，以避免為隱藏證據檔案而變更副檔名之情況，並能支持多種郵件格式，如 Outlook、Outlook Express、Yahoo、Hotmail、Netscape Mail、MBOX、AOL 6.0、7.0、8.0、9.0、PFCs 等，且可支持多種瀏覽器格式，如 IE、Mozilla Firefox、Opera、Apple Safari 等，為了能讓電腦鑑識人員使用方便，還可以撰寫巨集，以設定一些自動完成之鑑識步驟，最後，可以自動生成詳細的鑑識結果報告，能以 RTF（Rich Text Format）文本方式或 HTML（HyperText Markup Language）形式顯示之。

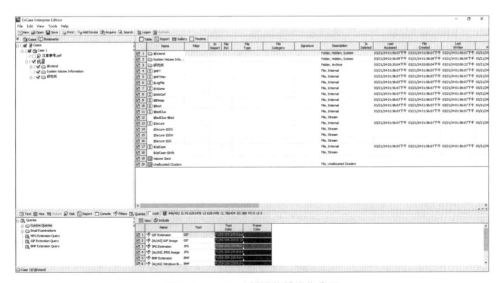

圖 2-2　EnCase 鑑識軟體操作畫面

（二）The Coroner's Toolkit（TCT）

　　是一套由 C 和 perl 語言寫成的鑑識工具集，如圖 2-3。它可以用來搜尋或分析 Unix（Unix-like）系統上的資料。TCT 工具可以免費從 http://www.porcupine.

org/forensics/tct.html（TCT 官方網站）下載。網站上除了有 TCT 可以下載外，
也有相關的介紹和說明，對於初學者來說，是一個方便學習操作的網站。

TCT 主要分為三個部分，分別為 **Grave-robber**、**MACtime** 與 **Unrm &
Llazarus**，說明如下：

1. **Grave-robber**：是 TCT 的核心工具，主要是下達指令來擷取檔案系統中的
   資料，或是儲存一些需要分析的檔案。在正常的情況下，Grave-robber 會掃
   描整個系統，並盡可能地擷取所有資料。例如暫時（Ephemeral）資料（如
   網路狀態）、系統硬體 Configuration（特別是磁碟或磁碟分割）、檔案系統的
   Critical files（configuratio -n files, log files）。但如果使用者不是以 Root 的身
   份執行，它會阻止使用者擷取 Root 權限的檔案。執行完畢後，它會建立所有
   輸出資訊的 MD5 簽章（儲存在 data/ hostnam -e/MD5_all 裡）。如果無法帶
   走 Grave-robber 所有輸出結果，至少可以帶著 MD5_ -all，可給予使用者莫
   大的幫助。在資料蒐集前，會檢查對系統很重要的檔案或工具，如 /etc、/bin
   等。使用者也可以手動檢查檔案。

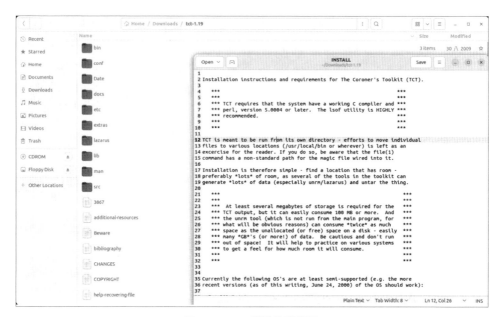

圖 2-3　TCT 鑑識軟體畫面

2. **ACtime**：這是一個收集 Mtime、Atime、Ctime 的鑑識工具。Mtime（Modified time）是檔案最後被修改的時間。Atime（Access time）是檔案最後讀取的時間。Ctime（Changed time）是檔案屬性最後被改變的時間。這些時間很容易被竄改，必須要小心處理，以免造成證據的更動。

3. **Unrm & Lazarus**：一般人以為損壞或遺失的檔案無法復原，其實它還在硬碟的某一個地方，只是我們需要工具把它重新找回來。而這兩個工具，正是擁有救回原來檔案的能力。Unrm 是一個以 C 語言寫成的工具。它可以找出未配置的資料，挖掘潛在的檔案。例如，有 20G 的硬碟空間已使用 12G，它可以把剩下 8G 的未配置資料復原。接著，Lazarus 可以從 Unrm 的成果或其他資料來源找到需要的資料。Lazarus 適用在 UFS、EXT2、NTFS、FAT32 檔案系統上。最後的成果也會隨著不同檔案系統而有所變化。

（三）Access Data's Forensic Toolkit（FTK）

　　Access Data 公司的 UTK（Ultimate Toolkit）是一套經由美國政府及法院認可的電腦鑑識軟體，能夠簡單使用並快速分析，其主要的工具有：

1. **Forensic Toolkit（FTK）**：電腦鑑識分析工具，如圖 2-4。

2. **Password Recovery Toolkit（PRTK）**：密碼分析、破解與回復工具。

3. **Registry Viewer**：登錄檔分析及解密工具。

4. **FTK Imager**：數位證據預覽及獲取映像工具。

5. **Wipe Drive**：硬碟資訊及資料完全清除工具。

　　其中 FTK 則是 UTK 中最主要的分析工具，可以分析、獲取、組織並保存數位證據。FTK 透過索引化的概念將所有文字內容建立索引，強大的過濾及搜索功能為其特色。其支援的檔案系統如 FAT12/16/32、NTFS、EXT2/3，支援的映像格式如 EnCase、Ghost（Forensic Image only）、Linux DD、SMART 及 CD 和 DVD 映像格式如 CDFS、Alcohol（*.mds）、ISO、Nero（*.nrg）、CloneCD（*.ccd）。

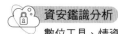

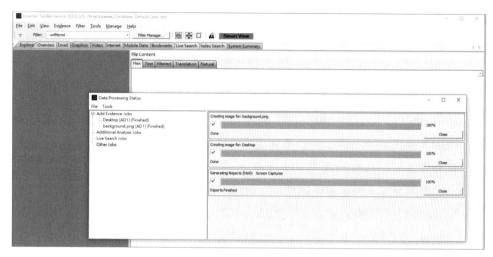

圖 2-4　FTK 鑑識軟體操作畫面

表 2-1　整合性鑑識工具

鑑識軟體	開發公司	適用場景
EnCase	Guidance Inc.	專業電腦鑑識軟體，適用於大多數系統。
The Coroner's Toolkit（TCT）	The Coroner's Toolkit	於 unix 系統上使用。
Forensic Toolkit（FTK）	Access Data	可進行登入檔、e-mail、zip 檔案分析的 Windows 鑑識工具。

2.3.2　鑑識軟體功能之比較

　　發生資安事件於蒐集各種數位證據時，在每個不同的蒐證階段應該使用何類型工具，表 2-2 列出了電腦鑑識領域中，公認最具有公信力之電腦鑑識工具並加以分析比較，而這三大鑑識工具各有其特色，從事電腦鑑識工作人員可利用這三種鑑識工具之優點，交叉使用以利電腦鑑識工作之進行。此處所整理出之電腦鑑識工具應用於犯罪偵查之介紹，可加速電腦犯罪偵查調查的速度，並可明顯的看出此處所提出之架構，在人力、設備、時間及成本上，均節省許多時間並提高了犯罪偵查的效率，亦是與其他研究最大不同的地方。

表 2-2　EnCase、FTK、TCT 三大鑑識軟體功能之比較

功能	EnCase	FTK	TCT
Free for charge（免費）	N/A	N/A	○
Wipe Disk（清理磁碟）	○	○	N/A
Duplicate（建立映像副本）	○	○	○
Validate Image（映像副本驗證）	○	○	○
File Recovery（檔案復原）	○	○	○
E-mail Search（電子郵件搜尋）	○	○	N/A
Keyword Search（關鍵字搜尋）	○	○	○
Password Recovery（密碼破解）	○	○	○
View Registry（檢視登錄檔）	○	○	N/A
Image Gallery（影像瀏覽）	○	○	N/A
Generate Report（產生報告）	○	○	○
EXT 2/3 Support（支援 EXT2/3 格式）	○	N/A	○
FAT 16/32 Support（支援 FAT16/32 格式）	○	○	○
NTFS Support（支援 NTFS 格式）	○	○	N/A
CDFS Support（支援 CDFS 格式）	○	N/A	○

2.3.3　鑑識軟體應用實例

　　在介紹完數套常見的鑑識軟體工具後，本小節將透過一則案例，說明鑑識軟體如何應用在協助偵查電腦犯罪案件中，詳述如後。

> **範例**　A 君從事販賣安非他命、海洛因等毒品的行為，使用途徑為利用線上即時通訊軟體與客戶確認交貨時間、地點後，再進行現場交易。
> 經鑑識人員多方調查後得知 A 君為重大嫌疑人，在申請完相關的法律文書後，於 A 君與客戶正進行聯絡時，前往 A 君的居住所，在進入後發現 A 君的電腦正在執行中，於是立刻加電腦扣押，並進行鑑識。

一、鑑識過程

首先為了得到最接近真實的原始電腦資料，先進行硬碟傾印（Dump Disk, DD）來擷取 A 君的電腦記憶體的映像檔。此處使用 Helix 鑑識工具來進行，而 Helix 為一鑑識平台，結合了許多常見的鑑識小工具，透過整合這些工具的功能，可以進行數位鑑識的標準流程（詳細功能請參閱第八章），圖 2-5 為使用 Helix 間接操作的介面。

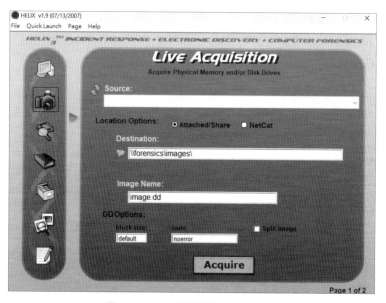

圖 2-5　Helix 間接操作 DD 的介面

在啟動 Helix 的操作介面後，首先需選擇檔案來源（可選擇記憶體、硬碟分割區）、目的地（產生的映像檔存放的路徑），並輸入檔名。此外可以選擇 Attached/Share 或 NetCat，選擇 Attached/Share 即可將取得的記憶體存於與該電腦連接的裝置或網路上的共享檔案；而若選擇 NetCat，則是將完成的映像檔傳送到網路連接上的某一電腦或伺服器，點選此選項須另行輸入目標電腦的 IP Address 及 port 號碼。而 DD 也提供了是否分割映像檔的選擇，並可自行決定分割檔案的大小。一切選項輸入完成後，即可按下 Acquire 以進行擷取映像檔的工作。而在正式進行 Acquire 之前，DD 會先以指令方式顯示方才所選擇的各項設定，要求使用者確認，如圖 2-6 所示。

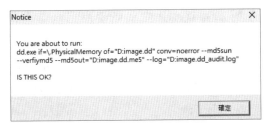

圖 2-6　以指令表示的確認視窗

　　成功完成 Acquire 動作之後，會得到 image.dd、image.dd.md5 及 image.dd_audit.log 等三個檔案，如圖 2-7 所示。其中，image.dd 為取得的映像檔，image.dd.md5 為一包含映像檔 MD5 值的檔案，最後的 image.dd_audit.log 則記錄 DD 執行的指令與輸出的檔案，如圖 2-8 所示。

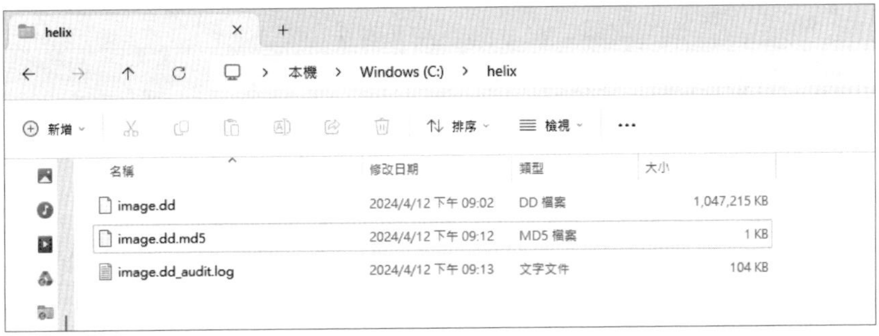

圖 2-7　使用 DD 進行 Acquire 所得到的檔案

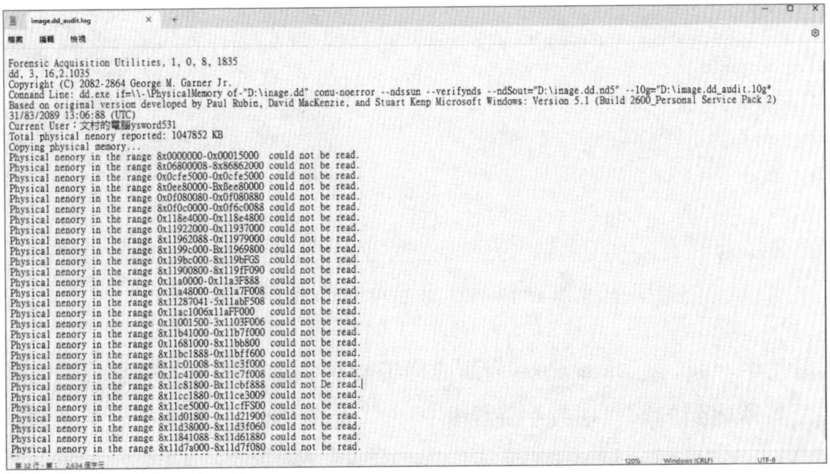

圖 2-8　image.dd_audit.log 的內容

為了使鑑識程序更加完整，此處我們使用另一套專門產生映像檔的工具 winen.exe 來進行 Acquire，而 winen.exe 是採命令列式的互動視窗來完成 Acquire 的動作，如圖 2-9 為其操作介面。依序回答完 winen.exe 操作介面的問題並按下 Enter 後，即開始進行映像檔擷取的動作，最後得到唯有以 EnCase 才能開啟的 .E 檔案，如圖 2-10 所示。

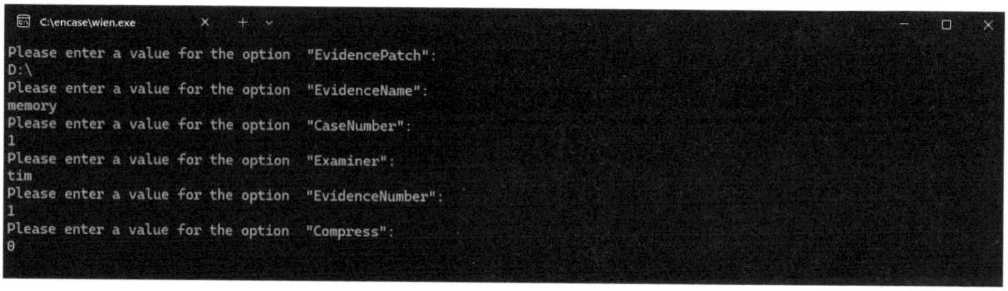

圖 2-9　winen.exe 的操作介面

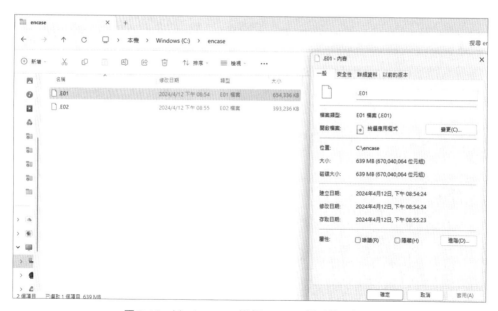

圖 2-10　以 winen.exe 進行 Acquire 得到的映像檔

比較使用 Helix 與 winen.exe 得到的記憶體映像檔大小幾乎完全相同，表示以這兩項工具所得到的映像檔幾乎完全相同，詳見圖 2-11。最後則以 EnCase 將所

得到的映像檔開啟，並進行進一步的數位鑑識工作，圖 2-12 為開啟檔案的畫面，畫面內為原始未解讀之資料，欲解讀資料得另透過解讀程式之處理。除了產生映像檔外，鑑識人員還利用 EnCase 對其電腦硬碟空間進行完整數位鑑識的標準流程。最後再利用指令得到該電腦的系統資訊，並將這些資訊帶回研究分析。

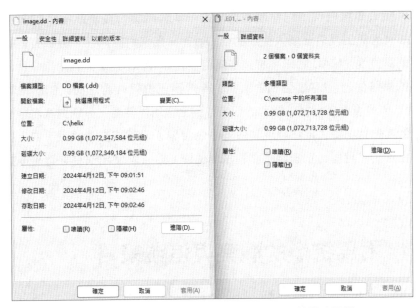

圖 2-11　使用 Helix 與 winen.exe 所得到的記憶體映像檔

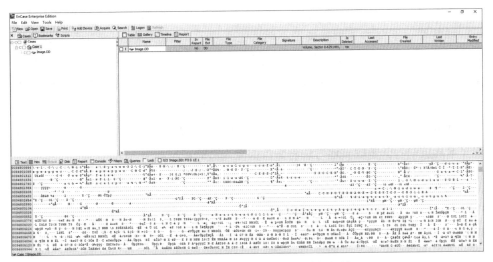

圖 2-12　使用 EnCase 開啟記憶體映像檔

二、鑑識結果

從 EnCase 對電腦硬碟空間的鑑識結果來看，A 君可能具有數位鑑識的基本概念，因此並未在硬碟空間內留下任何與販賣毒品相關的訊息，而使用的即時通訊工具也未留下任何訊息記錄，因此，無法取得確切可證明其犯罪的數位證據。此時，鑑識人員將取得的記憶體映像檔進一步分析後，發現為裡面包含 A 君利用線上即時通訊工具與三個人交談的相關資訊，雖無對話內容，但卻有連線時間與雙方網路位址、MAC 號碼。將這些網路位址和 MAC 號碼與利用指令所得之 A 君電腦的網路位址、MAC 號碼對照後，便得到三位與 A 君之交談的網路位址和 MAC 號碼。最後再透過電信業者的配合找到三位用戶住處，分別對其電腦進行鑑識，找到其對話記錄，果然發現其中一位 B 員與 A 君達成交易共識，約定於某時某地於指定定點會面。在聯絡相關執法單位後，於 A 君拿出交易之毒品後立即加以逮捕。

2.4 木馬抗辯的觀察與追蹤策略

2.4.1 木馬抗辯的源起

所謂的「木馬抗辯」依刑事局網站上之定義為「指被告無法提供無辜事證，但辯稱電腦可能有木馬程式或遭不明人士入侵。」（http://www.cib.gov.tw/news/news01_2.aspx?no=1288）。而在英國當地負責刑事案件方面的律師則將木馬抗辯稱為 SODDI（Some Other Dude Did It），意指「那是某個人做的」。因為木馬抗辯的問題可能因種種因素，而將有罪者無罪開釋或將無罪者判定有罪，若遭木馬程式感染、遭有心人士特意嫁禍或被當成跳板電腦，皆有可能成為無辜受害者，木馬抗辯的問題嚴厲地考驗著數位鑑識人員的專業能力。

而與木馬抗辯相關的數個專有名詞，包括：惡意程式（Malware）、木馬程式（Trojan horse）及權限工具（Rootkit）其意義與在木馬抗辯中扮演的角色，詳述如下：

一、惡意程式

從 1986 年第一隻電腦病毒「Brain」出現，時至今日，惡意程式（Malware）仍然高居每年的資安威脅前幾名，所以我們不應忽視惡意程式所帶來各種的安全、犯罪及法律問題。以現在資訊發展而言，惡意程式的定義已經相當模糊了，可以包含木馬程式、病毒、蠕蟲、後門、鍵盤記錄程式及間諜程式等，凡透過惡意行為來達成目的者皆稱之。而這些惡意程式在電腦犯罪議題上所扮演的角色十分特殊，不僅代表數位證據，同時也代表著可能的數位行為以及資安事件的發生。資安事件所伴隨而來的往往是一連串的行為，從惡意程式的感染途徑、執行行為及感染後徵兆可見一般，其中感染途徑如：收發不明的電子郵件、網路釣魚技術、網頁掛馬、瀏覽器漏洞、即時通訊軟體、免費軟體、破密軟體、WEB 2.0 安全漏洞或隨插即用裝置的自動執行檔 Autorun.inf 等；而執行行為如：修改登錄檔資訊、開機執行、隱藏自己或植入後門程式等；而感染後徵兆如：系統不明原因當機、系統不穩變慢、防毒軟體及防火牆失常錯誤、出現不明警告錯誤或硬碟無法開啟等。

二、木馬程式

Trojan horse（簡稱 Trojan 或木馬程式）是一種網路駭客常用的惡意程式，通常與後門程式結合，但兩者定義不同，透過木馬程式可以連接駭客和被害者的電腦。經常用於帳號密碼偷取及電腦機密資料竊取。而木馬程式亦對其受控制之電腦發出許多指令，輾轉對其他電腦進行攻擊，如此一來便能隱藏駭客的行蹤，而間接受到駭客所控制之電腦亦稱之為殭屍電腦。木馬程式是明顯的是惡意程式之一種，但它的目的並不是大量複製自己，而是利用系統漏洞讓重要資訊不受限制的讓駭客自由存取。木馬程式可以由程式設計者發送或是內嵌在有用軟體中，偽裝成有用的程式來引誘使用者執行。

木馬程式其實只是一種發送機制，可將 IP 機制裡面的「Payload」傳送到別的地方，但是這些 Payload 裡頭，大部分都是間諜軟體、廣告軟體、後門程式或是病毒等。既然木馬程式是一種傳輸的機制，那他們是如何產生的？有什麼工具能夠這樣做？大部分的木馬程式都是出自 "Trojan-making Kits" 一種製造木馬程式的整套工具。這些程式的功能在於包裝，將木馬等有害程式包裝在有用得程式裡頭。而大部分的木馬程式，都是經由 (1)P2P 軟體、(2)E-mail、(3) 檔案分享和可卸除式裝置、

(4) 直接經由駭客植入。木馬程式巧妙的是，它通常並不是自己獨立成一個檔案，而是和其他執行檔合併在一起。換句話說，它是執行檔的一部分，執行檔就是木馬程式的最佳伙伴，因此想啟動程式，就等於同時啟動木馬程式。因此這些木馬程式經常與重要必用的程式綁在一起。例如，盜版的 Microsoft Office 等有用程式，或是最熱門的遊戲軟體都是最理想的宿主。許多遊戲軟體都有設置安全措施，為了防止盜版，網路上產生了許多破解方式，這些破解方式，通常都需要做一些更改電腦設定的事情，來騙過哪些安全措施，而一般大眾並不知情，開啟遊戲，也同時啟動了木馬程式。因此，將木馬程式藏在這些破解程式中，是再理想不過了。

三、權限工具

Rootkit 從字面上拆成 Root 與 Kit 來看，便可知這是一種為了竊取到最高權限而集合了很多工具程式的工具包，可以讓攻擊者隱藏本身的蹤跡，並透過偽造資訊讓使用者無法辨別，進一步入侵其電腦系統，影響使用者系統安全。另一種解釋 Rootkit 為一駭客級安全性工具，可根據不同的規律性及隱藏技巧，在作業系統中留下後門，以便日後以非授權身分存取該管理者的權限，或利用其整合的惡意程式碼進行蒐集電腦內部的各種資訊或帳號密碼。依 Rootkit 入侵的系統大致上可以分成微軟的 Windows 作業系統及 Unix/Linux 作業系統，而其執行模式大致分為核心模式（Kernel-mode）及使用者模式（User-mode）。所謂核心模式是指能夠透過特殊的權限以操作指令，或程式碼直接深入電腦內部的中央處理器，也就是 CPU（Center Process Unit），其所能造成重大安全性的危害是較難察覺且難以應付的；而所謂的使用者模式主要是針對作業系統中，偏向一般使用者能處理的權限或設定，進而影響系統運作或安全機制，其造成的影響有一定的限度，但仍不宜輕忽。

以 Windows 作業系統為例，透過 Rootkit 可以在系統中隱藏檔案、程序或註冊檔，以躲避防毒軟體及防間諜軟體的偵測，進而達到其目的。然隨著技術的進步及知識經驗的累積，現今的 Rootkit 也變得愈難偵測，就以 MBR（Master Boot Record）的開機型 Rootkit 為例。在 Windows 某些的版本中，主要開機磁區（Master Boot Record, MBR）讓使用者有足夠的權限操作寫入硬碟的磁區，而 MBR Rootkit 會在載入作業系統前就先開始運行，使得系統一開機就不被信任，此外它並不以檔案的方式存在，而是直接存在硬碟磁區上，造成防毒軟體無法順利偵測或導致防毒軟體癱瘓。

　　透過表 2-3 簡單地介紹三個較有名且為已知的 Rootkit，藉此比較出 AFX Windows Rootkit、FU Rootkit（指令見圖 2-13）及 Hacker Defender 三個 Rootkit 間的某些不同點及特性。從表 2-3 的資料顯示 Rootkit 的實際技術是相當進階的，而鑑識人員的專業技能主要在於進行鑑識時所需具有的背景知識，範圍已相當廣泛，例如：了解系統內部資訊、分析稽核紀錄及整理鑑識報告等。且鑑識人員所要面對的是世界上所有有心的網路駭客或具有相當專業能力的資安犯罪者，因此為了能有效地發揮鑑識人員的專業技能及解決木馬抗辯所需的技術問題，應該要能對惡意程式進行數位鑑識。然而當鑑識人員遭遇到有關於 Rootkit 的木馬抗辯問題時，應如何依照標準作業程序進行取證？又該從何處著手？便是值得我們深入討論的問題。

```
Usage: fu
        [-pl]  #number      to list the first #number of processes
        [-ph]  #PID         to hide the process with #PID
        [-pld]              to list the named drivers in DbgView
        [-phd] DRIVER_NAME to hide the named driver
        [-pas] #PID         to set the AUTH_ID to SYSTEM on process #PID
        [-prl]              to list the available privileges
        [-prs] #PID #privilege_name to set privileges on process #PID
        [-pss] #PID #account_name to add #account_name SID to process #PID token
```

圖 2-13　FU Rootkit 可以隱藏執行程序

表 2-3　三種不同類型的 Rootkit

	AFX Windows Rootkit	**FU Rootkit**	**Hacker Defender**
隱藏途徑	透過檔案、執行程序、登錄檔、連接埠、服務。	透過執行程序及驅動程式。	透過檔案、執行程序、登錄檔、連接埠、服務、驅動程式。
影響模式	使用者模式	核心模式	使用者模式
會影響或產生的檔案	%SYSTEM%\ iexplore.dll %SYSTEM%\ server.exe leaktest.exe process.exe Rootkit.exe	所有的執行程序	%desktopdirectory%\hxdef10r\ hxdefOFdis.exe msdvdr.sys msdndr.sys noqoic.exe 或檔名相似的執行檔等
編寫語言	以 Delphi 為主、C 語言、組合語言及 Script 語言。	C 語言、組合語言。	C 語言、組合語言。

　　透過圖 2-14 所表示的三相圖可以說明 Rootkit、數位鑑識與木馬抗辯之連貫性。其三相圖的解釋如下：第一鑑識人員因惡意程式 Rootkit 之犯罪行為特徵而需要進行數位鑑識，以蒐集跟 Rootkit 相關的數位證據，並分析數位行為；第二因為 Rootkit 的行為會產生木馬抗辯的相關議題，而木馬抗辯亦能透過 Rootkit 的特性以達到抗辯手段；第三便基於木馬抗辯的問題，仍需藉由數位鑑識之技術配合法律程序來解決。因此這三個關連的關係便是透過數位鑑識的方法程序來分析 Rootkit，以解決木馬抗辯之問題，結合每個關連並形成一個循環，而構成 Rootkit 於數位鑑識與木馬抗辯間的巧思。除此之外，近來大多數的木馬程式已逐漸使用 Rootkit 的隱藏技術，導致更多的變種新型木馬更難偵測，網路的世界在未來只會持續地蓬勃發展，從有線到無線、從固定到行動，就在惡意程式不斷在網際網路間傳遞時，造成網路垃圾及犯罪不停地增加，其所造成的問題往往是無法評估成本損失。同時木馬抗辯的問題亦將持續挑戰鑑識人員的專業能力，在未來若要提升鑑識效率，仍必須不斷思考新一代可能的犯罪手法，並透過數位鑑識的觀點，如同木馬抗辯鑑識程序一般，建立一套以事件導向的鑑識作業標準，以提升鑑識效能。

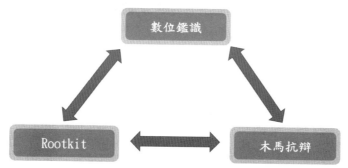

圖 2-14　Rootkit 於數位鑑識及木馬抗辯間之三相圖

2.4.2　木馬抗辯產生的數位證據

　　經由上述表 2-3 中可以發現 Rootkit 間不同的特性，所以為加強蒐集 Rootkit 所產生的數位證據，並維護整體社會之資訊安全，我們若以犯罪者的角度來看，將使用何種類型的 Rootkit、配合哪些手法進行犯罪，或者被害者被植入何種類型的 Rootkit 時，會留下何種數位證據可作為相關人員之參考，以協助鑑識人員取得

可取信之數位證據。數位證據的種類相當多元，針對 Rootkit 所產生的種種記錄，大抵可分為四種類型：

一、IP 及網路卡資訊

現今電腦犯罪大多需經由網路，故必先向 ISP 業者租用網路才能上網，可從 ISP 的稽核紀錄、分析 IP 及網路卡的資訊後，找出關鍵證據，以追溯其來源。

二、連線資訊

指可從本機系統中蒐集上網連線資訊，其中包含 ADSL 登出入資訊、防火牆連線資訊或連接埠相關的資訊等。

三、惡意程式

為惡意程式或 Rootkit 本身的程式碼，以透過工具進行掃瞄的辨別力較佳，一般需要大量的時間分析，綜合多個結果後才能下結論。

四、數位行為

主要根據稽核紀錄的內容判定。稽核紀錄的種類及數量相當繁雜，例如：無效、錯誤或偽造的時間資訊將造成大量的資訊垃圾，使得鑑識人員於分析中需花費更多的時間。

2.4.3 木馬抗辯的鑑識程序

木馬抗辯鑑識程序係針對遇到類似病毒、木馬或後門等惡意程式威脅時，所需要進行的鑑識程序。根據被告的身分進行狀況分析，從感染木馬的有無及數位行為記錄的比對，整理出具有證據力強的數位證據。其流程如圖 2-15 所示，其分析方向為先從目前所持有的數位證據考慮到犯罪者與無辜被告的可能狀況，再針對主機進行惡意程式的偵測與鑑識分析，最後根據所蒐集到的各類記錄進行數位行為的判別。

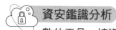
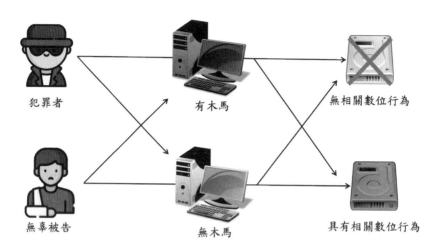

圖 2-15　木馬抗辯鑑識程序示意圖

一、木馬抗辯鑑識程序之一：木馬偵測程序

　　木馬抗辯的問題範圍相當廣泛，以下便使用交叉分析整理的思考模式，將鑑識人員對系統主機作鑑識分析後，會產生的情形分為下列狀況，以期有效地剖析木馬抗辯所延伸的種種問題。

　　狀況一：在受檢主機中發現木馬程式。此時應考慮所發現的木馬程式的可信度為何？是否還有其他沒有發現的？辨別該木馬程式為何種類型、了解該程式的入侵方式、程式何時被植入的、會產生何種檔案及注意時間戳記的記錄情形等，並視上述情形是否與當事人所描述的狀況相同。就被告身分的不同，狀況一又可有兩種情形：其一乃犯罪者企圖脫罪所精心打造的犯罪現場；其二則為無辜被告得以獲得澄清還其清白，故鑑識人員應在公平公正的原則之下，不對當事人做任何假設或有任何的刻板印象下，進行數位行為的判定後，才能有效地確立犯行。

　　狀況二：在受檢主機中未發現木馬程式。此時應該考慮是否真的沒有木馬程式鑑識結果報告，是否有人為疏失產生或證據污染的問題，上述狀況皆有可能造成當事人進一步申辯之情形。就被告身分的不同，狀況二又可分為兩種情形：其一為鑑識人員對於犯罪者所提出的抗辯給予證據性的反駁，並可透過人情、道德或其他方式來突破犯罪者的心防。因為這可能只是犯罪者在無法提供自己無罪的事證情況

下，提出沒有依據的抗辯，擾亂鑑識方向；其二為無辜被告缺乏強而有力的證據，導致所提出的抗辯遭到打擊。發生狀況二時，同狀況一需進行數位行為之判定。

二、木馬抗辯鑑識程序之二：數位行為鑑識程序

進行上述程序後，鑑識人員應研判，即使該設備內存有木馬程式的跡象，但是否確有不當行為產生，或者時間上是否吻合不在場證明的時間，這就牽扯到是否有該數位行為的發生。此階段應設法找到相關數位證據以證明被告確實有不當行為。數位行為依目標物的不同可分為兩類：主機上稽核紀錄稱為 Host-based Evidence，主要為系統內部的檔案、數位媒體、時間和稽核紀錄等；網路上稽核紀錄稱為 Network-based Evidence，主要為透過系統對外之連線訊息記錄、連線時間或連接埠資訊、ISP 業者的稽核紀錄等。根據主機及網路上數位證據之內容，分析數位行為及配合犯罪者的供詞，同時依照取得的數位證據進行證據力強弱之分類，如此便可獲得證據力更強的數位證據。

2.4.4 木馬抗辯鑑識實例

> **範例** 某網站遭到入侵，經循線調查，追查 IP 位址，並參考 MAC 網路卡號，取得上述資料進行調查後得知嫌犯住居所，經合法搜查程序，取得該台電腦，並經由謹慎無誤的數位鑑識程序取得該台電腦的資料後，符合入侵網站遭受入侵後所留下的資料。雖然過程都符合程序，也正確無誤，但嫌犯對此犯行進行木馬抗辯，供稱其電腦是遭駭客入侵，被植入木馬程式成為跳板，並非其自身所為。
> 由於目前對於木馬抗辯仍無法做到百分之百客觀的確認，本節提出下列方法，由檔案的建構時間、模式、修改時間、木馬程式特性以及使用者權限部分切入，讓證據條理更清晰。

首先，不論嫌犯是無辜還是有罪，先就其電腦做蒐證，依被入侵的網站記錄顯示，共計有三張圖片被非法下載，分別是「09d874ec.jpg」、「bd63f98d.jpg」及「9110db25.jpg」，如圖 2-16 至圖 2-18。

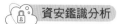

圖 2-16　網站圖片畫面 -1

圖 2-17　網站圖片畫面 -2

圖 2-18　網站圖片畫面 -3

　　經過對嫌犯電腦進行鑑識蒐證後，查得嫌犯電腦內未經授權下載之圖片「09d874ec.jpg」、「bd63f98d.jpg」及「9110db25.jpg」，進一步統整圖片檔案之 Ownership，Permission，Created，Modified，Last opened，進行比較，如圖2-19(a)(b)(c) 所示。

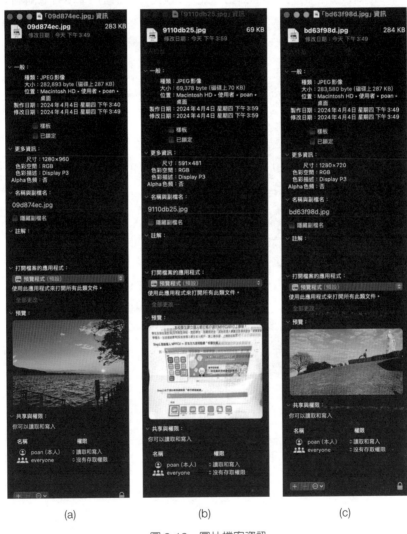

(a)　　　　　　　　　　(b)　　　　　　　　　　(c)

圖 2-19　圖片檔案資訊

　　針對 Name, Created, Modified, Last opened, Ownership 等屬性，進行交叉分析，如圖 2-20 所示。organized 代表名稱為類似「IMG197452.jpg」、「IMG197453.jpg」、「IMG197454.jpg」，這樣經過整理的檔名；heritage 則代表「09d874ec.jpg」、「bd63f98d.jpg」、「9110db25.jpg」，這種直接繼承網路上的名稱。往下，Created 和 Modified 的時間是否相同，matched，或是 don't matched。再來，Ownership 為 User 或是 Administrator？這樣的交叉分析，大致分析是 Trojan 所為，或是人為刻意使用。

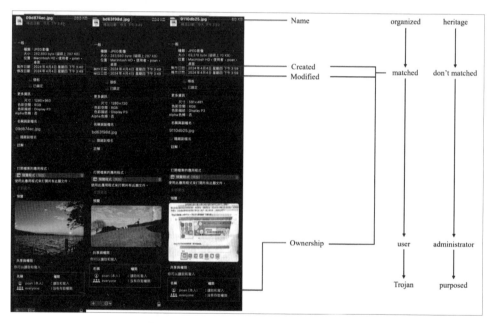

圖 2-20　分析資料是否由木馬程式下載

　　最後，再和網站伺服器上面 Log 記錄相比對，整理出以下的時間軸比較，如圖 2-21 所示；其中可以比對 1. 網站伺服器記錄。2. 使用者宣稱。3. 電腦活動記錄。

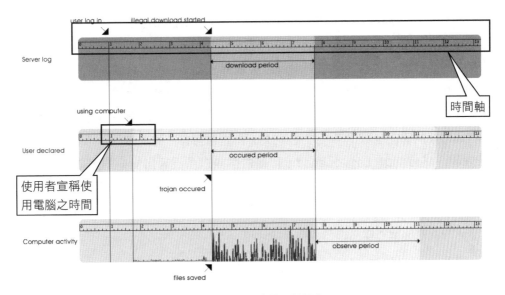

圖 2-21　網路流量分析圖表

　　第一行時間軸為網站伺服器之記錄，記錄 log in- 該台電腦何時連結到網站，illegal download- 違法下載時間。由圖顯示網路伺服器記錄的登入時間為時間點 1，而從網站上非法下載檔案的時間點為 4 到 5 之間，於時間點 7 到 8 間結束。

　　第二行為使用者宣稱其使用電腦時間，開始使用時間點為 1 到 2，trojan occurred 為若有木馬病毒之可能發作時間，時間點為 4 到 5 至 7 到 8。

　　第三行為檔案寫入狀況。時間點 1 到 2 時，電腦活動平穩且無大幅動寫入動作，恰好符合伺服器中下載時間區段。

　　經比較發現，使用者使用電腦時間，涵蓋整個非法下載時段，以及電腦活動最劇烈的時間。此外，非法下載時段的電腦活動狀況也遠大於平常使用的階段；換言之，從下載發生時間電腦活動開始不正常，且超出平時的狀態，則可能是木馬程式所為。

　　由上述條件，配合觀察「observe period」的區間，建立檔案詳細資料分析若是在案件中發現的資料、建立時間及檔案名稱等，皆很類似，時間也相當接近，則可能真的是木馬程式之所為，因此可推論嫌犯是無辜的；若時間間隔有一段距離，檔名也符合上述網頁管理及 NAT 網路位址轉譯等原則，例如「9110db25.

jpg」,「bd63f98d.jpg」、「09d874ec.jpg」等,則木馬抗辯可信度降低。另外,電腦權限是由一個管理者 Administrator 和數位使用者 User 所構成。木馬病毒經常可藉由未設置密碼的使用者權限進行違法事情,因此,我們可藉由檔案的 Owner 也就是檔案擁有者來判斷,是否為電腦擁有者 Administrator 所建立。簡言之,若比較後發現檔案的擁有者 Owner 是為 Administrator,則違法檔案的建構者即有可能就是電腦的管理者所建構,即是為 User 所建構擁有。圖片表示下列幾項訊息:Created、Modified、Last opened,可藉由這些訊息推理出檔案的建構者。若是由木馬程式本身建立,那麼,Modified 和 Last opened 所標示的時間,應該會和 Created 的時間吻合,因為木馬程式並不會再去開啟,或是改變檔案本身資料。若是事後再改變或是開啟,則勢必為電腦使用者下載儲存後,才自行檢視並更改。

總結上述的分析過程,檔案名稱為直接下載的名稱;使用者權限也是 Administrator,儲存位置也是簡單最方便的桌面,Created 和 Modified 時間也有出入,最後開啟時間也是和 Modified 吻合。亦即,使用者是自行下載,開啟檔案,並且有修改的跡象。

2.4.5 木馬抗辯未來發展

從惡意程式、木馬抗辯與數位鑑識三者間的關係中,可以發現因為有惡意程式才有木馬抗辯的問題產生,而當問題產生之後,鑑識人員便要透過數位鑑識的設備、技術及方法來因應木馬抗辯的問題,以數位鑑識的手法揭穿惡意程式本身及其數位行為。而其中最有效的方法就是先了解造成此問題的惡意程式,並從其可能留下的數位證據,以適當的鑑識程序來完成一連串的鑑識工作。如此一來才能達到數位鑑識的最後目的,也就是讓犯罪者伏首認罪,還無辜者清白。電腦鑑識的稽查工作千變萬化,木馬抗辯,就是跨越所有技術,直接利用數位證據有第三人可以使用的這種特性,並非像傳統刑事案件之刑事證據,證明的是人。

而本節提出數位證據的推敲整理方法,將數位證據與犯罪人做結合,透過電腦檔案建構與修改時間的對照來分辨可能的使用者,並利用調查電腦內木馬病毒的特性,來分辨遭入侵為跳板的可能性。另外,再從使用者權限部分切入,了解駭客入侵成份的可能性。綜而言之,在可見的未來,當高科技犯罪者在技術及法律知識的提升下,木馬抗辯的型態及法庭攻防只會更趨多樣化,未來透過數位鑑

識技術的提升及完備的蒐證分析程序，能更準確了解為人為亦或不當程式的入侵植入所引起，使得鑑識所得之數位證據更具有證據力，讓犯罪者無所遁形。

2.5 結語

　　資訊安全的概念與資安事件的重大影響已經受到機關／團體的重視，而各種侵犯資訊安全的電腦與網路犯罪事件已廣為世人所熟知，「電腦鑑識」便是在這種回應資訊犯罪需求之下，不斷地演變出的各種電腦鑑識機制與架構。在資訊化社會、網路化連結及虛擬化空間的社會發展的潮流之下，犯罪現場、被害者與犯罪者，三者之間的認定往往是模糊難辨的。

　　在電腦犯罪事件發生中或發生後，需要有合乎法律規範的蒐證方法，來進行犯罪現場之偵查準備，運用各種電腦、網路犯罪的偵查及鑑識工作，透過各種方式逆向追溯，例如：「相關網址」、「事件時間」、「數位行為」及「系統訊息」，以進行犯罪現場、被害者與犯罪者三者之間的認定。再利用各種高科技鑑識工具一步步抽絲剝繭，以解決資訊犯罪所產生之爭端，這就是電腦鑑識在電腦犯罪偵查中不可或缺的重要原因。

　　而從鑑識軟體之比較，可得知 EnCase、FTK、TCT 這三大鑑識軟體各有其優缺點。因此，鑑識人員可依不同的環境及犯罪現場來交叉使用不同的電腦鑑識工具，可取得較完整的數位證據及分析結果，期望透過對數位證據與數位鑑識的了解，在未來能讓電腦鑑識人員不需再花太多時間來尋找相關之電腦鑑識工具，並透過可靠之電腦鑑識軟體蒐集分析後所產生的鑑識報告，可增加數位證據之證據力及證據證明能力，於未來在法庭上可讓法官更容易了解數位證據的內容，所以我們不只提高了偵辦案件的便利性，也大幅提升數位證據蒐集與保存方法的效率。

　　本章亦探討了木馬抗辯相關議題及鑑識實例，並分析未來可能的發展，最終目的係在於如何在法庭上保護無辜者以指出真正的犯罪者，因應時代科技的進步及數位鑑識效率的提升。另外，鑑識專業人員的培訓，國際交流合作，加強鑑識科學與學習亦是我國未來在發展數位鑑識工作上，更需要受到重視的方向。

問題與討論 🔍

1. 試說明在犯罪現場所進行數位鑑識處理應注意事項有哪些？

2. 試說明在未來有可能的犯罪工具或犯罪手法。

3. 試比較 EnCase、FTK、TCT，不同鑑識工具其特性及優缺點為何？

4. 除了 EnCase、FTK、TCT 外，還有哪些在數位鑑識工作上會用應到之數位鑑識軟體？

5. 試說明針對 Rootkit 進行鑑識所產生的數位證據類型有哪些？

6. 何謂木馬抗辯及木馬程式？針對木馬抗辯所進行的數位鑑識程序有何異同之處？

3
CHAPTER

最普遍的系統 — Windows 鑑識

導讀

電腦網路犯罪已普遍存在於全球社會，如何有效打擊這些利用電腦網路及其設備所從事的新興犯罪，將是當前重要議題。而在目前個人電腦作業系統市場裡，其佔有率最高的作業系統為微軟所開發的 Windows 作業系統，故於電腦犯罪偵查的世界裡，Windows 作業系統主機的犯罪偵查更顯得有其特別之重要性。

前言

由於網路及電腦設備普及化，發生電腦犯罪的情形也與日俱增，為了「維持公共秩序，保護社會安全，防止一切危害，促進人民福利。」在犯罪事件發生中或發生後，偵查人員透過各種方式逆向追溯，利用各種高科技鑑識工具一步步抽絲剝繭，並蒐集可得之證據妥善保存，讓證據發揮其效用，這就是電腦鑑識在高科技犯罪偵查中不可或缺的重要原因。由於 Windows 系統在目前個人電腦作業系統市場所佔比例最高，故鑑識人員必須熟悉其作業系統方能提高犯罪偵查之品質。

3.1 Windows 作業系統

美國微軟（Microsoft) 公司於西元 1985 年以 DOS 系統為基礎，開發出 Windows 作業系統，西元 1990 年開發出第一個完整圖形化使用者操作介面（GUI）視窗作業系統 Windows 3.0，後續開發之版本分為個人電腦使用版與伺服器使用版，目前 Windows 作業系統的個人電腦版本為 Windows 10；伺服器版本為 Windows Server 2016，其中 Windows 系列的作業系統為目前個人電腦作業系統市場佔有率最高的作業系統，高達 90% 以上的個人電腦使用 Windows 作業系統。

3.2 稽核紀錄 Log File

在進行數位鑑識的過程中，最主要的目標是找尋可能的嫌犯、犯罪手法及犯罪證據等資訊，所以必須運用蒐集、分析、鑑定與呈現等方式，於電腦（資訊）系統或電磁設備中，尋找與案件有關的數位證據之系統化活動或作為。

這些可能隱藏犯罪訊息的資料來源之一便是 Log 檔案，根據 Log 檔案或其他電腦稽核紀錄的內容，可以了解異常事件的發生經過。有鑑於 Log 檔案在數位證

據蒐集中占有十分重要的地位，因此本節針對事件日誌（Event Log）做些簡單的介紹。

　　事件日誌（Event Log）簡單的説就是記錄系統上各項活動的檔案，例如：何時、何地（來源 IP）、何人（Login Name）、做了什麼動作，或是系統在什麼時候做了什麼樣的行為時，發生了什麼樣的事件結果等。以 Windows XP 為例，其內容包含了以下三種典型的事件記錄檔：

一、應用程式（Application）日誌

　　應用程式日誌包含由應用程式或程式記錄的事件，例如，資料庫程式可能會將檔案錯誤記錄在應用程式記錄檔。

二、安全性（Security）日誌

　　安全性日誌記錄稽核結果（像是有效及無效的登入嘗試事件），以及與資源使用有關的事件（像是建立、開啟或刪除檔案）。

三、系統（System）日誌

　　系統日誌則指由 Windows 作業系統元件記錄的事件，像是系統開機與關機等。再以 Windows Vista 為例，它包含兩種類別的事件日誌：Windows 記錄和應用程式及服務記錄檔。Windows 記錄包括：

1. **應用程式記錄檔**：指由應用程式或程式記錄的事件檔案。

2. **安全性記錄檔**：記錄正確及不正確的登入嘗試事件，以及資源使用的相關事件，如建立、開啟、刪除檔案或其他物件之檔案。

3. **安裝記錄檔**：記錄應用程式安裝相關事件。

4. **系統記錄檔**：包含由 Windows 作業系統元件記錄的事件。例如，啟動時驅動程式或其他系統元件載入失敗，會記錄在系統記錄檔中。

5. **Forwarded Events 記錄檔**：該檔案用來儲存從遠端電腦收集的事件。欲從遠端電腦收集事件，必須先建立事件訂閱。

不同於 Windows 記錄，應用程式及服務記錄檔儲存單一應用程式或元件的事件，而非可能對全系統有影響的事件，其包含了四個子類型：

1. **系統管理**：在系統管理通道中找到的事件，可指出問題並提供系統管理員定義明確的解決方案以供採用。

2. **作業**：作業事件能幫助分析、診斷問題或活動，並依據問題或活動來觸發工具或工作。

3. **分析**：描述程式作業並指出使用者操作時無法處理的問題。

4. **偵錯**：用於程式疑難問題的排解。

由上述文字中，不難發現事件日誌也象徵著保存系統上所有動作記錄的方法，藉以蒐集資訊並回答攻擊的 when、what、who、where 及 why 等相關問題，也因此成為追查電腦犯罪的線索之一，可見善用事件日誌以還原真相，將是數位鑑識人員的重要任務。

3.2.1 Log File Forensics

Log file 裡包含許多調查犯罪所需資訊，因此 Log file 的鑑識便成為不容小覷的工作。Log file 鑑識有三個階段，分別為：擷取（Extraction）、分析（Analysis）與詮釋（Interpretation）。從檔案系統未分配空間的部分擷取資料後，接著要採行四個步驟：

1. 復原（Recover/data carve）資料。

2. 修補（Repair）已復原資料，假如需要的話。

3. 確認（Validate）經前兩步驟產生之結果。

4. 整理（Collete）每個項目的型態。

　　而在整理每種型態的項目後，則要考慮以下之程序以明確表達對 Service Request 的回應，包括：一、經由共同屬性來做關聯，二、詮釋事件中整體來龍去脈的關聯，三、總結有關事實。根據以上敘述，可簡單以一流程圖表示 log 鑑識的過程，如圖 3-1 所示：

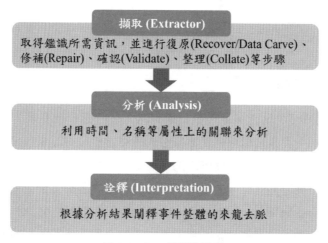

圖 3-1　Log 鑑識的流程

資料來源："Automated Windows event log forensics", authored by Rich Murphey, Digital Investigation, 4S, 2007, S92-S100.

　　在透過鑑識工具擷取資料後，應先識別這份拷貝資料確切的原始位置與擷取的方法，而當進行資料修補時，則必須識別資料是在哪裡及如何被修補或修改。在進行資料修補工作時，兩個理想的工具屬性為複本整合（Duplication Integrity）—用於 Log 的本體，和可識別的干預（Identifiable Interference）—用於 Log 標頭，使得每個原始資料在標頭的變更都可以被識別。因此令人滿意的狀況下是，修補資料的工具都要為每次資料的未變更及已變更部分之修補、位置和雜湊值各別做報告，以清楚闡述輸出資料和原始資料有什麼不同。這在鑑識程序上是很重要的，為了要讓證據在法庭上能夠具有證據能力，所有鑑識的經過應確實記錄，才能避免引發爭議。另外，由於有些情況易造成 Event Log 的毀損，像是在系統仍是 "live" 時對其做映像檔，或在製作映像檔前以暴力關閉系統（如：拔掉插頭）…等，都會對 Log 檔案造成影響，因此要特別謹慎。

在按每種型態整理資料後，接下來要執行三個動作：

1. 藉由相同的屬性建立關連。

2. 以文字解釋這些關連。

3. 總結有關的要素。

以下以 Windows 10 為例說明鑑識的步驟。

一、步驟一：復原

為了要從 Windows 作業系統中復原資料，得考慮一些要素，包括：1. 檔案簽章（Signature）與其他復原特定檔案格式所需之參數，2. 資料復原所需要的功能，3. 要被復原的資料是位於硬碟中的哪個區域。復原功能一般來說至少需要檔案標頭的簽章和長度。簽章可由觀察成對的 Log 間之差異並註記其間可供辨識的領導位元組（leading bytes）來獲得。而另一個找尋簽章的方法是利用 DataLifter 的 File Extractor Pro，該軟體提供圖形化使用者介面，內部附有分屬不同類別之數百個檔案的 signature。

這裡 Foremost 和 Scalpel，兩者某些特色是有些類似的。Foremost 能夠根據檔案的 headers、footers 與內部資料結構來復原檔案，且可作用於映像檔（可能由 dd、Safeback、EnCase 產生，或直接取自硬碟）。它有配置檔來詳細說明 headers 與 footers，也可使用命令列（Command Line）來交換特定的內建檔案型態（http://foremost.sourceforge.net/）。Scalpel 則是一個快速的檔案復原工具，它可以讀取一個包含 header 和 footer 定義的資料庫，並從一組 image files 或 raw device files 中擷取相符的檔案。Scalpel 獨立於檔案系統，能夠從 FAT、NTFS、ext2/3 或 raw partition 中復原檔案，就數位鑑識調查與檔案復原來說是相當有用的（http://www.digitalforensicssolutions.com/Scalpel/）。至於方才提到的 File Extractor Pro，它可以自 raw disk device 或 partition 中直接復原檔案系統中未分配的部分。

二、步驟二：修補

在上個步驟中，我們可能會復原出許多 Log。一般來說，沒有太多切割的硬碟比較容易復原出完整的 Log，而已復原之 Log 的量，往往與系統提供服務的時間長度有密切關係。通常，當 event logging service 停止後，它會在標頭中儲存最舊與最新事件的 offset，並設定 'clean' 旗標以便指出哪些 offset 是有效的；相對地，當服務還在執行中，旗標會設定成 'dirty'，並將事件記錄加到 log 中而非直接更新標頭中的 offset。它的作法是將一組複製的 offset 更新到最後加上的記錄後面之 trailer 內。這是因為每當有記錄加到 Log 中就更新標頭的話，會需要額外的、斷斷續續的硬碟 I/O，以至於降低了電腦處理事件能力，或可能導致和其他應用程式的頻寬競爭。為了增進效能，logging service 會避免在每次產生新事件記錄時就更新標頭，取而代之的是，在 trailer 內留下有效 offset 的最新複本。

一旦 Log file 沒有適當地關閉，'dirty' 旗標會顯示標頭為過時的，並指出哪些 offset 可能不正確。讀取事件日誌的工具，像是 Windows 事件檢視器，必須持有 Log 中第一次記錄的有效 offset 以定位並讀取 Log，所以除非 Log 的旗標顯示為 'clean'，否則這些工具是無法讀取 log 的。基於這樣的毀損常常發生，Log 需要包含另一個最新的 offset 複本，它是立即接在最新的事件記錄後，可用來修補標頭。

欲修補毀損的 Log 檔案，可使用 FixEvt，它是種命令列應用程式，能夠自動復原並分析 Windows Event log，起初用於電腦鑑識，以彌補用於復原及關聯大量 Log events 之不同免費工具間能力的差異，目前被用於增強搜尋不同種類 Windows 物件的關聯性。FixEvt 直接修改 Log file 以便於執行，但假如毀損的檔案必須以不能更動之方式保存，則須製作檔案複本，並修復該複本。除非 Log 旗標指出此 Log 是 'dirty'，否則一般 FixEvt 不會更改檔案。而若旗標顯示此檔案已經為 'clean'，FixEvt 就會忽略它。另一個修補毀損 Log 檔案的工具是 Dorian 公司開發之 Event Rover software，其運作對象為 Windows Vista，能解決 EVTX Log Files 的毀損與 Dirty Shutdown 問題（http://murphey.org/fixevt.html）。

三、步驟三：確認

大量已復原並修補完成的 Log file，易造成檔案描述與詮釋時的困擾，所以有必要使用其他工具和額外程序轉換這些記錄。這裏我們可以考慮使用一個來自 Microsoft 的免費工具，稱為 LogParser，以分析 Windows log files。

LogParser 是一個免費的命令列工具，可自微軟官方網站下載，用以快速剖析純文字記錄檔。它是個強大且多功能的工具，提供通用查詢存取以文字為基礎的資料，像是 Log 檔案、XML 檔案和 CSV 檔案，或自 Event log、IIS log、Registry、File system 或 Active Directory services 中取得一些 Windows 作業系統上的重要資訊。它支援一組類似 SQL 語法的查詢機制，甚至可以配合 Office Web Component 產生多種型態的圖形。考量到許多人並不習慣命令列工具的使用，目前也有採用圖形使用者介面的軟體推出，像是 Log Parser Lizard GUI。

每個 Log 都可能藉由語法分析 Log 中所有事件來驗證，並可以利用 Log Parser 輸出到不同地方，以方便作業，像是在命令提示字元中切換到 Log Parser 的目錄並執行後，輸入 logparser.exe -i:EVT -o:NAT "SELECT TimeGenerated, EventID FROM System" 可把 Log file 的產生時間直接顯示在命令提示字元視窗上，如圖 3-2 所示。

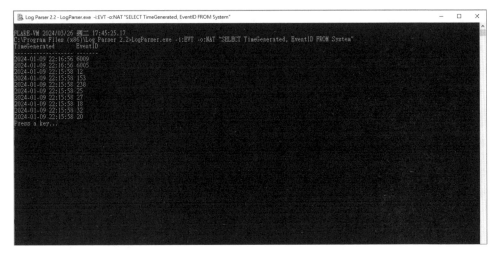

圖 3-2　利用指令把事件產生時間顯示在命令提示視窗上

而輸入 **logparser.exe -i:EVT -o:DATAGRID "SELECT TimeGenerated, EventID, message FROM System"** 則是將事件產生的時間、訊息在另行開啟的視窗中展現，如圖 3-3 所示。

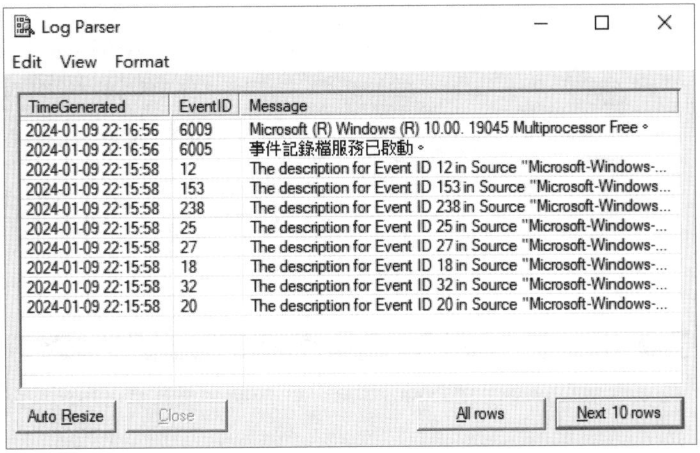

圖 3-3　利用指令把事件產生時間及相關訊息顯示在新視窗上

利用這樣的方式，可以針對自己的需求選擇 Log 來檢視，而提升判讀 Log 事件的效率。

四、步驟四：整理

到了第四階段，Logs 可能需被拼貼以獲得單一組，及可外部輸出到其他工具的事件。根據所需的整合工具種類，我們可能選擇將 Log 記錄輸出成 XML、TSV（tab separated values）、CSV（comma separated values）、HTML 模板、syslog，或直接做 ODBC 連結到另一個資料庫，如此可助於記錄分析，也就能快速找出重點事件，以利稽核與足跡追蹤的進行。又當 log 記錄匯出成文字檔案後（如：CSV 或 XML），即成為記錄備份，未來若有需要，還是可以用 LogParser 再次對這些文字檔案進行查詢，如圖 3-4 所示。

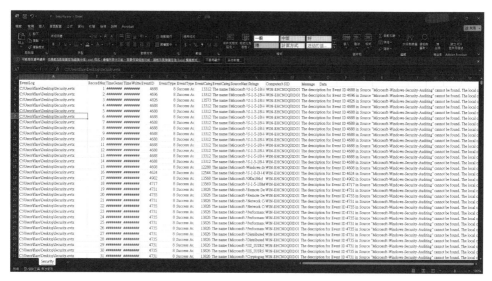

圖 3-4　將 log 外部輸出到 excel 檔案中

此外，這裡也常有 Log 複本或內含一些與事件記錄複本部分重疊的 Log，而這些記錄複本，在計算獨立事件的發生時間較為困難，因為在分析過程中，它們可能會與一般狀況的假設有所衝突，或使分析更加複雜化。最後，複本可能在後續程序工具（如：資料庫）中與獨立記錄的需求衝突。倘若有需要，藉由排除敘述 Log 檔案和記錄號碼之欄位與使用 'DISTINCT' 可濾除複本。

3.2.2 Log File 的瀏覽

本節以 Windows 作業系統之 Windows 10 說明 Log-file 的檢視機制。在 Windows 10 中，要瀏覽和管理事件日誌，除了直接到 C:\Windows\System32\winevt\Logs 下直接觀看外，還可使用事件檢視器（Event Viewer）。開啟事件檢視器最簡單的方法就是在「開始」按鈕上點擊滑鼠右鍵，便能看到「事件檢視器」項目。在其上按下右鍵，進入該程式，如圖 3-5 所示。

　　事件檢視器除了讓使用者可以檢視多個事件日誌的事件外（例如：Application.evtx、HardwareEvents.evtx、Internet Explorer.evtx 及 Security.evtx 等檔案），亦允許使用者將有用的事件篩選器儲存為可重複使用的自訂檢視，如圖 3-6 所示，如此使用者便能依據自己的需求建立一組規則，從指定的來源選取事件，並僅顯示內容值符合規則之來源的事件，以利於使用者專注於正在研究與問題相關的事件。

　　此外，自訂檢視也能被匯入和匯出，以供使用者在不同的電腦上操作。事件檢視器另支援工作排程以回應事件，方法是設定在記錄符合特定條件的事件之後所要執行的工作。而倘若使用者想從多台遠端電腦收集事件複本並儲存於本機，事件檢視器還提供建立和管理事件訂閱功能以滿足使用者此類需求。

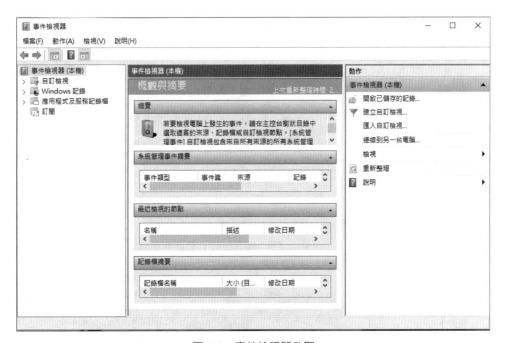

圖 3-5　事件檢視器外觀

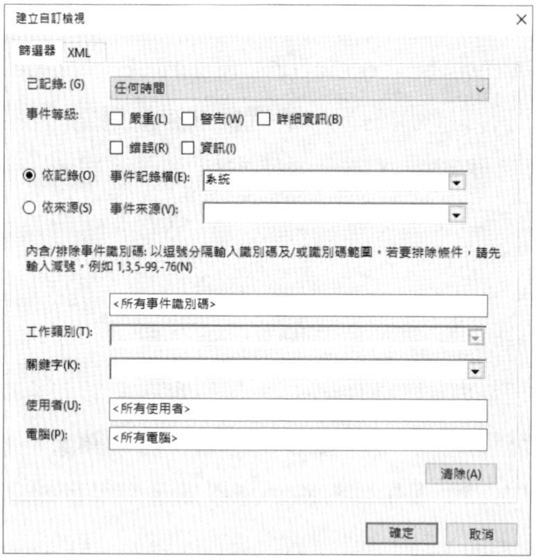

圖 3-6　可重複使用的自訂檢視

　　另外，在 [控制台] → [系統及安全性] → [安全性與維護] 下，於 [維護] 中，選擇 [檢視可靠性歷程記錄] 即可開啟 [可靠性監視器]，便可看到系統活動相關狀態與系統上所發生事件，這些訊息也有類似系統事件日誌的作用，如圖 3-7 所示。

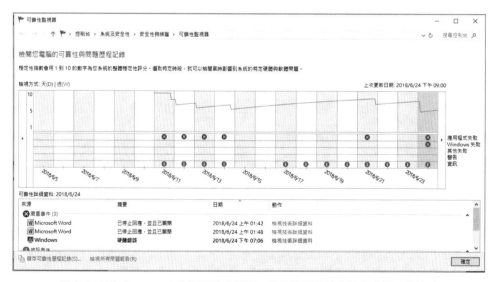

圖 3-7　Windows 10 中的可靠性監視器，能夠瀏覽系統在特定時間下的情形

3.3 Windows 的登錄資訊

　　登錄檔（Registry）是 Windows 作業系統中，為使系統正常運行而以樹狀分層之資料庫的形式，分別控制相關硬體設備、應用程式、使用環境及作業介面，並可記錄系統相關之活動。若登錄檔受到不正常之修改或惡意破壞時，會使相關應用程式產生異常現象，甚至整個系統完全癱瘓。由於登錄檔有記錄電腦使用時所偵測到的錯誤訊息之功能，故分析登錄檔可助於解決系統錯誤、網路服務問題及了解登錄資訊，此於電腦犯罪偵查中具有相當之重要性。以 Windows 10 為例，登錄檔編輯程式位於 WINDOWS 資料夾下的 regedit.exe，也可至「開始」→「執行」→輸入 "regedit"，以開啟登錄編輯程式，進行登錄檔之查看與修改，如圖 3-8 所示。也可使用 REG 檔案，依其固定之格式撰寫，以批量修改鍵值的方式，直接匯入登錄編輯程式即可。

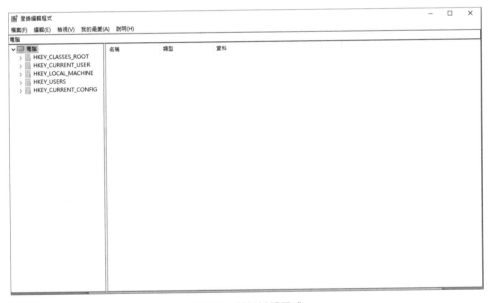

圖 3-8　登錄編輯程式

　　登錄檔有六大主鍵，全名均以 "HKEY_" 為開頭並以英文大寫顯示，其樹狀結構由鍵（key）、子鍵（subkey）和值項（value entry）所組成，每個值項均由

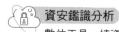
三部分組成：名稱、類型、資料，而類型又可分為：字串值（REG_SZ）、二進位值（REG_BINARY）、DWORD 值（REG_DWORD）、多字串值（REG_MULTI_SZ）、可擴充字串值（REG_EXPAND_SZ），如圖 3-9 所示。

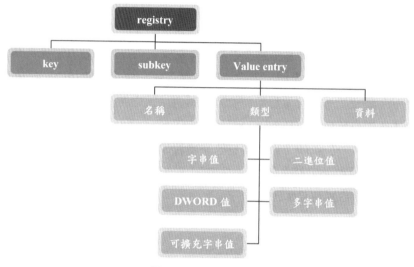

圖 3-9　Registry 內容

六大主鍵說明如下：

1. **HKEY_USERS**：儲存所有使用者設定之資訊，包含：AppEvents（應用事件）、ControlPanel（控制面板）、Keyboardlayout（鍵盤設置）、Network（網路設置）及 Software（軟體）…等。

2. **HKEY_CURRENT_USER**：儲存目前使用者設定之資訊，包含登錄之帳號及暫存之密碼，為 HKEY_USERS 的一部分。

3. **HKEY_CURRENT_CONFIG**：儲存電腦的硬體設備之配置資訊，為 HKEY_LOCAL_MACHINE 的一部分。

4. **HKEY_CLASSES_ROOT**：儲存各種檔案類型的詳細列表及其相關聯之應用程式，為 HKEY_LOCAL_MACHINE 的一部分，其內容與 [HKEY_LOCAL_MACHINE\SOFTWARE\Classes] 相同。

5. **HKEY_LOCAL_MACHINE**：此為登錄檔之核心，儲存電腦的硬體設備與軟體程式之資訊，可分為：HARDWARE（硬體）、SAM（密碼）、SECURITY（安全）、SOFTWARE（軟體）及 SYSTEM（系統）。

6. **HKEY_DYN_DATA**：存放於記憶體中，記錄有關系統運行時之動態資料，可顯示系統目前之狀況以監視電腦效能，因資料隨時都在變化，故此主鍵未存於登錄編輯程式中。

由於登錄檔與 Windows 作業系統的密不可分，假使登錄檔遭到不當的修改或破壞，將可能造成應用程式及系統的異常與錯誤，所以若非對登錄檔有深入的了解，或有十足把握，通常不建議使用者自行修改及增刪。

由於某些登錄檔之機碼可於開機時啟動，或經其他事件觸發，故惡意程式常寄生於此，以便連帶觸發，以達到長駐於系統之目的。「軟體鑑識」（Software Forensic）在數位鑑識領域中佔有相當重要的地位，意指「分析並解讀各種惡意程式與未知程式，使之具證據能力」。在登錄檔分析方面，可使用 Registry Monitor 登錄檔監測工具以進行分析及監控登錄檔，此於電腦犯罪偵查中具有相當之重要性。

下述機碼為開機時會執行之檔案，亦為木馬或病毒經常寄生之處所，應特別注意：

1. HKEY_USERS\.DEFAULT\Software\Microsoft\Windows\CurrentVersion\Run

2. HKEY_CURRENT_USER\Software\Microsoft\Windows\CurrentVersion\Run

3. HKEY_CURRENT_USER\Software\Microsoft\Windows\CurrentVersion\RunOnce

4. HKEY_CURRENT_USER\Software\Microsoft\Windows NT\CurrentVersion\Winlogon

5. HKEY_CURRENT_USER\Software\Microsoft\Windows\CurrentVersion\Explorer\Shell Folders

6. HKEY_LOCAL_MACHINE\SOFTWARE\Microsoft\Windows\CurrentVersion\Run

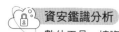
7. HKEY_LOCAL_MACHINE\SOFTWARE\Microsoft\Windows\CurrentVersion\
   RunOnce

8. HKEY_LOCAL_MACHINE\SOFTWARE\Microsoft\Windows\CurrentVersion\
   RunOnceEx

9. HKEY_LOCAL_MACHINE\SOFTWARE\Microsoft\Active Setup\Installed
   Components

10. HKEY_CLASSES_ROOT\...file \shell\open\comman 其中（...）表示各種副
    檔名之名稱，如：exe、txt 等。

3.4 Windows 數位證據的縱橫萃取與連結

　　電腦鑑識是利用科學的方法對電腦等資訊科技設備進行犯罪蒐證，以提供有力的線索，來幫助犯罪案件的偵查或是法庭的審訊。其內容如：電腦鑑識分析、電子資料發掘、電子證據發掘、數位資料發掘、資料回 、資料發掘、電腦分析與檢查等。由於數位資料的任何新增、刪除與修改動作，相關的記錄都會儲存在電腦設備（系統）中，因為它有所謂「凡走過必留下痕跡」的特性。即使是被有人心士蓄意刪除，仍可透過鑑識工具還原，這也就是電腦鑑識在高科技犯罪偵查過程中不可或缺的重要原因。電腦鑑識利用圖形化（Chart）的方式呈現大量存在於系統日誌內的各類資料，並以圖形的方式描述與呈現資料之間的關聯，更進一步地，運用眾多圖形分析的方法（關聯分析、網路分析、群集分析、時間序列分析與空間分析等）以探知資料中隱含的共同要素與關聯性。藉此，可提供較清晰的思考，有助於關連資料與犯罪事實的因果關係。

　　在數位鑑識工具之中，我們可以將作為犯罪工具的電腦的檔案原封不動的複製一份出來。然後利用副本來做分析，也就是針對犯罪的「點」來作分析，從眾多的證據中找出隱藏，或是重要犯罪證據。甚而對於已刪除的資料，透過數位鑑識工具的審視都將無所遁形。無論其如何隱藏，除將硬體整個銷毀之外，我們幾乎都可以重現曾經儲存於設備之數位證據。而找到了「點」，但是要找到所有的

關鍵「點」是很耗費時間的，因此我們需要從數位證據中所找到的「點」往外擴散，形成「線」與「面」。用來輔助鑑識人員從廣泛的資料中找尋與犯罪相關之更多「點」的直接證據。

圖形化介面的呈現可提高資料的連結猜想。換言之，透過圖形視覺化的分析容易釐清數位鑑識工具所獲得關鍵證據各「點」間的關連性。例如電話的通聯記錄、銀行的匯款記錄及伺服器的登入記錄。若將這些資料，匯入視覺化分析工具轉換成有系統的分析，可將資料分層級的高低方式來呈現，進而找出資料之間的關聯性，而可以不同角度的「面」向呈現分析結果。

視覺化分析與傳統資料分析方法的不同之處在於：視覺化分析，利用圖形化（Chart）的方式呈現大量存在於系統日誌內的各類資料，並且以圖形的方式描述與呈現資料之間的關聯，更進一步地，運用眾多圖形分析的方法（關聯分析、網路分析、群集分析、時間序列分析及空間分析等）以探知資料中隱含的共同要素與不同「面」向之關聯性。簡而言之，透過視覺化可有不同「面」向之呈現方式，幫助系統管理者或鑑識人員將大量、未知品質、低關聯性、低價值的資訊轉化為少量、易於理解、高關聯性、高價值的可操作情報，為調查工作提供極大的幫助。其主要應用分述如下：

一、個案分析

主要分析非數據型態的資料，例如備忘錄、案件筆錄、深度訪談記錄及口述歷史等用文字表達之資料，並可使用視覺化分析工具進行圖表化的動作。除了方便觀閱分析外，亦能針對圖表的相關內容進行條件搜尋。

二、通聯分析

電話通聯資料量非常的龐大且複雜，我們可透過視覺化分析，幫助鑑識人員自動計算撥打次數、條列通話明細以及依循撥打時間進行排列。此外，透過圖形化的展現，能立刻研判出可疑的轉接點，進而找出最初的發話地點，甚至是實質上的關鍵電話與特定電話的溝通網絡，以縮短鑑識工作的前置準備時間。

三、叢集分析

統計學上的叢集分析是找出資料同質性的絕佳方法。而視覺化分析之叢集分析概念是將資料導入關係找尋的分析中，可協助將資料化繁為簡外，亦可導引關係的趨勢，確定調查的焦點。

四、情報分析

情報分析可分為事前預防與事後補救兩個方向。在視覺化分析上，情報分析是一種綜合分析的手段。藉由匯入各式不同的資料，例如：電話通聯記錄、帳戶交易記錄、乘客名單、入出境記錄、租車記錄及買賣記錄等，透過演繹或歸納的方法，過濾出可疑的標的或群體。

> **範例** 張三是 A 縣市的民意代表，平常熱心為民服務並積極為民眾解決問題。但日前被民眾檢舉，並遭受懷疑涉及收賄及洗錢的不法行為。檢調單位接獲相關訊息並蒐集相關證據後即展開調查。民意代表張三將平日利用電腦來記錄透過非法活動所取得資金之資訊，一方面也利用電腦來從事洗錢的相關工作，檢調單位在相關往來帳戶中發現幾個國際帳戶，因此懷疑張三將不法所得資金透過國際帳戶進行轉帳，相關單位在現場偵查時扣押數台電腦作為主要偵查的主體，並將電腦主機扣押至數位鑑識實驗室，即展開一連串的鑑識工作。

一般反洗錢的流程可以從「置入→多層化→整合」三個方向來分析。置入是將所有各種不同資料匯入，接下來將類型相同的資料做分層的展現，最後將同類型的各層資料進行整合性的分析並呈現。反洗錢的個案往往是化簡為繁且錯綜複雜的，尤其在有組織性及預謀性的犯罪個案中。這使得釐清各個帳戶間的關係將是曠日廢時的巨大工程。視覺化分析工具的作用即在提供分析者最利於研判分析的圖形展示方法，如：時間序列圖（詳列每筆交易且依時間排列）或者易於抽絲剝繭的連結階層圖（依受款順序排列且詳列交易次數與金額）。

接下來進行數位鑑識工作時，為了避免張三電腦中的證據遭到變更，不建議直接在有犯罪嫌疑的電腦上安裝 EnCase。因此我們需要用不同的方法來分析及鑑識電腦，即是透過網路跳線直接與嫌疑者的電腦連接在一起，然後經由這條實體線路來取得硬碟之中的資料。

在拿到了硬碟資料之後，應製作一個跟原始資料一模一樣的映像檔。在此案例中我們透過網路線實體的連接，如圖 3-10 所示。

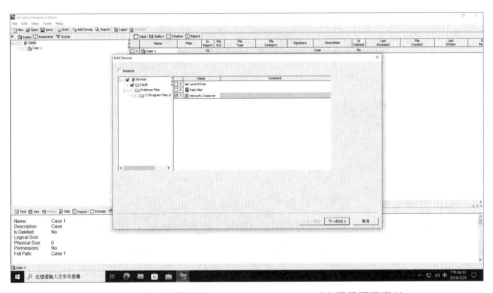

圖 3-10　利用網路跳線（Network CrossOver）來獲得硬碟資料

接著利用鑑識工具製作與原始資料相同的複本，鑑識人員可直接對數位證據複本直接進行分析，為什麼這個步驟如此的重要，是因為製作映像檔可以保護原始證據免於受到破壞。

從圖 3-11 我們找到了幾個可疑的網站記錄，此記錄很有可能是張三登入某家銀行網站的相關資訊。從鑑識軟體所萃取出來的記錄中，找到相關的可疑交易帳戶，經由檢調單位透過公文向該銀行申請資金往來記錄。

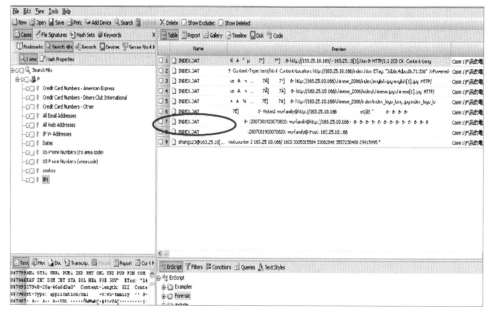

圖 3-11　電腦中的登錄記錄以及偽裝的帳戶資料

經由檢調單位申請相關銀行交易記錄的格式，如圖 3-12 所示。欄位資料包括轉出的帳戶、銀行與地點，以及轉入的帳戶、銀行與地點，最後是交易的日期、時間、金額與序號，共計有 14,974 筆資料，並得知張三的私人帳戶中以「612-227-1012」這個帳號最為可疑，因此我們針對「612-227-1012」做深入的調查。

轉出帳戶	轉出銀行	轉出地點	轉入帳戶	轉入銀行	轉入地點	交易日期	交易時間	交易金額	交易序號
112-227-1016	東海銀行	東京	226-227-1727	東海銀行	東京	2005/6/6	14:00	4700	1011724
112-338-9019	東海銀行	東京	535-222-9594	花旗銀行	東京	2005/6/6	10:05	6250	1013677
112-476-1122	東海銀行	東京	122-626-160	東海銀行	東京	2005/6/6	14:20	21000	1009072
124-417-2204	東海銀行	東京	126-227-2227	東海銀行	東京	2005/6/6	14:20	4400	1008924
126-011-2421	東海銀行	東京	122-626-160	東海銀行	東京	2005/6/6	16:14	46000	1009068
146-553-9943	東海銀行	東京	132-446-7869	東海銀行	東京	2005/6/6	14:00	3000	1011948
212-227-1014	東海銀行	東京	224-222-1471	東海銀行	東京	2005/6/6	11:24	2240	1011842
212-227-1017	東海銀行	東京	224-222-1412	東海銀行	東京	2005/6/6	13:40	7000	1002777
222-721-1022	東海銀行	東京	274-122-4262	東海銀行	東京	2005/6/6	14:20	6400	1011601
224-222-1410	東海銀行	東京	226-227-1122	東海銀行	東京	2005/6/6	11:20	6400	1011759
224-222-1477	東海銀行	東京	212-476-1122	東海銀行	東京	2005/6/6	14:20	42000	1011914
224-598-2303	東海銀行	東京	236-228-3330	東海銀行	東京	2005/6/6	14:20	8000	1014661
224-598-2305	東海銀行	東京	535-233-9538	花旗銀行	東京	2005/6/6	14:20	7000	1001496
224-598-2307	東海銀行	東京	236-228-3328	東海銀行	東京	2005/6/6	14:20	43000	1011634
226-227-1122	東海銀行	東京	226-227-1007	東海銀行	東京	2005/6/6	14:20	46000	1008728
244-117-272	東海銀行	東京	224-417-2211	東海銀行	東京	2005/6/6	14:20	1000	1008780
247-126-2721	東海銀行	東京	244-117-272	東海銀行	東京	2005/6/6	16:40	12000	1011621
312-338-9012	東海銀行	東京	335-222-9587	東海銀行	東京	2005/6/6	14:12	7000	1008523
335-233-9527	東海銀行	東京	335-602-9509	東海銀行	東京	2005/6/6	14:10	3000	1014507
335-233-9529	東海銀行	東京	335-222-9591	東海銀行	東京	2005/6/6	09:00	32000	1002443
346-553-9943	東海銀行	東京	336-228-1827	東海銀行	東京	2005/6/6	14:10	43000	1011453
400-338-9005	東海銀行	東京	435-222-9590	花旗銀行	東京	2005/6/6	09:00	16000	1004851
412-227-1012	花旗銀行	東京	424-222-1471	花旗銀行	東京	2005/6/6	14:02	46000	1008155

圖 3-12　張三銀行往來交易帳戶（部分資料）

　　將上述龐大未經整理的資料匯入視覺化工具，例如 i2 Analyst's Notebook（網站：http://www.solventosoft.com/cht/products_i2_a.htm），即可以得到一個視覺化的圖表，如圖 3-13 所示。

圖 3-13　經過視覺化處理過後之相關交易圖

　　接下來如圖 3-14 所示，利用搜尋功能找出帳戶「612-227-1012」在圖表上的相對位置，可清楚了解帳戶「612-227-1012」的交易情形。

圖 3-14　利用搜尋功能找出主要交易帳戶

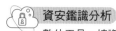

　　透過如圖 3-15 的展現方式，可以清楚地看出與帳戶「612-227-1012」有交易關係的帳戶及所屬銀行，甚至是交易地點、次數、日期以及匯出與匯入金額的資料也一目了然。

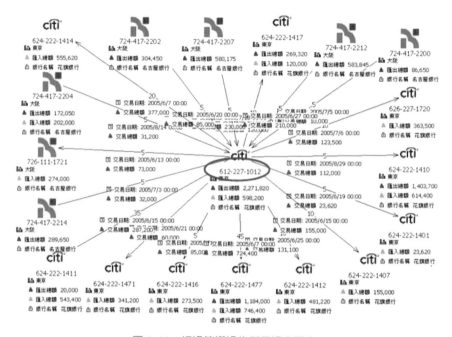

圖 3-15　經過篩選過後所呈現之圖表

　　在本例中，經由檢調單位與國際組織針對帳戶「612-227-1012」展開調查時，新的事證亦隨之匯報而至。據關連圖的連結資料指出，如圖 3-16 所示，洗錢的途徑被懷疑是從帳戶「612-227-1012」透過其他帳戶輾轉流入帳戶「644-747-2217」。接下來透過「尋找路徑」功能，能夠協助分析者在交易資料中找出特定的金錢遞迴途徑。透過圖 3-16 的路徑圖呈現，分析者可以很直觀地看出由帳戶「612-227-1012」輾轉將錢匯入帳戶「644-747-2217」的過程，包括每個中介帳戶的匯出與匯入金額，以及帳戶間的交易次數、日期與總額。

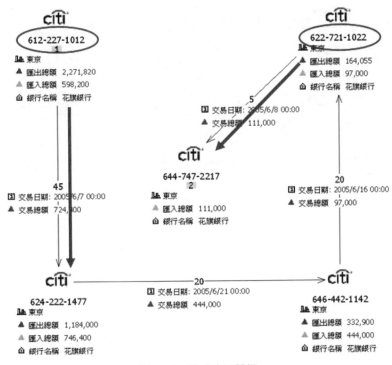

圖 3-16　洗錢交易路徑

　　在確定帳戶「612-227-1012」涉及洗錢的不法活動後，繼續調閱帳戶「612-227-1012」的相關交易記錄，並希望透過時間序列的分析，確認帳戶「612-227-1012」的洗錢模式。在將資料匯入後，我們可以獲得如圖 3-17 所示的時間序列圖表。對洗錢手法而言，最簡單的方式就是將一筆巨額的款項化為許多筆零碎的交易，這些錢在回到最初那位「洗錢者」的手中之前，會透過一連串的帳戶交易而被分配出去。透過時間序列的圖表，分析者可以很容易地看出所謂的洗錢模式。從時間軸線上來看，帳戶「612-227-1012」在 2005 年 9 月 7 日上午 10:20 到 2005 年 10 月 18 日下午 3:00 間，共發生了三次的洗錢模式，中介的帳戶分別經過了帳戶「624-222-1411」、帳戶「624-222-1477」與帳戶「612-476-1122」。至此，相關偵辦單位已能掌握足夠的洗錢具體事證。

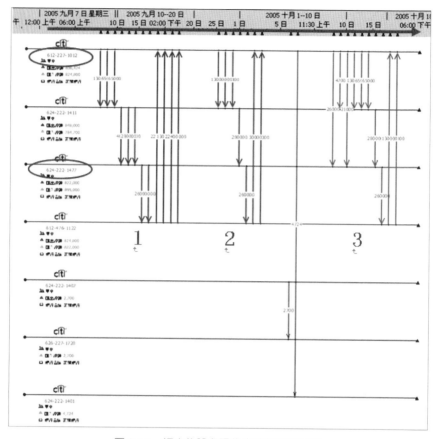

圖 3-17　經由軟體處理後之時間序列圖表

　　本節所探討的案例，藉由電腦鑑識工具的適當操作找到被刪除的清單，利用數位鑑識工具抽絲剝繭將證據一一找出，並利用圖形化的技術來呈現藕斷絲連的線索。其主要內涵是針對單「點」的證據來搜尋，並復原其刪除之數位證據，進而從其復原之數位證據中探究其更深入之意涵，另一方面利用視覺化犯罪分析工具將藕斷絲連之數位證據關聯起來，將各個所蒐集到的「點」一一連結成一個「面」，並從不同「面」向來分析所呈現之數位證據。從微觀的「點」到巨觀「面」，不同的證據有不同的表達方式，所代表的意義也不同，上下階層調查與縱深橫連，我們便可追本溯源，找出所需要的證據。現在的數位鑑識工作已不像以往那樣單純，單一證據只能證明單一事件，而背後所隱藏更具大的犯罪意圖更需要依靠鑑識人員細心的調

查，才有水落石出的一天。

在科技發達的今日，電腦犯罪問題錯綜複雜，已無法利用單一工具或方法來完成鑑識工作。因此本文藉由不同工具來協助數鑑識工作的完成，也代表在未來的鑑識工作上，不同的數位證據交叉比對（如：電話通聯記錄、帳戶交易記錄、乘客名單、入出境記錄、租車記錄及買賣記錄等）及鑑識應該受到更多重視，在不久的將來，即數位鑑識軟體與犯罪分析軟體兩相結合，就深度與廣度兼顧的辦案模型，是可以思考與建構的方向。

3.5 結語

資訊科技的快速發展，改變了人類的生活，伴隨而來的高科技犯罪是我們應當重視的問題，高科技犯罪所衍生的證據舉證上之挑戰，特別是數位證據的蒐證、分析及保存的問題，加上愈來愈著重人權的法律規定，嚴謹的證據蒐證已成為嫌犯是否起訴與判罪之重要依據。其中在 Windows 作業系統主機的犯罪偵查方面，說明數位證據的縱橫萃取與連結。藉由文中說明 Windows 作業系統主機之犯罪偵查，可讓相關人員對於實際上的犯罪偵查能有相當之認識，並熟悉相關使用工具的操作及應用，期望能幫忙了解數位證據之蒐證、分析與保存等問題，藉此可提高偵查的品質，達到有效防制犯罪的目的，提供更安全的科技生活環境。

問題與討論 🔍

1. 說明 Log File。

2. 說明 Log File 的鑑識流程。

3. 說明何謂登錄檔（Registry）。

4. 說明登錄檔有哪些主鍵。並分別說明其主鍵之功能。

5. 說明何謂視覺化分析。

6. 說明視覺化分析其主要應用之方式。

4
CHAPTER

Windows 鑑識工具介紹

導讀

電腦網路犯罪已普遍存在於全球社會，如何有效打擊這些利用電腦網路設備所從事的新興犯罪，將是當前重要議題。「工欲善其事，必先利其器」，電腦鑑識（Computer Forensics）不只需要擁有專業知識的鑑識人員，更需要有優良的鑑識工具配合才能發揮功效。有別於傳統犯罪的實體證據，對電腦犯罪蒐集數位證據將是鑑識人員的一大挑戰。執行單位如何進行電腦網路犯罪現場的蒐證，偵查作為必需符合標準作業程序，將來在法庭上所呈現的數位證據才可受到認可，作為公正裁量的依據。本章將透過 Windows 系統數位鑑識工具的介紹，説明電腦網路犯罪之偵查作為，以及相關數位證據如何作評估與分析。

前言

　　資訊科技的快速發展帶給人們莫大的助益，同時亦衍生出不少問題，如電腦犯罪與日俱增，已成為當今資訊社會的一大隱憂。我國刑事訴訟法第 154 條第 2 項規定：「犯罪事實應依證據認定之，無證據不得認定犯罪事實。」，由於電腦犯罪與一般刑事犯罪於證據的取得方式在犯罪偵查上有所不同，故遇電腦犯罪案件發生時，如未能依照標準證物處理程序執行，所取得之證據極可能無法作為證明犯罪事實之依據。

　　因為數位證據具易修改性，容易受人為或環境的影響而改變或破壞其內容，故電腦鑑識在數位證據的獲取、分析及保存的過程需相當謹慎，以避免破壞證物完整性，這使得分析工作極為耗費時間成本。目前在台灣電腦犯罪偵查之型態，實務蒐證程序上，大部分仍是搜索票搭配一台數位攝影機直接進行蒐證。為了能以科學化之偵查程序讓犯罪者俯首認罪，優良的鑑識工具是未來處理數位證據的必備工具。硬體方面包含數位證據取樣工具、專業的工作站及硬體輔助配件等；軟體方面最常見的鑑識工具如在 MS-Windows 環境下的 EnCase、FTK（Forensic ToolKit）及 Unix/Linux 環境下的 TCT（The Coroner's Toolkit）、The Sleuth Kit and Autopsy 以及 Live CD 方式運行的 Knoppix STD 及 Helix 等。利用這些鑑識工具，不僅可以節省大量的時間，亦可以將大量的數位證據組織化與系統化，無論是管理或保存皆有其便利性。

　　鑑識軟體一般會有以下三點特色：

1. 簡明的操作介面：具備操作容易之圖形化介面，為檢視方便而將不同格式的檔案分類，因此更能清楚地呈現檔案具有的屬性、內容及分析後的結果。

2. 強大的功能：檢視資料內容、檔案格式轉換、數位記錄備份、快速搜尋數據、回復刪除資料、分析及回復登錄檔資訊、破解密碼、製作鑑識結果報告。

3. 自動化：由於大量不合適的數位記錄，使得人工檢驗方式越來越困難，自動化證據分析能有效減少處理時間，以減少多餘的資訊。

4.1 FTK 介紹與應用

4.1.1 FTK Imager 概述及功能分析

FTK Imager 是一個證據預覽及製作映像檔工具，如圖 4-1 所示。該工具在使用 FTK 進一步分析前，可先快速查詢數位證據（包括已刪除的資料檔案）。基本功能說明如下：

1. 建立完全符合原始電腦資料之精確映像副本，並可比對映像副本與原始電腦資料之訊息摘要（Message Digest），以確定其一致性。

2. 預覽本地硬碟驅動器（IDE、SATA）、磁碟、CD 和 DVD 中的文件和文件夾。

3. 匯出任一個文件或文件夾。

4. 從屬性中了解檔案時間戳記及檔案屬性。

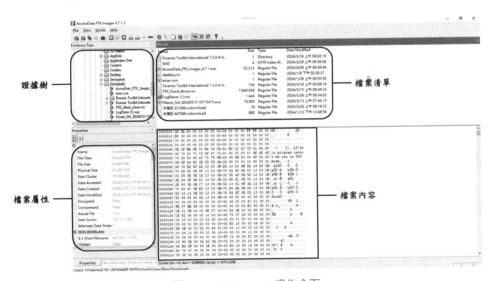

圖 4-1　FTK Imager 操作介面

4.1.2 FTK 概述及功能分析

Access Data 公司的 UTK（Ultimate Toolkit）是一套經由美國政府及法院認可的數位鑑識軟體，能夠簡單使用並快速分析，其主要的工具有：

1. **Forensic Toolkit（FTK）**：數位鑑識分析工具。

2. **Password Recovery Toolkit（PRTK）**：密碼分析、破解與回復工具。

3. **Registry Viewer**：登錄檔分析及解密工具。

4. **FTK Imager**：數位證據預覽及獲取映像工具。

5. **Wipe Drive**：硬碟資訊及資料完全清除工具。

其中 FTK 則是 UTK 中最主要的分析工具，可以分析、獲取、組織並保存數位證據。FTK 透過索引化的概念將所有文字內容建立索引，強大的過濾及搜索功能為其特色。其支援的檔案系統如 FAT12/16/32、NTFS 及 EXT2/3，支援的映像格式如 EnCase、Ghost（Forensic Image only）、Linux DD、SMART 及 CD 和 DVD 映像格式如 CDFS、Alcohol（*.mds）、ISO、Nero（*.nrg）及 CloneCD（*.ccd）。

4.1.3 FTK 操作介面

FTK 是一個可以分析、獲取並保存數位證據的數位鑑識軟體。可自動萃取出 Windows Office 文件及 E-mail 文件，並將之索引化，方便進行鑑識之工作。並提供數位證據的內容概述報告，強大的過濾及搜索功能為其主要特色。

一、主介面（Overview Windows）

主介面分為三個部分，如圖 4-2 所示。左上邊為證據項及分類，可以針對檔案狀態及檔案歸類點選所要的分類，較常用的有刪除項目、加密檔案、E-mail 訊息及資料庫等，視自己的需求而定。右上邊為檢視檔案內容，以文件的原始格式、已過濾格式（允許預覽已經通過 INSO Content Access 過濾器的文件）、文字

格式、16 進位格式、內建的檢視器以及 IE 的檢視器等方式瀏覽文件，同時亦可以搜索文件內容。下面則列出檔案清單，供使用者瀏覽檔案屬性，可以查看檔案名稱、原始路徑、檔案格式、檔案歸類、建立時間、修改時間、存取時間、MD5 及 SHA-1 等。除此之外，還提供過濾器管理者，讓使用者自行選擇分類中的檔案是要顯示（Show）、還是要隱藏（Hide）並可以將設定儲存起來。也可以透過更換字型顏色大小以提高使用者分辨檔案的能力，例如：某書籤內的檔案字型設為紫色斜體，已刪除的檔案字型設為紅色。

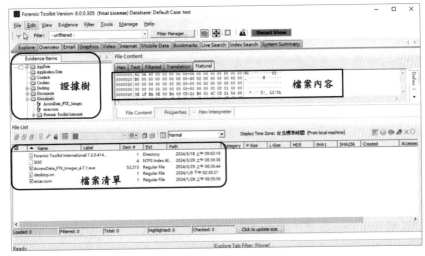

圖 4-2　FTK 操作主介面

二、探索介面（**Explore Windows**）

其操作介面如圖 4-3 所示。圖 4-3 左上邊為檢視檔案的樹狀結構，此結構主要是以類似 Windows 檔案總管的方式呈現出檔案及磁碟機的內容，另外也可以選擇是否列出所有的子結構延伸，其餘皆和主介面相同。

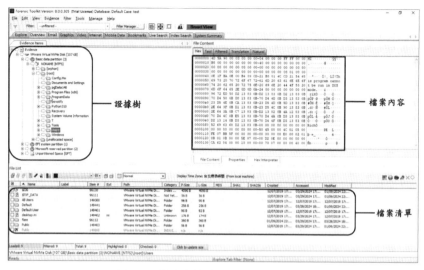

圖 4-3　探索介面（Explore Windows）

三、圖形介面（Graphics Windows）

　　為檢視圖像所設計的介面，如圖 4-4 所示。圖 4-4 上邊可以先預覽檔案夾內的圖片，並選擇是否對該圖進行標記。標記的有無是在建立報告時，可選擇包含所有的圖檔或僅包含有標記的圖檔。而下面的介面與探索介面類似，但左邊的證據樹只可以看到有關圖片或有關於圖片的檔案。

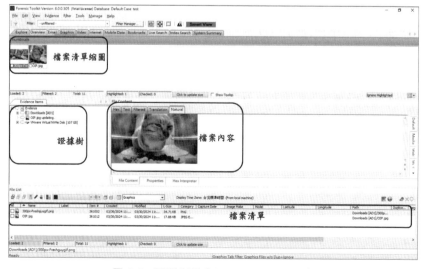

圖 4-4　圖形介面（Graphics Windows）

四、電子郵件介面（**E-mail Windows**）

　　此介面左邊呈現郵件夾的樹狀結構，如圖 4-5 所示，右邊顯示檔案清單，左下為檢視郵件內容，可以瀏覽電子郵件夾及郵件內容、屬性與記錄等相關訊息，以 HTML 格式支援 AOL（American OnLine）、Outlook、Outlook Express、Yahoo、Hotmail、MSN E-mail 及 Netscape 等。FTK 在處理電子郵件有其獨到之處，它可以根據郵件記錄和特殊的標頭辨識郵件的來源，還對 AOL 延伸支援到好友通訊錄、使用者設定、URL 歷史記錄與地址摘要等，此外針對即時通訊部分也能回復即時通訊對話記錄和一些額外訊息，右下為電子郵件附加檔案的檢視。

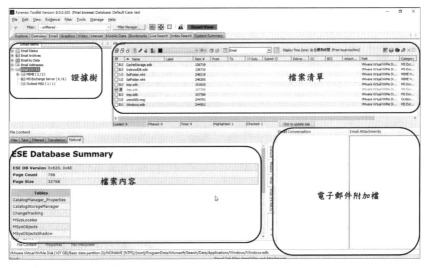

圖 4-5　電子郵件介面（E-mail Windows）

五、搜尋介面（**Search Windows**）

　　FTK 的搜尋功能分為索引搜索（Index Search）和實際搜索（Live Search），索引搜索透過 dtSearch 引擎能對文字和數字符號快速搜索，如圖 4-6 所示；實際搜索提供更彈性的搜索空間，所有的檔案都可以搜索，相對的需要較長時間，如圖 4-7 所示。索引搜索可以同時輸入多個關鍵字並由 AND（所有符合）和 OR（任一符合）運算，結果列於右邊窗格。下面則為檢視內容及檔案清單。在實際

搜索中有文字格式和十六進位格式可以選擇搜索，其中文字格式可以勾選 ASCII、
Unicode、Case Sensitive、Regular Expression 四 種 過 濾 搜 尋。 其 中 Regular
Expression 提供了電話號碼、社會安全號碼、電腦 IP 位址及信用卡號碼之過濾
搜尋。

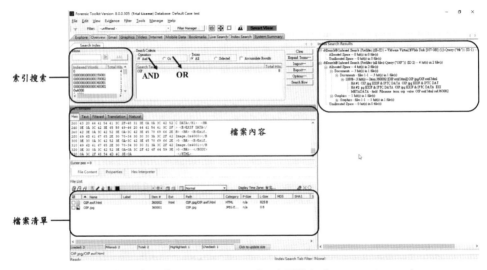

圖 4-6　搜索介面（Search Windows）—索引搜索（Indexed Search）

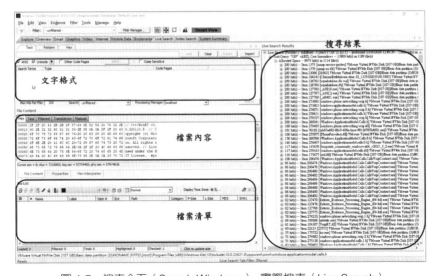

圖 4-7　搜索介面（Search Windows）—實際搜索（Live Search）

六、書籤介面（**Bookmark Windows**）

FTK 提供了書籤功能，如圖 4-8 所示，左上邊為瀏覽樹狀結構窗格，右上邊為書籤資訊，下面分別為檢視內容窗格及檔案清單。使用者可以將重要的證據或有關聯的證據整理成書籤，以利往後的瀏覽，且在建立報告時亦可以將書籤中的證據資訊加入。

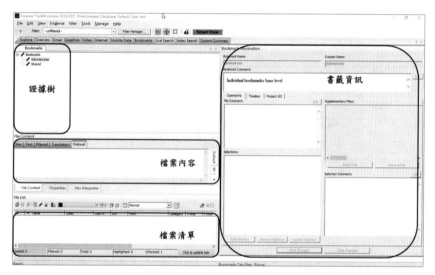

圖 4-8　書籤介面（Bookmark Windows）

4.1.4 FTK 主要功能分析

FTK 能將犯罪現場之電腦設備建立出不會更改原始記錄之精確複本，再從複本上進行各種數位證據的徹底檢驗，為一兼具便利性和有效性之實用工具。主要功能如下：

一、檔案分析

經過 FTK Imager 先行建立映像副本及各個檔案的 MD5 及 SHA-1 報告，如圖 4-9 所示，接著便開始使用 FTK 進行分析工作。

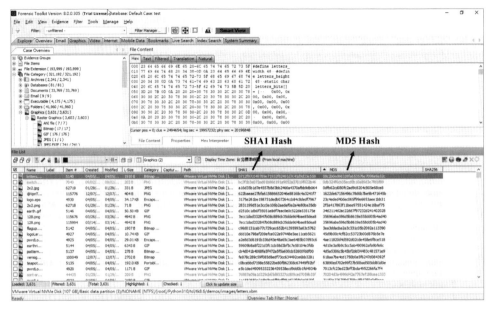

圖 4-9　MD5、SHA-1

二、回復資料

　　FTK 支援對 FAT12/16/32、NTFS 及 EXT2/3 的檔案系統進行資料回復的作業。

三、資料劃刻

　　所謂的資料劃刻（Data Carving）是一種技術，可以在未宣告區域（Unallocated Space）中，透過標頭（Header）和末端（Footer）來搜尋檔案系統無法利用或受損之檔案，並還原刪除檔或被嵌入其他文件中之文件。

四、建立報告

　　完成所有的證據分析後，就必須擁有一個可以用來描述相關連證據的報告，如圖 4-10 所示。報告的格式為 HTML，可用一般的網路瀏覽器進行瀏覽。

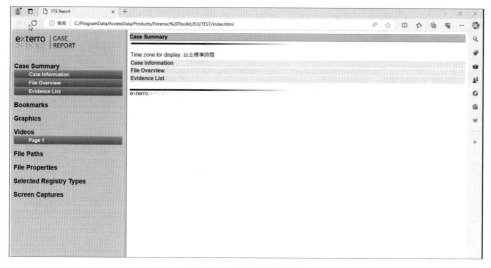

圖 4-10　鑑識結果報告

4.2 EnCase 介紹與應用

　　電腦鑑識需在法令規範之下，利用各種科學驗證方式，在不改變或破壞證物的情況下調查、還原、擷取及分析原始數位證據（Digital Evidence），並能證明所取得與扣押之證物完全相同，以保障證物的完整性，方能作為法庭上起訴之依據。但一般的備份方式僅僅拷貝檔案而已，並無法備份環繞資料（Ambient Data）、檔案剩餘空間（File Slack）及未配置空間（Unallocated Space）等。然而這些地方是發現數位證據的重要區域之一，故優良的鑑識工具必須具備位元流備份與 Hash-MD5 驗證等，足以維護並證明數位證據完整性之功能。再從備份之精確複本上進行徹底的分析各種數位記錄，以找出可供利用之數位證據。鑑識工具的其他功能大致上包括：檢視資料內容、復原已刪除之檔案、檔案格式轉換、資料分析比對、數位記錄備份及製作鑑識結果報告等。EnCase 的功能說明如下：

1. 還原功能強：圖 4-11、圖 4-12 之 EnCase 與 FTK 還原功能之比較。EnCase 能從完整格式化之磁碟找出歷史記錄檔，而 FTK 只能看到殘存之數據。

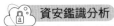

資安鑑識分析
數位工具、情資安全、犯罪偵防與證據追蹤

圖 4-11　EnCase 還原格式化之磁碟可找出歷史記錄檔

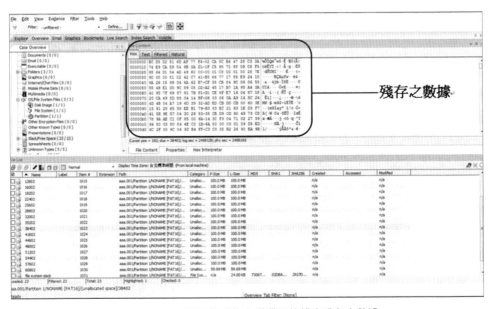

圖 4-12　FTK 還原格式化之磁碟只能找出殘存之數據

2. EnCase 支援系統多，相較之下 FTK 只能支援 Windows 作業系統，而 TCT 只支援 Linux 作業系統，如表 4-1 所示：

表 4-1　EnCase、FTK、TCT 三大鑑識軟體功能之比較

功能	EnCase	FTK	TCT
Free for charge（免費）	N/A	N/A	O
Wipe Disk（清理磁碟）	O	O	N/A
Duplicate（建立映像副本）	O	O	O
Validate Image（映像副本驗證）	O	O	O
File Recovery（檔案復原）	O	O	O
E-mail Search（電子郵件搜尋）	O	O	N/A
Keyword Search（關鍵字搜尋）	O	O	O
Password Recovery（密碼破解）	O	O	O
View Registry（檢視登錄檔）	O	O	N/A
Image Gallery（影像瀏覽）	O	O	N/A
Generate Report（產生報告）	O	O	O
EXT 2/3 Support（支援 EXT2/3 格式）	O	N/A	O
FAT 16/32 Support（支援 FAT16/32 格式）	O	O	O
NTFS Support（支援 NTFS 格式）	O	O	N/A
CDFS Support（支援 CDFS 格式）	O	N/A	O

3. EnCase 過濾數位證據方式多樣且功能完整，可由使用者自行撰寫巨集程式，以設定自動完成之鑑識步驟。

更重要的是 EnCase 所取得之數位證據是具有公信力的，而廣受美國軍方、警方、司法機關及企業所採用。EnCase 是目前使用最為廣泛的鑑識工具，為 Guidance Software 所研發的產品，能支援各種作業系統，包括：FAT16、FAT32、NTFS、Macintosh HFS、HSF+、Sun Solaris UFS、Linux EXT2/3、Reiser、BSD FFS、Palm、TiVo Series One and Two、AIX JFS、CDFS、Joliet、DVD、UDF 和 ISO 9660 等。

　　EnCase 之使用相當人性化且功能完整，能循序引導電腦鑑識人員完成映像複本，具備位元流備份、Hash-MD5 驗證及 CRC 校對碼等，得以驗證數位證據之完整性，並能深入作業系統底層查看所有數據，包括：檔案剩餘空間、未配置空間及交換檔之數據等，得以重新組織檔案結構。其採用 Windows 圖形介面顯示文件內容，除了基本的查看檔案建立時間、修改時間、存取時間、使用者名稱及檔案屬性外，尚有方便的圖檔顯示器，能支持 ATR、BMP、GIF、JPG、PNG 和 TIFF 等多種格式。

　　在分析檔案方面，EnCase 能比較已知的特徵簽名，以避免無法辨識出為隱藏證據檔案而變更副檔名之情況，並能支持多種郵件格式，如 Outlook、Outlook Express、Yahoo、Hotmail、Netscape Mail、MBOX、AOL 6.0、7.0、8.0、9.0 及 PFCs 等。且可支援多種瀏覽器格式，如 IE、Mozilla Firefox、Opera 及 Apple Safari 等。為了能讓電腦鑑識人員使用方便，還可以撰寫巨集，以設定一些自動完成之鑑識步驟。最後，可以自動生成詳細的鑑識結果報告，能以 TEXT、RTF 文本方式，或 HTML、XML 或 PDF 形式顯示之。

一、瀏覽介面（Interface Components）

　　主介面分為四個部分，如圖 4-13 所示。在圖 4-13 中，1. 左上方為證據樹，將可供檢視之檔案以樹狀結構表示之；2. 右上方為檔案清單，將證據樹中所選取之資料夾以清單方式列出詳細資料，提供使用者瀏覽。大致內容如：檔案名稱、檔案種類、特徵簽名、檔案描述、是否為刪除檔、檔案之存取時間、建立時間、修改時間、檔案路徑、檔案屬性及 MD5 等；3. 下方為檢視模式，能以 Text 文字格式、Hex 十六進位格式、Doc 文件格式、Transcript 程式格式、Picture 圖形格式及 Report 報告格式等，各種瀏覽方式檢閱該檔案內容。

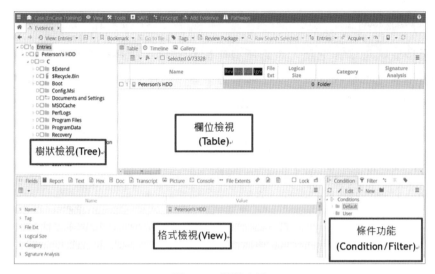

圖 4-13　瀏覽介面

二、建立映像副本

　　以 Acquire 選項建立映像副本，如圖 4-14 所示。需比對原證物與副本之 MD5，以證明兩者數據完全相同。

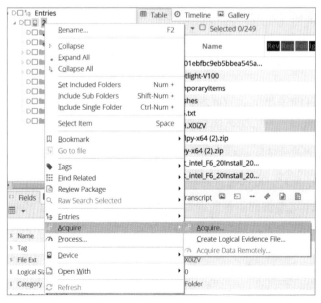

圖 4-14　建立映像副本

三、還原刪除檔

選擇映像副本作分析，還原所有未配置空間，找尋有關犯罪之證據。由 Delete 刪除之檔案會直接顯示在檔案清單處，而由 Format 格式化之檔案需以 Recover Folders 選項找出歷史記錄檔，如圖 4-15 所示。

圖 4-15　還原刪除檔

四、匯出證據

以 Copy/Unerase 匯出證據，如圖 4-16 所示。匯出之證據分為純邏輯檔、實體檔、交換檔與檔案剩餘空間檔等四種證據形式。以 Copy Folders 可直接匯出檔案夾；以 Export 可選擇匯出各種檔案之資訊。

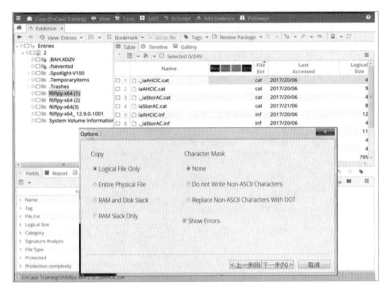

圖 4-16　匯出證據

五、關鍵字搜尋

　　以 Search 進行關鍵字搜索，在 EnCase7 中，除了已經存在的搜尋功能，如圖 4-17 所示，還新增了 Index search 功能。Index search 可以讓使用者在搜尋大筆資料時能更有效率，如圖 4-18 所示，提供使用者能快速地找到相關證據。

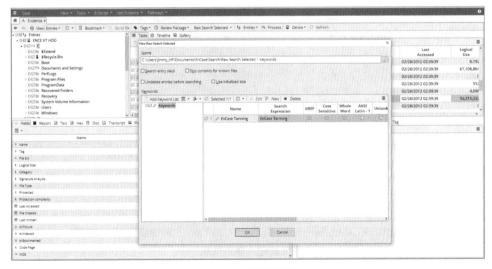

圖 4-17　關鍵字搜尋

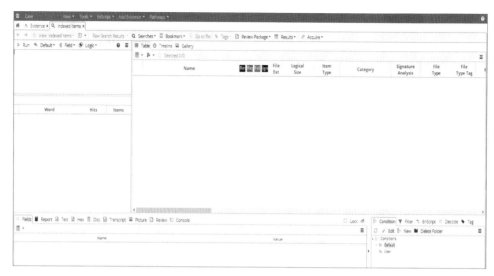

圖 4-18　Index search

六、標示籤記

　　如圖 4-19 所示，Bookmark 可讓使用者將相關證據整理成書籤，方便瀏覽及匯整資料，以便製作鑑識結果報告。

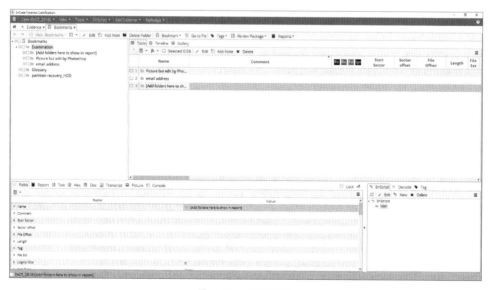

圖 4-19　標示籤記

七、製作鑑識結果報告

為了能讓不具電腦專長之第三者，也能清楚地了解數位證據之內容，故優良的鑑識工具大多具有製作數位鑑識結果報告的功能。而 EnCase 能以 TEXT、RTF 文本方式、HTML、XML 或 PDF 形式顯示鑑識結果報告，如圖 4-20 所示。

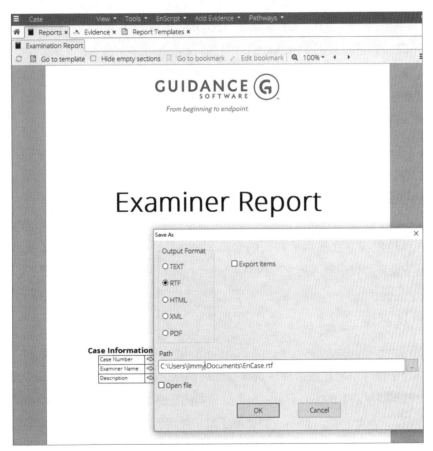

圖 4-20　製作鑑識結果報告

4.3 非整合性之鑑識工具

數位鑑識工具有「整合性」與「非整合性」工具的區分，主要是以工具功能種類的多寡來作區分。通常只具備單一功能的數位鑑識工具便為非整合性之工具，常見的整合性鑑識工具如：MS-Windows 環境下的 EnCase、FTK 及 Unix/Linux 環境下的 TCT（The Coroner's Toolkit）、The Sleuth Kit and Autopsy、以及 Live CD 方式運行的 Knoppix STD 及 Helix 等；而非整合性之工具，依其功能往往可區分為：複製備份工具、完整性驗證工具、檔案轉換工具、磁碟檢視工具、關鍵字搜尋工具、系統活動監測工具、網路活動監測工具、鑑識過濾工具、加解密工具、證據蒐集工具、軟體鑑識工具、快速分析工具、檔案清除工具、資訊安全工具及其他工具等。

本節要介紹之工具，主要來自於 NTI 公司、Windows 系統內鍵指令、Sysinternals 網站、Foundstone 網站與 Ntsecurity 網站等。這些各種不同的非整合性鑑識工具，可作為資訊安全方面之運用，對於電腦犯罪偵查的證據蒐集也有其相關性，亦可在數位鑑識方面提供相當大的幫助。故在此介紹各項相關工具之來源及功能，期望能有助於相關人員之操作使用。

一、NTI 公司

NTI（http://www.forensics-intl.com/intro.html）公司的電腦鑑識軟體，提供不同特定任務所須之軟體套件，例如救回被刪除之檔案及擷取檔案剩餘空間，常被用於製作映像副本的 SafeBack 亦為該公司的產品之一。爾後相關的各式套件整併並命名成為 Forensic Utilities 的鑑識工具。然而 NTI 是在類似 DOS 之環境下執行，學習使用此軟體需要一定之 DOS 使用相關背景。

二、Windows 系統內鍵指令

在 Windows 系統裡，有許多內建之指令，存在 C:\WINDOWS\system32 的資料夾之下。可在命令指示字元（Command，CMD）內操作，以了解目前系統的相關資訊，這些指令分別由各自專屬的執行檔（.exe）所組成的。

三、Sysinternals 網站

軟體設計師 Mark Russinovich 與 Bryce Cogswell 於 1996 年建立 Ntinternals 網站，提供各種系統應用程式與技術資訊，而該網站於 2006 年 7 月被微軟公司收購，改為 Sysinternals 網站（http://technet.microsoft.com/en-us/sysinternals/default.aspx）。此後 Sysinternals 網站便開始提供使用者處理並解決問題與協助診斷使用者的系統，以及提供各種管理與監測 Microsoft Windows 作業系統電腦之工具。其中於 Sysinternals 網站所提供的工具中，最具代表性的是 Sysinternals Suite（http://download.sysinternals.com/Files/SysinternalsSuite.zip），此工具組可提供使用者各式各樣的功能。

四、Foundstone 網站

Foundstone（http://www.foundstone.com/us/index.asp）為 McAfee 網路安全顧問公司底下的分部，其提供各項資訊安全方面的服務，如：網路安全諮詢、資安工具下載、資安教育訓練、資安安全政策及資訊風險管理等。

五、Ntsecurity 網站

Arne Vidstrom 於 Ntsecurity 網站（http://Ntsecurity.nu/）提供不開放原始碼的免費工具，以提供予系統安全檢測人員使用，這些工具在數位鑑識上也具備相當之使用性。

上述各式各樣的非整合性數位鑑識工具，除 NTI 公司出版的電腦鑑識軟體需購買授權版方可使用，其餘 Windows 系統內鍵指令及其他網站 Sysinternals 網站、Foundstone 網站與 Ntsecurity 網站所提供之工具皆可至相關網站免費下載使用，以下依種類分別說明各類非整合性數位鑑識工具之功能。

表 4-2 介紹基本鑑識、搜尋以及過濾工具；表 4-3 介紹密碼分析、證據蒐集以及軟體鑑識工具；表 4-4 介紹自動分析、檔案清除以及資訊安全相關工具；表 4-5、4-6 分別介紹系統及網路監測相關工具指令，表 4-7 介紹其他工具。

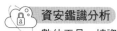
表 4-2　基本鑑識、搜尋以及過濾工具

工具分類	工具名稱	描述
複製備份工具	SafeBack 3.0	符合工業標準證據等級之位元流備份工具。
	CopyQM	完整複製工具，處理相關儲存工具，以用於蒐集數位證據用。
	SCopy	用途為複製檔案，但不同於普通之複製，即使使用者沒複製檔案之權限也可強力複製檔案。
完整性驗證工具	CrcMD5	對特定檔案產生其特有之 MD5 值。
	DiskSig Pro	磁碟簽章工具，具多種 Hash 驗證功用。
	FileHasher	可計算檔案之 MD5 或 SHA 值。
檔案轉換工具	File Convert Pro	壓縮 FileList Pro 所產生之檔案。
	FileCNVT	壓縮 FileList 所產生之檔案。特別注意 FileList 與 FileList Pro 所產生之檔案並不相容。
	EtherChange	可修改本地電腦之 MAC 值。
	SetOwner	只要有儲存檔案之權限，便可改變所有檔案之使用者權限。
磁碟檢視工具	AnaDisk	可分析磁碟儲存格式並鑑定資料儲存異常情形。
	DiskScrub	用來檢驗磁碟中數位記錄破壞之程度，參考 U.S. DoD 安全標準。
	DiskExt	可顯示磁碟資訊。
	Diskmon	即時監看目前系統磁碟上之活動。
	DiskView	以圖表顯示磁碟磁區之使用情形。
	Disk Usage（DU）	顯示資料夾之資訊。
	EFSDump	可顯示 EFS 加密檔案之資訊。
	LDMDump	可顯示 Logical Disk Manager 的資料庫，可知 Windows 2000 動態磁碟分割情形。
	NTFSInfo	可顯示 NTFS 資訊，包含：容量大小、分配狀況、Master File Table（MFT）與 meta-data files。
關鍵字搜尋工具	HexSearch	以二進位資料搜尋之方式，辨識電腦中圖形檔案之內容及具文字內容之檔案。

工具分類	工具名稱	描述
	TextSearch Plus	適用於 DOS、Windows、Windows 95、Windows 98 作業系統，可進行關鍵字搜尋，尋找字串和圖形檔案。
	TextSearch NT	適用於 FAT32、Windows NT、Windows 2000 及 Windows XP 作業系統，可進行關鍵字搜尋，尋找字串和圖形檔案。
鑑識過濾工具	Filter _ G	具有辨識英文文法及句子架構之過濾器。
	Filter _ I	具有辨識文件資料之過濾器。
	Filter _ N	具有辨識相關的數目形式之過濾器，有助於偵查類似身分遭盜用之犯罪。
	FNames	具有辨識英國人、歐洲人、阿拉伯語名字之過濾器，有助於偵查集體犯罪及常業竊盜之犯罪。
	GetGIF	可自動辨識並重建 GIF 形式之檔案，有助於偵查關於兒童色情之犯罪。
	GetNames	可自動辨識儲存於電腦上的英國人姓名，有助於偵查關於詐欺之犯罪。
	GetHTML	可自動辨識並擷取儲存於電腦上的 HTML 檔案，有助於偵查網際網路之犯罪。
	Graphics File Extractor	可自動辨識並重建 BMP、GIF 與 JPG 形式之檔案，有助於偵查關於竊盜及色情之犯罪。

表 4-3　密碼分析、證據蒐集以及軟體鑑識工具

工具分類	工具名稱	描述
加解密工具	NTI Secure ToolKit	為一檔案加密軟體，符合 US NIST 測試並具 AES 加密演算法。
	ShoWin	顯示本地電腦系統之資訊並可顯示 **** 之密碼。
	CECrypt	能以 3-DES 或 IDEA 演算法加密。
	CryptF	能以 3-DES 或 IDEA 演算法加密。
	EFSView	可破解 EFS 檔案格式之加密檔。
	FakeGINA	可偷取帳號密碼之 dll 檔。

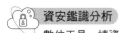
工具分類	工具名稱	描述
	KerbCrack	包含兩個程式 kerbsniff 和 kerbcrack。kerbsniff 可搜尋網路中 Windows 2000/XP Kerberos 的登入系統；kerbcrack 可使用暴力法或字典法破解 Kerberos 系統。可至（ftp://ftpoxacuk/pub/wordlists/）抓字典檔。
	PStoreView	可找出受保護之檔案，如 IE、Outlook 中儲存的帳號及密碼。
	RPAK	RPAK（Routing Protocol Attack Kit）路由協定攻擊工具組，包含工具如 RIP、RIP2、IGRP、OSPF。
	Snitch	可顯示 **** 之密碼。
	SQLDict	SQL 注入之字典攻擊工具。
證據蒐集工具	GetFree	蒐集與刪除之檔案相關的資料和檔案片段。
	GetSlack	蒐集檔案剩餘空間（file slack）中之資料。
	KLogger	為 Windows NT 系列之鍵盤側錄程式。
	Tini	由組合語言編寫之 Windows 系統後門程式。
軟體鑑識工具	BinText	檢視執行檔內是否含有 ASCII 或 UNICODE 字串。
	Strings	在 binaryimages 中搜尋 ANSI 和 UNICODE 之字串。
	PEriscope	PE 查看工具，可用於辨別病毒檔。

表 4-4　自動分析、檔案清除以及資訊安全相關工具

工具分類	工具名稱		描述
自動分析工具	NTA Stealth		可快速辨識並分析此電腦之使用情形，有助於偵查網際網路之犯罪。
	NTA Viewer		用於 Net Threat Analyzer（NTA）及 NTA Stealth 所產生之檔案，可快速分析並比較其他相同電腦之使用情形。
	DumpAutoComplete		可檢視 Firefox 使用情形並以 XML 匯出自動完成表單。
	Forensic Toolkit20 工具組	Afind	由最後存取時間尋找目標檔案。
		Audited	尋找系統稽核檔。
		DACLchk	檢視 Discretionary Access Control List。
		FileStat	匯出 NTFS 安全檔案及串流資訊。

工具分類	工具名稱		描述
		HFind	由最後存取時間尋找系統隱藏之檔案。
		Hunt	檢視 SMB 分享及尋找使用者。
		SFind	尋找交換資料串流。
		Galleta	可檢視本地電腦之 cookie。
		Ntlast	可監控本地電腦登入成功或失敗之狀況。
		Pasco	可檢視本地電腦網路瀏覽之記錄。
		Patchit	可自行撰寫 script 由 patchit 執行。
		Rifiuti	檢查本地電腦資源回收檔內之資料。
		MACMatch	找出目標檔案的最後存取時間、最後修改時間及建立時間。
檔案清除工具	M-Sweep XP		專用於 Microsoft 的作業系統，可有效並確實的清除所有資料，包含未配置空間（Unallocated space）、檔案剩餘空間及交換檔（Swap file），參考 US DoD 安全標準。
	MoveFile		可設定重開機時移動或刪除之檔案。
	PendMoves		可設定重開機時重新命名及刪除之檔案。
	RegDelNull		可掃描並刪除內容為 null 字元之登錄檔。
	SDelete		可確實又安全地刪除磁碟中的未配置空間。
	Sync		對磁碟清除隱藏之資料。
	ClearLogs		清除安全（Security）、系統（System）及應用程式（Application）之 Log 檔，且可清除遠端電腦之 log 檔。
	WinZapper		用於 Windows NT 40、Windows 2000 系統，可於安全記錄中清除事件記錄。
資訊安全工具	AccessChk		確認存取使用者或群組須使用之檔案、物件、程序、登錄檔或 Windows 服務。
	AccessEnum		可確認曾經存取資料夾、檔案或登錄檔之活動。
	RootkitRevealer		可掃描電腦中 rootkit-based 之惡意程式。
	Win32 SocketShell		為一網路安全測試工具，當連線成功時會由 TCP port 7777 回傳字串 "hacked!"。

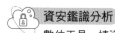
表 4-5 系統活動監測工具

工具 / 指令		描述
FileList Pro		專用於 Microsoft 的作業系統，可分析電腦之使用時間及偵查中之使用情形。
AdInsight		LDAP（Light-weight Directory Access Protocol）即時監測工具。
Autoruns		即時監控目前系統所有的動態資訊，包含登錄檔、DLL 檔及驅動程式。
BgInfo		將系統中所有軟、硬體設置，包含 IP 位址、電腦名稱及使用時間等資訊，以成為桌面之背景的方式顯示。
Filemon		即時監看目前檔案系統之活動。
Handle		顯示處理程序與所開啟的檔案。
ListDLLs		顯示處理程序執行中的 dll 檔案，包含安裝路徑及版本編號。
LoadOrder		可顯示裝置於 WinNT/2K 系統上之驅動程式。
Process Monitor		即時監控檔案系統、登錄檔及 DLL 檔之活動。
Process Explorer		即時監控目前系統所有的動態資訊，包含登錄檔、DLL 檔、執行。
PsTools		為一在命令提示字元中使用之工具組，其功能包含顯示處理程序、重新開啟電腦與顯示事件記錄等。
PsTools 相關指令	PsFile	顯示哪些檔案被遠端開啟。
	PsGetSid	顯示本地電腦的 SID。
	PsInfo	顯示系統所有軟、硬體設置之情形。
	PsKill	結束正在執行的處理程序。
	PsList	顯示正在執行的所有處理程序。
	PsLoggedOn	顯示目前登入的使用者。
	PsLogList	顯示事件記錄。
	PsPasswd	改變使用者帳號及密碼。
	PsService	顯示控制系統服務。
	PsShutdown	關閉並選擇重新啟動電腦。
	PsSuspend	中止並恢復處理程序。
	RegMon	即時監看目前登錄檔之情形。

工具／指令	描述
Streams	可顯示 NTFS 中交換的串流。
VolumeId	可設定 FAT 或 NTFS 的 Volume ID。
LNS	LNS（List NTFS Streams）可搜尋 NTFS 串流。
at	可顯示排程工作。
doskey/history	可顯示已輸入過的命令列指令。
tasklist	可顯示所有工作程序。
sc query	服務控制管理者（Service Control Manager）。
net accounts	可顯示使用者帳號狀態。
net config	可顯示當前運行的可配置服務。
net start	可顯示已啟動服務的列表。
net user	可顯示用戶帳號資訊。
ListDrivers	可顯示電腦核心正在使用的程式。
ListModules	可顯示模組正在使用的執行檔或動態程式庫。
PMDump	可顯示記憶體正在執行之程序。
Winfo	可找尋 Windows NT/2000/XP 系統之電腦的各項資訊，包含：帳號、共享檔案、目前登入之使用者、密碼政策等。

表 4-6　網路活動監測工具

工具／指令		描述
arp -a		可顯示路由表。
netstat		可顯示 TCP/IP 網路連接狀態。
nbtstat -anr		可顯示 NBIOS 網路連接狀態。
ipconfig		可顯示網路介面資訊。
route		可顯示路由資訊。
net 相關指令	net file	可顯示伺服器上所有的共用檔案。
	net localgroup	可顯示本地群組。
	net session	可顯示本地電腦與連接用戶端的會話。
	net share	可顯示共用資源。
	net statistics server	可顯示伺服器服務的統計資訊。

工具 / 指令		描述
	net use	可顯示電腦的連接資訊。
	net view	可顯示電腦列表。
DebugView		可瀏覽並記錄 debug session 或無 active debugger 且輸出至本地電腦之訊息。
LogonSessions		可顯示目前系統上之 logon sessions。
PortMon		即時監看目前連接埠連接之情形。
ShareEnum		可顯示網路檔案共享之情形與其安全設定。
Sigcheck		可顯示目標檔案之版本訊息並於本地電腦中之簽章情形。
TCPView		可即時監看目前連接埠連接之情形。
Whois		可查看目標網址之相關資訊。
Vision		可檢測本地電腦所開放之連接埠及其使用之應用程式。
Fport		可顯示系統目前連接埠使用之情形。
Browselist		可查看區網內所有電腦分別開啟之服務。
EtherFlood		以太洪流，使用時會阻塞網路連線。
DBProbe		可顯示可直接廣播之 IP 數量。

表 4-7　其他工具

工具 / 指令	描述
AdExplorer	Active Directory（AD）之瀏覽器及編輯器。
AdRestore	可復原 Windows Server 2003 的 Active Directory 物件。
Autologon	可自動輸入登入時應輸入之使用者密碼。
CacheSet	可使用 Cache Manager 控制 Cache 大小。
ClockRes	可瀏覽系統時鐘。
Contig	磁碟重新整理以最佳化個人常用之檔案。
Ctrl2cap	可將 Caps-Lock 鍵變成 Ctrl 鍵。
Hex2dec	可將二進位與十六進位的數字互相轉換。
Junction	來自 Sysinternals 網站，可建立 Win2K NTFS 的連接點。

LiveKd	可使用 Microsoft kernel debuggers 檢驗系統。
NewSID	可改變目前電腦之 SID。
PageDefrag	重新整理交換檔及登錄檔。
ProcFeatures	可顯示 Windows 系統支援的 Physical Address Extensions 及 No Execute buffer overflow protection。
RegHide	可建立不會被登錄編輯程式開啟之鍵值 "HKEY_LOCAL_MACHINE\Software\Sysinternals\Can't touch me!\0"。
RegJump	可移動至該路徑之登錄檔。
WinObj	Windows 系統的 Object Manager。
ZoomIt	可直接縮放和標記螢幕。
AdExplorer	Active Directory（AD）之瀏覽器及編輯器。

4.4 結語

　　面對逐年提升的資安犯罪事件，電腦犯罪偵查的進行也是受到越來越嚴苛的挑戰。由此可以發現，未來將電腦鑑識工具運用在案件的偵辦上已勢在必行。鑑識人員之鑑識工作有其便利性、特殊性及必要性，有鑑於國內外對於資通犯罪的重視，本章對 Windows 作業系統數位鑑識工具的介紹，從整合性之鑑識工具 FTK、EnCase，到來自 NTI 公司、Windows 系統內鍵指令、Sysinternals 網站、Foundstone 網站及 Ntsecurity 網站等的非整合性之鑑識工具。並依各類功能區分成：複製備份工具、完整性驗證工具、檔案轉換工具、磁碟檢視工具、關鍵字搜尋工具、系統活動監測工具、網路活動監測工具、鑑識過濾工具、加解密工具、證據蒐集工具、軟體鑑識工具、快速分析工具、檔案清除工具、資訊安全工具及其他工具等。本章以簡明的方式做一些概要介紹，期望讀者能對目前的數位鑑識軟體有更進一步地了解。功能完整之優良鑑識工具，在受過專業訓練的鑑識人員運用之下，將能提供具可靠性之數位證據，以作為法庭上有利之呈堂證供。

問題與討論 🔍

1. 説明數位鑑識工具的三大特點。

2. 説明數位鑑識工具的基本功能。

3. 説明 UTK（Ultimate Toolkit）的主要工具。

4. 説明 EnCase 優於其他鑑識工具之處。

5. 説明 NTI 公司的電腦鑑識軟體 SafeBack 之功能。

6. 説明 Windows 系統指令 "arp -a" 之功能。

5
CHAPTER

最穩定的系統 — Unix 鑑識

導讀

一般案件的主機偵查,大部分以 Microsoft Windows 作業系統為主,很少有其他的作業系統。這樣的現象歸咎於台灣大部分的使用者是微軟的愛好者,並且微軟的周邊軟體種類比其他系統多,當然作業系統在網路上的應用與支援也會比較多。雖然如此,身為鑑識人員不能只熟悉 Windows 作業系統主機偵查,亦應接觸及熟悉不同的作業系統操作與鑑識,如此一來,面對其他系統才能得心應手。因此,我們以 Unix 系統主機偵查為本章之重點,介紹 Unix 系統的相關知識,並接著進入 Unix 鑑識領域作探討與研究,使讀者能更了解 Unix 鑑識的重要性。

前言

Unix 是個開放且複雜的系統，許多操作不像 Windows 一樣直接用滑鼠就可以找到需要的功能；大部分的操作都要依賴指令和參數。另一方面，Unix 作業系統原本就是為了滿足伺服器的需求，及支援其他電腦的服務而開發。因此學習 Unix 必須具備相關系統的知識，如：檔案系統、行程控制、使用者群組管理、網路管理、磁碟管理及效能分析等。假使不了解 Unix 的系統管理，要進行 Unix 主機偵查將會遭遇許多的困難。本章除了 Unix 系統偵查技術外，還有概念性的系統知識介紹，讓讀者可以初步了解 Unix 系統的奧妙。

5.1 Unix 作業系統

5.1.1 Unix 系統簡介

Unix 系統最早是湯普遜和里奇於 1969 年在貝爾實驗室用 C 語言開發的作業系統，它是屬於美國 AT&T 公司 1971 年在 PDP-11 上運行的系統，其具有多人多工的特點，以及支持多種處理器的架構。它的好處是，一台電腦可以同時服務許多使用者，而每一個使用者也可在同一時間執行多個工作。一般來說，一部主機的處理器在執行過程中大部分的時間都是在等候使用者下達指令，實際工作的時間並不多；所以使用者只要使用終端機連線到一部 Unix 主機，該部主機即可提供系統資源給所有的使用者使用，如此一來，就不需要每台主機都裝相同的系統或軟體，能節省資源和金錢，是一個不錯的選擇。由於 Unix 的特色使其在學術機構和大型企業中得到了廣泛的應用。由於網際網路的發達，愈來愈多使用者開始接觸 Unix 系統，因為幾乎所有的電腦都可以安裝 Unix 系統。不僅如此，Unix 在企業應用的發展更是令人吃驚，像是 HP、Sun 及 IBM 等大型公司，在處理大量資料、高可靠性和穩定性的需求下，更是需要 Unix 系統，才能使企業正常營運。

了解 Unix 系統的特色後，那它又是如何執行工作的？這時候我們就需要了解 Unix 系統主要是由三個部分所組成，內容分述如下：

1. **系統核心（Kernel）**：在系統最內層就是系統核心。它是負責管理系統並分配系統資源的程式，用來控制相關的周邊裝置，如印表機、終端機及其他裝置等等。

2. **檔案系統（File System）**：檔案系統是負責管理主機內所有的使用者檔案、目錄以及一些周邊裝置。

3. **命令解譯程式（Shell）**：系統的最外層有 Shell，能作為與系統核心中介溝通的橋梁。當使用者下達命令後，會經由 Shell 解讀轉達給 Kernel，最後再從 Kernel 對系統資源以及周邊裝置進行實際的操作。

5.1.2 Unix 系統發展

一、發展初期

提到 Unix 的發展，就要追溯回 MULTICS（Multiplexed Information and Computing System）的起源了。MULTICS 作業系統為 1965 年時由貝爾實驗室、奇異電子和麻省理工學院合作的一項計畫；主要是被設計運行在 GE-645 大型主機上。但由於 MULTICS 發展速度過慢，使得貝爾實驗室在 1969 年退出計畫。最後在麻省理工學院退出其開發以及 Honeywell 把電腦事業賣掉後，MULTICS 的發展就在 1988 年走入歷史。

之後，Unix 之父 Ken Thompson 以自己在 MULTICS 的開發經驗，包括樹狀結構、命令解譯器及一些實用程序為基礎，為這台已過時的電腦寫了一套新系統。因為機器效能的關係，PDP-7 只能支援兩個使用者登入，跟之前 MULTICS 的多使用者無法相比，於是便開玩笑地把這套系統稱作 UNiplexed Information and Computing System，縮寫成 UNICS，後來取諧音改成 UNIX。

二、發展過程

1974 年，Ken Thompson 和 Dennis Ritchie 在期刊上發表一篇有關 Unix 的文章。此時 Unix 的消息第一次傳到外部，之後受到外界各單位的注意，並逐漸被廣泛地使用和研究。

1980 年代，貝爾實驗基於第七版的 Unix 系統推出了新版本，Unix System III，表現出 Unix 顯著的效能。接著為了解決 Unix 版本混亂的情況，AT&T 綜合各個單位開發的 Unix 後，開發了統一的版本 Unix System V release 1。之後在 1991 年時，一群 BSD 的開發者創辦了 Berkeley Software Design, Inc（BSDI）。這是第一家在常見的 Intel 平台上提供全功能商業 BSD Unix 的廠商。後來其中一位開發者離開了這家公司，研發了 386BSD。此系統被認為是 FreeBSD、OpenBSD 和 NetBSD、DragonFlyBSD 的先驅。

自從貝爾實驗室發展 Unix 以後，經過各家改良之後，Unix 一般來說可以分成 AT&T System V 和柏克萊 BSD 兩個系列，往後的各類 Unix 也都是遵照這兩種架構作研究和改進。

5.1.3 Unix-Like 系統

Unix System V Release 4（Unix SVR4）發表後，AT&T 就將所有 UNIX 權利出售給 Novell。Novell 原本希望靠 Unix 來和微軟的 Windows NT 競爭，但無法如其所願，最終 Novell 將 SVR4 的權利出售給定義 UNIX 標準的產業團體。最後 X/OPEN 和 OSF/1 合併，建立了 Open Group。Open Group 定義多個標準，能夠辨別 UNIX 系統。

在 Unix SVR4 出現後，使得各種 Unix 有了統一的標準。今日所有類 Unix 系統都是以 SVR4 為基礎再加以改進。因為所有 Unix-Like 系統都有相同基礎，所以在不同系統間移植，是很容易的。接下來我們要針對幾種常見的 Unix-Like 系統作概略式的介紹。

一、Linux

Linux 的發展始於 1991 年，當時一名芬蘭的大學生 Linus Torvalds 決定要在個人電腦上開發 Unix，因為他並不滿意當時教學用的 Minix 作業系統，所以他想要重新開發一個類似 Minix 的作業系統。當時開發這套系統完全是基於興趣，也沒有想過要在商業市場上發表。後來他把這個系統的第一版放在網路上，請朋友來改進這些功能，於是他們開始接收挑戰，發揮工程師性格，不斷地改良系統。隨後在十月份第二版本就發布了。

使用 Linux 是完全免費的，但是必須要遵守 GNU General Public License 的規範。GNU 為 GNU's Not Unix 的縮寫。GNU 軟體可以自由地使用、複製、修改和發布，任何人發布了新版本後，都禁止給予任何限制授權或所有權利讓任何人使用，必須無私地公開讓大眾使用自己開發的新版本。這被稱為反版權（Copyleft）的概念。這個主張開放且免費的作風，與微軟有些出入，但也因此受到人們的歡迎以及被業界所接受。

嚴格來說，Linux 這個詞只表示 Linux 核心，實際上使用者已經習慣用 Linux 來形容包含各種工具程式的作業系統。包括各種套件的 Linux 被稱為 Linux 發行版。一個發行版會包含大量的工具軟體。目前有超過數百個發行版被積極開發，最普遍使用的發行版大約有十二個。一個典型的 Linux 發行版包括：Linux 核心、一些 GNU 程式庫和工具、Shell、圖形介面的 X Windows 和相對應的桌面環境，如 KDE、GNOME，以及各種應用程式，如辦公軟體、編輯器、瀏覽器等。常見的 Linux 發行版如：Debian、Fedora、Gentoo、Mandriva、openSUSE、Red Hat、Slackware 及 Ubuntu 等。

二、Solaris

Sun Microsystems 的原始作業系統名稱為 Sun OS，它是以 UNIX System V 與 4.3BSD 為基礎開發的。後來從 SunSoft 開始嘗試將 SunOS 以 SVR4 改寫，並且有了新的名字叫做 Solaris2.0。但是受限於可以連接工作站的限制，所以並不是很受歡迎。之後於 1992 年發行的 Solaris 2.1 就能夠在所有 Sun 的 SPARC 機器上與 Intel x86 機器上執行。

在 1997 年，SunSoft 發表了 Solaris 2.6，它是第一個支援 Java 的 Solaris 作業系統。它還通過 X/Open 的認證，得到 UNIX 95 的商標，並且支援 Y2K。早期的 Solaris 主要用在工作站上。不過，隨著 Sun 開放 Solaris 的免費下載以及 OpenSolaris 的釋出，已經可以作為 Desktop 使用。

三、BSD

BSD（Berkeley Software Distribution）為柏克萊大學開發的版本，也是類 Unix 系統。柏克萊大學在 1974 年由第四版開始研究 Unix，後來由教授 Ken Thompson 使用 PDP-11/70 發展出第六版的 Unix，主要提供多人使用的機制。之後 Bill Joy 與 Chuck Haley 也有加入這個版本的修改，並且增加了 ex 編輯器和 Pascal 編輯器，他們把這些軟體包在一起，稱為 Berkeley Software Distribution。

之後美國國防部高等研究計畫署決定他們的全球運算環境要以 Unix 系統為平台，並以 Berkeley 的為主。所以在 1983 年 4.1BSD 誕生了，其最主要目的是提升效率，使電腦運作更順暢。後來的版本更增強了許多網路的特性，包括重要的 TCP/IP，並允許檔案傳輸與遠端登入，改善檔案系統以增進系統運作速度。

不同的 BSD 作業系統在各領域中有不同的專長，例如 FreeBSD 就以效能出色著稱；而 NetBSD 則是擁有良好的可移植性，可以在多達 54 種平台上運行。

四、AIX

AIX（Advanced Interactive eXecutive）為 IBM 的 Unix 作業系統。AIX 是以 Unix System V 與 4.3BSD 為基礎開發的。它支援 CDE（Common Desktop Environment）介面。AIX 最新的版本為 AIX 5L 5.3 版，可以支援六十四顆 CPU；而最常見的版本為 4.3.3。

五、HP-UX

HP 公司自行開發的 Unix 作業系統，稱為 HP-UX（Hewlett Packard UniX），第一個版本於 1986 年誕生的。HP-UX 是基於 UNIX System V 開發的，但是經過

幾年的改進，許多特性都有加強。HP-UX9.0 提供對工作站的支援，並且符合許多標準，包括 POSIX1003.1、XPG4 與 SIVD3 等。之後的 HP-UX10.0 提供了許多網路增強、系統管理及保全等功能。此外，也開始支援 CDE，並且達到 NCSC（National Computer Security Center）所制定的 C2 等級安全性，做到控制存取的保護。

六、IRIX

IRIX 是由 Silicon Graphics Inc.（SGI）以 Unix System V 為基礎開發出來的。它可以運用在 MIPS 的工作站。MIPS 的工作站為一個 64 位元的作業系統，特性是提高要大量消耗 CPU 時間的圖形運算之最佳化。此外，它也可以在 RISC 型的電腦上執行。

七、A/UX

A/UX 是 Apple 公司基於 System V 所開發的 Unix 作業系統，它也參考了 System V Release 3 與 4、4.2 和 4.3BSD 等規範，並將 Unix 系統與 Macintosh System 7 作業系統結合，因此它可以執行所有在 Macintosh 的應用程式。

5.2　證據蒐集技術

鑑識的第一步即為辨識並蒐集數位證物，因此善用工具去蒐集電腦上遺留的相關證據，是很重要的一項工作。以下介紹 Unix 鑑識工具與偵查搜尋技術。

5.2.1　電腦取證技術

一般而言，電腦鑑識人員到達犯罪現場的第一步，就是蒐集現場可疑數位證據，以便日後分析。當鑑識人員要開始分析之前，都會先用映像副本工具作一份原始證據的複本，避免破壞原始證據。而 dd 工具就是經過鑑識專家推薦 Unix 平台上最好的複本製作工具。經過美國司法部支持的 CFTT Project 在不同平台測

試後，發現 dd 工具的效能遠遠優於其他映像製作工具，因此適合作為數位鑑識工具。

假設我們要進行 /dev/hdb 原始磁碟的映像複本製作工作，並以 file.dd 儲存，可以使用以下指令：

```
# dd if=/dev/hdb of=file.dd
```

此時，dd 會將原始磁碟的證據利用 Bit by Bit 的方法做成鑑識分析所需的映像複本。如圖 5-1 所示。

圖 5-1　dd 指令操作畫面

5.2.2 檔案搜尋技術

在分析數位證據時，嫌犯可能為了隱藏重要犯罪證據資料，故意改變原有證據資料型態，達到資訊隱藏的效果，使得鑑識人員不易分辨檔案類型。此時，我們可以運用 file 指令正確辨識檔案型態，發現真正證據所在。file 指令如圖 5-2 所示。假如要尋找某個特定檔案時，可以使用 find 指令去尋找檔案。find 指令如圖 5-3 所示。如果能好好運用 file & find，便能在 Unix 系統中順利找到特定數位證據並有效判斷檔案型態。除了一般檔案的搜尋外，假使目標檔案為執行檔，可以利用 which 指令找到其所在的目錄。在找到檔案後，為了確定檔案裡有符合犯罪構成要件的事實，可以搭配 grep 指令從檔案裡找到符合條件的資料。

除了指令工具的運用外，也可以使用一些檔案管理軟體，例如 GNOME Nautilus、Xplore、CLEX 等，一樣可以找到所需要的證據資料。

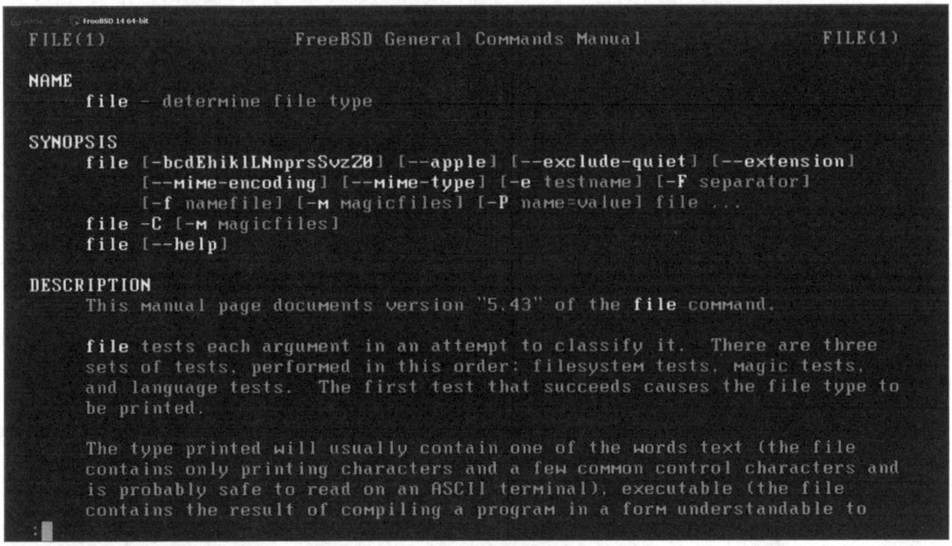

```
FILE(1)                FreeBSD General Commands Manual               FILE(1)

NAME
     file – determine file type

SYNOPSIS
     file [-bcdEhiklLNnprsSvzZ0] [--apple] [--exclude-quiet] [--extension]
          [--mime-encoding] [--mime-type] [-e testname] [-F separator]
          [-f namefile] [-m magicfiles] [-P name=value] file ...
     file -C [-m magicfiles]
     file [--help]

DESCRIPTION
     This manual page documents version "5.43" of the file command.

     file tests each argument in an attempt to classify it.  There are three
     sets of tests, performed in this order: filesystem tests, magic tests,
     and language tests.  The first test that succeeds causes the file type to
     be printed.

     The type printed will usually contain one of the words text (the file
     contains only printing characters and a few common control characters and
     is probably safe to read on an ASCII terminal), executable (the file
     contains the result of compiling a program in a form understandable to
 :
```

圖 5-2　file 指令說明

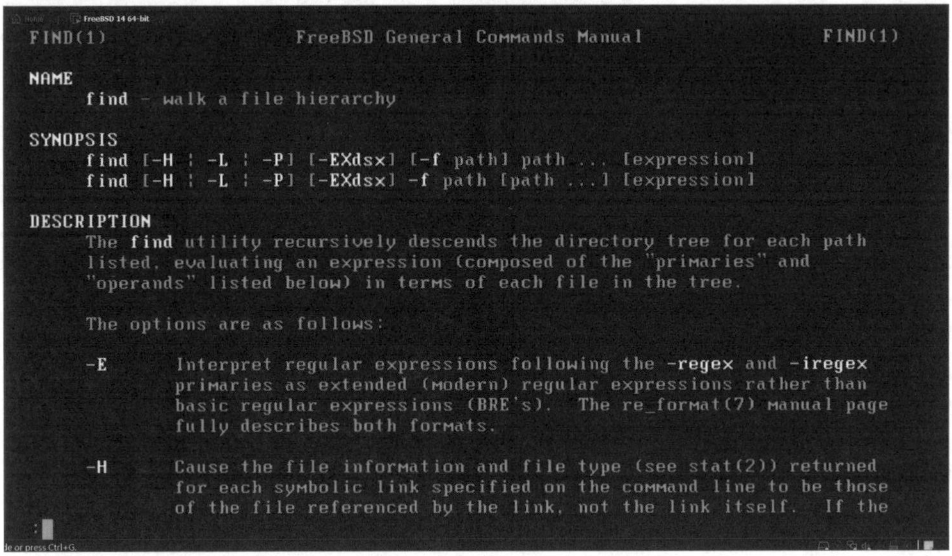

```
FIND(1)                FreeBSD General Commands Manual               FIND(1)

NAME
     find – walk a file hierarchy

SYNOPSIS
     find [-H | -L | -P] [-EXdsx] [-f path] path ... [expression]
     find [-H | -L | -P] [-EXdsx] -f path [path ...] [expression]

DESCRIPTION
     The find utility recursively descends the directory tree for each path
     listed, evaluating an expression (composed of the "primaries" and
     "operands" listed below) in terms of each file in the tree.

     The options are as follows:

     -E      Interpret regular expressions following the -regex and -iregex
             primaries as extended (modern) regular expressions rather than
             basic regular expressions (BRE's).  The re_format(7) manual page
             fully describes both formats.

     -H      Cause the file information and file type (see stat(2)) returned
             for each symbolic link specified on the command line to be those
             of the file referenced by the link, not the link itself.  If the
 :
```

圖 5-3　find 指令說明

　　除了簡單改變檔案型態的隱藏資訊方式外，還可以利用多媒體檔案編碼方式將重要資訊藏在多媒體檔案中，且檔案大小不會有任何改變。在 Unix 系統下有很多工具都可達到資訊隱藏的目的，如 OutGuess 或 StegHide 等。尤其是 StegHide 的功能最佳，支援的檔案格式最多，如圖 5-4 所示。如遇犯罪證據可能遭上述方法隱藏時，鑑識人員可以用相關的偵測技術與工具，如 Stegdetect，可以偵測出是否有資訊隱藏在 JPEG 檔中，如圖 5-5 所示。

```
┌──(root㉿r0env)-[~]
└─# steghide
steghide version 0.5.1

the first argument must be one of the following:
 embed, --embed         embed data
 extract, --extract     extract data
 info, --info           display information about a cover- or stego-file
  info <filename>        display information about <filename>
 encinfo, --encinfo     display a list of supported encryption algorithms
 version, --version     display version information
 license, --license     display steghide's license
 help, --help           display this usage information

embedding options:
 -ef, --embedfile       select file to be embedded
  -ef <filename>        embed the file <filename>
 -cf, --coverfile       select cover-file
  -cf <filename>        embed into the file <filename>
 -p, --passphrase       specify passphrase
  -p <passphrase>       use <passphrase> to embed data
 -sf, --stegofile       select stego file
  -sf <filename>        write result to <filename> instead of cover-file
 -e, --encryption       select encryption parameters
  -e <a>[<m>]|<m>[<a>]  specify an encryption algorithm and/or mode
  -e none               do not encrypt data before embedding
 -z, --compress         compress data before embedding (default)
  -z <l>                 using level <l> (1 best speed...9 best compression)
 -Z, --dontcompress     do not compress data before embedding
 -K, --nochecksum       do not embed crc32 checksum of embedded data
 -N, --dontembedname    do not embed the name of the original file
 -f, --force            overwrite existing files
 -q, --quiet            suppress information messages
 -v, --verbose          display detailed information

extracting options:
 -sf, --stegofile       select stego file
  -sf <filename>        extract data from <filename>
 -p, --passphrase       specify passphrase
  -p <passphrase>       use <passphrase> to extract data
 -xf, --extractfile     select file name for extracted data
```

圖 5-4　StegHide 使用說明

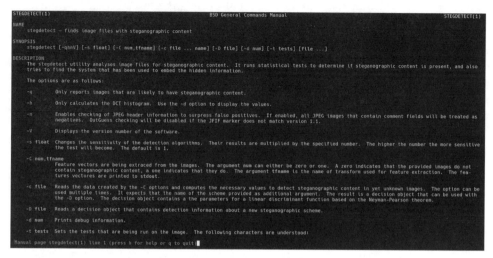

圖 5-5　Stegdetect 使用說明

除了存在系統內正常檔案的搜索外，被刪除的檔案、剩餘空間、未分割空間或 Swap 檔等也是重要的數位證據資訊來源。鑑識人員可以使用 Hex 編輯程式去讀取這些空間中所殘餘的資料，再利用其他工具把重要資料擷取出來。使用圖形介面的 Hex 編輯工具較容易上手，如 Jed 圖 5-6 所示。

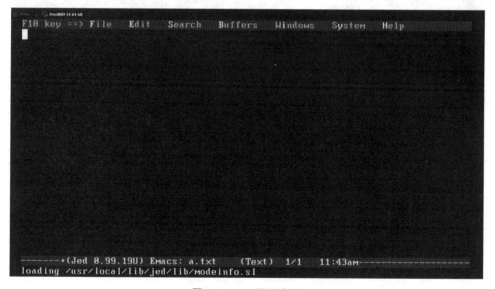

圖 5-6　Jed 使用介面

5.2.3 主機偵查技術

當鑑識人員進行現場鑑識時，在現場所有主機不會都是關機的狀態，經常會遇到犯罪行為正在進行，因此我們不應立即執行關機程序以停止其犯罪行為，以避免造成資訊的流失，而是立即進行偵查分析的工作，以確認犯罪事實的發生；這樣的舉動，雖然可能會破壞原始證據的完整性，但數位鑑識本來就不可能保證在執行過程完全不影響到原始證據，所以鑑識人員應該適度地去維護證據完整性，以不影響分析結果為原則去分析證據。在這個原則下，現場鑑識的工作可以去監看主機運作的程序，了解目前正在執行的程式，或是觀察網路運作情形，以發現主機對外網路的連線狀況。

鑑識人員可以使用 ps 指令去監看系統上正在執行的所有程序，以觀察系統運作情形。ps 指令如圖 5-7 所示。

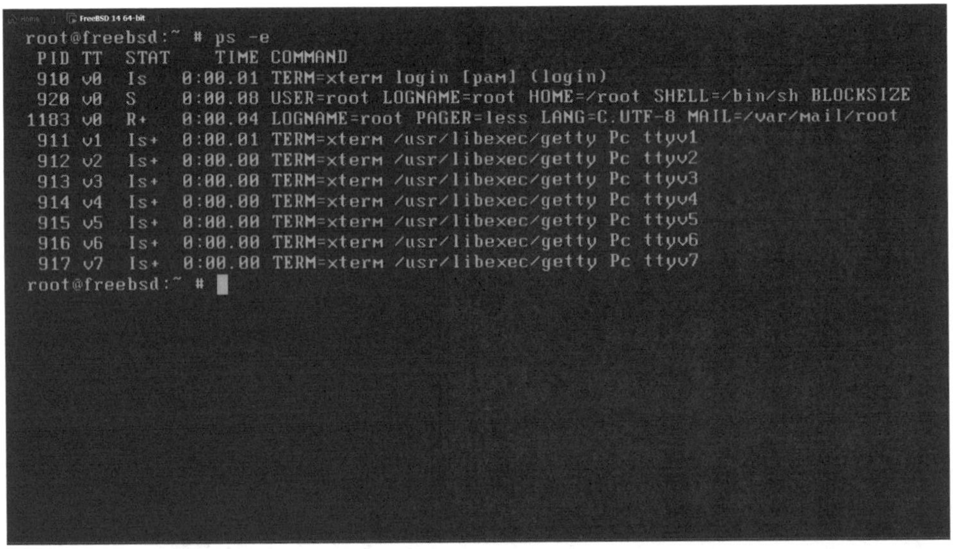

圖 5-7　ps 指令

除了正在開啟的程序外，也可以用 lsof 去看在系統中已開啟的檔案。lsof 指令如圖 5-8 所示。

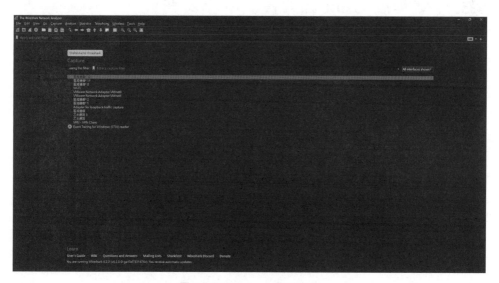

```
root@freebsd:/dev # lsof
COMMAND      PID  USER   FD     TYPE         DEVICE   SIZE/OFF     NODE NAME
kernel         0  root   cwd    VDIR         0,108        512        2 / (/dev
/gpt/rootfs)
kernel         0  root   rtd    VDIR         0,108        512        2 / (/dev
/gpt/rootfs)
init           1  root   txt    VREG         0,108    1221056      107 /sbin/i
nit (/dev/gpt/rootfs)
init           1  root   cwd    VDIR         0,108        512        2 / (/dev
/gpt/rootfs)
init           1  root   rtd    VDIR         0,108        512        2 / (/dev
/gpt/rootfs)
dhclient     406  root   txt    VREG         0,108     118136      116 /sbin/d
hclient (/dev/gpt/rootfs)
dhclient     406  root   cwd    VDIR         0,108        512        2 / (/dev
/gpt/rootfs)
dhclient     406  root   rtd    VDIR         0,108        512        2 / (/dev
/gpt/rootfs)
dhclient     406  root    0u    VCHR         0,20         0t0       20 /dev/nu
ll (devfs)
dhclient     406  root    1u    VCHR         0,20         0t0       20 /dev/nu
ll (devfs)
dhclient     406  root    2u    VCHR         0,20         0t0       20 /dev/nu
ll (devfs)
[freebsd][                   (0* sh)                  ][03/23/24  1:09 PM]
```

圖 5-8　lsof 指令

在網路狀態方面，鑑識人員可以使用 Wireshark 或是 IPtraf 去捕捉及過濾封包，檢視網路封包傳遞情形。Wireshark 圖形介面如圖 5-9 所示。IPtraf 圖形介面如圖 5-10 所示。

圖 5-9　Wireshark 圖形介面

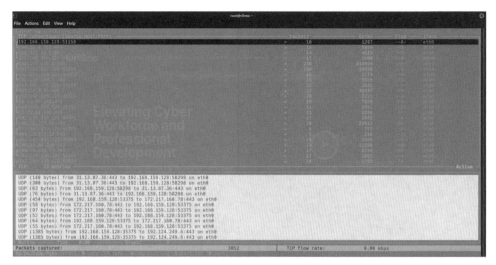

圖 5-10　IPtraf 圖形介面

5.3 Unix 檔案系統

5.3.1 檔案為 Unix 儲存資料的基本單元

　　基本上，Unix 中的檔案為檔案系統的基礎架構，不同的檔案存著不同的系統資訊，也是提供我們有效率地分類資訊的方式。檔案可以存放任何資訊，例如：裝置資訊、分割區、程式資訊、系統設定及啟動資訊等，不像 Windows 作業系統把裝置視為一個硬體，在 Unix 作業系統中，一律都把各種資訊看作檔案。除此之外，在 Windows 作業系統中，目錄的最上層是磁碟機；而在 Unix 作業系統中，目錄的最上層為 root，也就是檔案系統的最頂層。在 root 之下有著各式各樣的檔案，一層一層地組成了樹狀結構的檔案系統，如圖 5-11 所示。

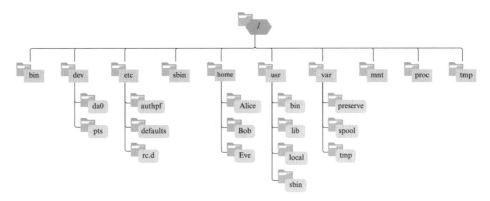

圖 5-11　Unix 檔案系統樹狀結構

5.3.2 Unix 的基本檔案類型

Unix 有以下五種檔案類型：

一、一般檔案

一般而言，資訊都會存在一般檔案裡，像是文字檔及程式等，可以進行建立、修改或刪除的動作。

二、目錄

提供了管理檔案的架構，可以更有次序地存放檔案。目錄可以放置一些檔案並且包含其下所放置檔案的屬性。

三、連結檔

連結檔是檔案的另一個存取途徑。主要的好處是可以節省檔案空間並且能讓不同使用者分享同一個檔案，不會有檔案不一致的情況。假使沒有連結檔，當兩個使用者要使用同一個檔案時，必須分別複製同一個檔案；但有一名使用者修改了檔案時，另一名使用者可能不知道，檔案不一致的問題就會發生。所以我們使用連結檔就可以解決這個問題。

四、符號連結檔

既然有連結檔了，那為什麼還需要符號連結檔？因為連結檔不能應用在目錄上，而且也無法使用在不同電腦。連結檔只能針對檔案使用，但這些連結檔無法解決的問題可以使用符號連結檔來解決。符號連結檔可以設定檔案或目錄的另一個存取途徑，並且可以在不同檔案系統中出現。因此便可以透過網路連接到不同電腦使用檔案或目錄。

五、特殊檔案

特殊檔案指的是系統連接到的實體裝置，可能是一個印表機、終端機或是一顆硬碟，Unix 將這些設備視為檔案，可以用來讀取或寫入。

5.4 結語

電腦犯罪日益嚴重的今日，不只有 Windows 系統為犯罪主體，利用 Unix 作業系統進行的犯罪也節節升高。在這樣的環境下，Unix 鑑識工具在 Unix 系統環境下的確是扮演著一個重要的角色。在未來倘若 Unix 的犯罪持續增加時，Unix 鑑識的重要性將會與日俱增。可能不僅會使用以上所介紹的工具，還可能搭配其他 Unix-base 的檔案系統分析工具、網路分析工具、密碼破解工具等軟體一起使用。藉由本文的 Unix 系統主機偵查，可讓相關人員對於實際偵查工具應用有更多的體會，並熟悉相關工具的運用與操作，期望能透過本章的介紹，藉此提高偵查效率與強化偵查手段，達到防制犯罪的目的，提供更安全的電腦與網路使用環境。

問題與討論 🔍

1. 試說明 Unix 系統發展起源。

2. 證據蒐集技術有哪些，試詳述。

3. 試舉出可進行資訊隱藏的工具。

4. 試舉出可偵測資訊隱藏的工具。

5. Unix 系統有幾種檔案類型？分別是哪些？

Note

6
CHAPTER

Linux 鑑識工具

導讀

資安犯罪事件發生時,除了須遵循一定之電腦鑑識步驟,以防止其取得之證據失去法律效力,更要清楚地了解在面對不同的犯罪型態或不同作業平台所應該使用的電腦鑑識工具。與 Unix 系統主機調查不同之處在於,本章是以目前流行且常見的 Linux 作業系統為主,針對 Linux 系統可用的鑑識工具,做更深入且實用的探討。藉此讓讀者對於 Linux 系統鑑識有更深的了解,並以目前流行的系統為對象,做相關的操作學習。如此一來,便能對電腦鑑識領域,有能有更上一層樓的學習與得以實務發揮。

前言

資安事件的發生，在第一時間必須對資料／證據進行最有效的收集。依現場所遺留的電腦系統與環境，使用不同之電腦鑑識工具來支援。電腦鑑識在不同的步驟／作業系統中，有著各種不同的工具供操作使用，因此有熟悉與技術支援了解的必要，如此才能掌握與犯罪事實相關的資料或證據。若無法適時取得並掌握取得證據的先機，將大幅增加鑑識作業的複雜度。如果能事先了解所使用的鑑識工具，對作業系統指令與技術的操作，不但可以降低鑑識工作之複雜度，同時，在進行前置準備工作部分也將更為迅速。

目前，在根據 W3techs 於 2024 年 4 月的統計，全球各地的伺服器中有 8 成 (84.4%) 是使用 Linux 或 Unix-Like 系統。多年來一直深受好評，許多的程式設計人員開發的自由軟體更是架構於 Linux 之上。所以，為了能進行數位鑑識，了解 Linux 系統便是關鍵的知識。所幸一般的 Linux 系統都有許多便利且易用的工具程式，大部分都是開源軟體。

現今 Linux 分支版本頗多，有 Red Hat、Mandriva、Fedora、Debian、Gentoo、Ubuntu 及 Centos 等。各有各的支持者，也不易相互比較其功能。而本章是以 Fedora 為介紹範例，但以下所提到的指令，在其他的系統多也有相對應的指令，相信不會讓讀者造成在操作不同 Linux 系統時的困擾。另外在各作業系統的相關鑑識工具方面，本章亦提供基本的討論，使得在熟悉一般作業系統後，能於第一時間迅速採用最適合的鑑識工具進行數位證據蒐證工作。

6.1 Linux 的系統工具

一、系統狀態檢查工具

系統中的數位證據具有高揮發性和脆弱性，為了避免破壞重要證據以及有效掌控系統狀態，鑑識人員必須了解如何運用工具指令，顯示出目前系統狀態，以維護證據之完整性。

（一）系統程序的觀察

當一台可疑電腦在運作時，鑑識人員必須先了解此時電腦上正在執行的工作，判斷若關閉電源是否會影響到電腦，造成系統損壞或是重要檔案遺失，再決定是否要關機還是要維持原樣。因此，我們可以利用以下指令工具觀察系統程序：

1. **iostat**：顯示 CPU 與硬碟使用相關的統計訊息。

2. **ps**：查看系統程序運作狀態，用於顯示系統執行的程序與相關的訊息。通常會配合 -a（終端機上所有行程）、-u（顯示帳號）與 -x（包含不由終端機控制的行程）等參數來使用。

3. **top**：顯示的訊息同 ps 接近，但是 top 可以了解到 CPU 使用情形，可以根據使用者指定的時間來更新顯示，並可依使用者指定以行程編號（PID）或 CPU 使用率來排序。

4. **strace**：這個工具可用來追蹤某個程序執行時對系統所進行的程序呼叫與訊號，可用來判斷程式執行時的行為，藉此決定是否是正常的程式。

（二）查看目前網路狀態

為了確定這台電腦是否正遭受攻擊或是有資料外洩的疑慮，鑑識人員必須了解電腦的網路狀態。可以使用 netstat 顯示目前網路連線狀態與可連線的通訊埠，查看網路狀態。

（三）檢查系統資源

鑑識人員可以使用 free 了解記憶體狀態，判斷並分析是否有大量的程序正在進行，以察覺系統是否有異狀。此外，還可以利用 uname 去查看目前 Linux kernel 所使用的版本、主要硬體平台和 CPU 類型等資訊，確實了解電腦狀況。如果想要快速查看記憶體或 CPU 等系統活動，可以使用 vmstat。

在 Linux 剛開機時，會有很多的訊息出現，這些訊息是有關硬體的測試與驅動，這些資訊對於了解系統硬體與驅動程式的運作情形有很大的幫助，因此可以使用 dmesg 來觀看這些資訊。

在可允許的範圍內，我們可以安裝 sar 去分析系統。sar 是一個系統性能分析工具，且資料是保存一段時間的內容，因此可以查看過去的訊息。可以配合 -u 1 3（每 3 秒檢測，顯示 3 次平均值）參數來立即進行檢測。

（四）發現正在開啟的檔案

lsof 可以顯示系統當前打開的所有檔案。由於 Linux 系統的所有東西幾乎都可以看作是檔案，因此 lsof 也顯示了系統狀態中有重要意義的內容。

二、磁碟與檔案工具

系統檢測正常之後，鑑識人員可以選擇進行製作映像副本或是找尋特定的檔案。

（一）製作映像副本

dd 是一個優良的磁碟備份工具，可將磁碟資料備份成映像檔案。此程式的特別之處在於可進行 Bit by Bit 的複製，完整複製磁碟狀態。

（二）尋找檔案

在尋找檔案時，我們可以先利用 file 判斷檔案的格式，並搭配 find 在檔案系統中尋找指定的檔案或字串，find 可使用正規表示式做多項規則的尋找。如果要尋找特殊格式的檔案內容，可以用 grep 按照使用者指定的格式查詢檔案內容，也可使用正規表示式。

雖然 find 很好用，但因為從根目錄開始搜索的特性導致其所花費的時間成本較高，此時 whereis 就會是很好用的指令工具，可以搭配相關參數，快速找到指定的檔案。如果要找系統指令的位置則可以使用 which，例如 which ls，系統會優先查找指令目錄並返回第一個找到的搜索結果。

當要檢視內容時，可以用 less 按頁顯示文件內容。如果不喜歡這個檔案的格式，我們可以用 od 以使用者指定的格式輸出檔案內容。Od 指令可讓使用者以 8 進位或 16 進位格式來檢視檔案。若要在二進位檔案中尋找可判讀的字元，鑑識人員可以使用 strings 顯示檔案中的 ASCII 字元串。

三、系統檢測與初始應變

本章中所提供的工具都可在使用者模式下執行。但如果攻擊者使用 Rootkit 工具來替換系統上主要的執行檔，那麼這些工具就會受到影響，尤其是 Rootkit 會替換掉常用的程式如 ls、ps 及 top 等。如利用 Rootkit 將指令 ls 的行為替換成 rm -rf /，一旦使用者執行 ls 即會將系統資訊刪除，而且管理者使用這些程式時完全無法察覺攻擊程式或後門程式的存在。因此，我們在進行鑑識時，就有需要將資料離線儲存在安全的系統中進行分析，而且在確定系統尚未遭到入侵前，應避免使用系統中的程式來進行鑑識。

當面對可能遭受入侵或是使用者濫用網路資源等事件時，在進行蒐證程序前，會需要記錄下即將操作的情形。在電腦指令中，可以透過 script 這個指令來建立輸入的所有指令清單，並配合 uname 確認所檢查的主機資料，以及使用 date 指令確認進行時間。接下來，則是進行對系統的檢測。這個階段，可以先透過 vmstat、mpstat 或 sar 等工具程式先查看系統資源狀況。如果發現系統資源有過度被使用，或是有其他的可疑情況，便必須進行更深入的檢測，同時要也查看一下 crontab 與 at 是否有不明的工作被排入系統行程。

另一方面，亦可用 who 指令查看是否有人正在線上，再使用 top 來查看什麼樣的程式正在佔用系統資源，如在圖 6-1 中，就可發見 john 程式佔用了 91.3% 的 CPU 資源。

```
                                                          johnson@Peter-Ubuntu: ~
top - 17:56:08 up  4:15,  1 user,  load average: 0.58, 0.21, 0.06
Tasks: 187 total,   5 running, 182 sleeping,   0 stopped,   0 zombie
%Cpu(s):  7.2 us,  3.4 sy, 89.4 ni,  0.0 id,  0.0 wa,  0.0 hi,  0.0 si,  0.0 st
MiB Mem :   1964.1 total,     86.2 free,    875.8 used,   1002.1 buff/cache
MiB Swap:   1162.4 total,   1160.9 free,      1.5 used.    903.5 avail Mem

  PID USER      PR  NI    VIRT    RES    SHR S  %CPU  %MEM     TIME+ COMMAND
14362 root      39  19    3516   2496   2192 R  91.3   0.1   0:41.09 john
 1526 johnson   20   0 3739824 342608 141716 R   3.9  17.0   0:53.90 gnome-shell
 1169 johnson   20   0  305860 115080  66448 R   2.9   5.7   0:29.64 Xorg
 1933 johnson   20   0 1045596  65920  48084 R   1.9   3.3   0:14.70 gnome-terminal-
    1 root      20   0  102828  11572   8384 S   0.0   0.6   0:01.88 systemd
    2 root      20   0       0      0      0 S   0.0   0.0   0:00.00 kthreadd
    3 root       0 -20       0      0      0 I   0.0   0.0   0:00.00 rcu_gp
    4 root       0 -20       0      0      0 I   0.0   0.0   0:00.00 rcu_par_gp
    5 root       0 -20       0      0      0 I   0.0   0.0   0:00.00 slub_flushwq
    6 root       0 -20       0      0      0 I   0.0   0.0   0:00.00 netns
    8 root       0 -20       0      0      0 I   0.0   0.0   0:00.00 kworker/0:0H-events_highpri
   10 root       0 -20       0      0      0 I   0.0   0.0   0:00.00 mm_percpu_wq
   11 root      20   0       0      0      0 S   0.0   0.0   0:00.00 rcu_tasks_rude_
   12 root      20   0       0      0      0 S   0.0   0.0   0:00.00 rcu_tasks_trace
   13 root      20   0       0      0      0 S   0.0   0.0   0:00.38 ksoftirqd/0
   14 root      20   0       0      0      0 I   0.0   0.0   0:01.64 rcu_sched
   15 root      rt   0       0      0      0 S   0.0   0.0   0:00.18 migration/0
   16 root     -51   0       0      0      0 S   0.0   0.0   0:00.00 idle_inject/0
   17 root      20   0       0      0      0 I   0.0   0.0   0:11.31 kworker/0:1-events
   18 root      20   0       0      0      0 S   0.0   0.0   0:00.00 cpuhp/0
```

圖 6-1　john 程式資源使用

　　為了了解這樣的資源佔用情況是從何時開始，可使用 sar 指令來進行查看，sar 指令可顯示每一段時間的 CPU 使用率。接著再使用 ps 指令來查看是哪些行程在執行，配合 top 找出正在被執行的程式。

```
root       873 95.8  0.7  7084 5828 pts/0     R    21:29   0:30 john
--incremental passlist
root       887  0.0  0.0  4580  692 pts/1     S    21:30   0:00 grep john
```

　　接下來則是使用 lsof 這程式來進行分析。lsof 一般比較不會被 Rootkit 所替換，是鑑識時比較值得信任的程式。例如，使用 lsof -p 873，就可發現這個 pid 為 873 的 john 程式開啟 john.log、john.pot、all.chr 等檔案。

```
COMMAND  PID USER    FD   TYPE DEVICE    SIZE    NODE NAME
john     873 root    cwd  DIR  3,2       4096 4506063 /root/prog/john-
1.7.0.2/run
john     873 root    rtd  DIR  3,2       4096       2 /
john     873 root    txt  REG  3,2     167632 4506523 /root/prog/john-
1.7.0.2/run/john
john     873 root    mem  REG  3,2     106896  524291 /lib/ld-2.3.2.so
john     873 root    mem  REG  3,2    1572476 4292614 /lib/tls/libc-2.3.2.so
john     873 root    0u   CHR  136,0               2 /dev/pts/0
john     873 root    1u   CHR  136,0               2 /dev/pts/0
john     873 root    2u   CHR  136,0               2 /dev/pts/0
john     873 root    3w   REG  3,2       87383 4506528 /root/prog/john-
1.7.0.2/run/john.log
john     873 root    4w   REG  3,2           0 4506529 /root/prog/john-
1.7.0.2/run/john.pot
john     873 root    5r   REG  3,2      341064 4506518 /root/prog/john-
1.7.0.2/run/all.chr
john     873 root    6uW  REG  3,2         101 4506530 /root/prog/john-
1.7.0.2/run/john.rec
```

四、檔案相關工具

接下來，將利用檔案工具來檢測系統是否遭到入侵。在這裡必須強調的是，這些工具都應只在唯讀媒體中執行，或是在實驗室中進行離線分析或在獨立的網段中檢測。使用唯讀媒體可以確認這些工具不會被更改，同時也必須注意的是，執行這些工具時必須使用完整的路徑，例如：mnt/cdrom/bin/ls，而不能僅輸入ls，這樣可以避免 Rootkit 已替換了這些程式。

（一）檢驗檔案驗證碼

在 Linux 上，有一些已存在的指令可用來比較當前系統安裝的套件，例如：rpm –Va。Red hat 的 linux 系統所用的套件管理工具為 rpm，rpm 本身就能用RFC2440（OpenPGP）來依據簽章驗證透過 rpm 安裝的套件，如使用「rpm -V套件名稱」來檢驗特定的套件，或是用「rpm -Va」來檢驗全部已安裝的套件。如果想獲得詳細的資料，可以加上參數 -v 來顯示更詳細的訊息，這指令可以幫助鑑識人員檢查攻擊者所作的任何改變。

檢驗套件工具執行結果如圖 6-2 所示：

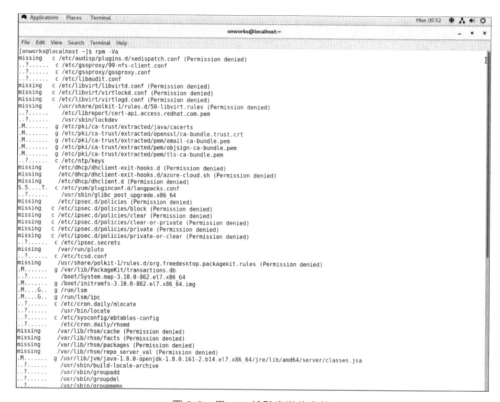

圖 6-2　用 rpm 檢驗安裝的套件

檢驗的結果可由代碼得知，意義如下：

1. **.**：測試通過。

2. **?**：測試無法執行。

3. **5**：MD5 值改變。

4. **M**：檔案的讀寫執行權限（rwx）改變。

5. **S**：檔案大小改變。

6. **L**：符號連結（Symbolic link）改變。

7. **T**：修改時間（Modification time, mtime）改變。

8. **D**：設備（device）改變。

9. **U**：用戶改變。

10.**G**：群組改變。

11.**missing**：文件喪失。

　　比較當前系統上安裝套件的資料庫對檢驗入侵很有幫助。但是，如果系統被使用者修改太多的話，進行檢驗就會不容易察覺入侵後的竄改行為。因此，若是系統上裝有另外的系統檢驗工具如 Tripwire 的話，就可將現有系統與原本使用 Tripwire 進行的 Hash 資料庫進行比對，藉以確定現有系統與上次建立 Hash 資料庫時程式的差異。但可惜的是，Tripwire 並非是 Linux 的預設套件，一般使用者並不會安裝這一類的軟體。

　　因此，若系統並未安裝可檢測軟體完整性的工具，我們就需要建立起相同的系統，並以 md5sum、sha1sum 或是 openssl 等指令下的 Hash 函數操作來檢測系統軟體，藉 Hash 所產生的 Digest 可比對相同環境下的軟體，是否已受到修改，如圖 6-3 所示。

　　Digest 的檢驗結果如下：

圖 6-3　檢驗檔案的 Digest（Hash Code）

（二）搜尋特定檔案

在進行電腦鑑識時，會需要尋找系統中的某些檔案，因此可以使用 find 指令來完成這項工作。Find 是一個可尋找檔案或目錄的工具，它的好用之處在於可配合許多的參數與正規表示式來進行多項條件的搜尋工作。然而，find 指令在尋找時也會耗用不少 CPU 資源。因此，若還有其他重要工作在執行，就不宜使用 find 這個指令。

接下來，說明 find 指令的用法。首先，如要在 home 目錄下尋找檔名為 avatar.txt 的檔案，其指令為：

```
find /home -name avatar.txt
```

若是不確定所要尋找的檔案正確名稱，只知道部分名稱，也無法確定是否為大小寫時，可以使用以下的指令來尋找 home 目錄下，以 avatar 開頭的目錄或檔案名稱，不論大小寫：

```
find /home -iname avatar*
```

若假設已知檔案名稱第一個字為 a，第二個字為數字，其餘不確定。這時可以用以下的指令來找：

```
find /home -name a[0-9]*
```

若是系統有疑似遭受入侵時，也可以藉此方法來尋找近期有更動的檔案，指令如下：

```
find /etc -ctime -1                 此為尋找最近 1 天有更動的檔案
find /var/spool/mail -mmin -5       此為尋找最近 5 分鐘內有更動的檔案
```

了解這些基本的使用後，還可以用 find 來找尋一些特別的檔案，例如擁有 SUID 或 SGID 的檔案。

在 Linux 中，擁有檔案的權限可分為使用者與群組，操作檔案的權限有讀取、寫入與執行。此外還有一些特別的權限如 SUID 與 SGID。這兩個特別權限主要在於多人共用時，有些檔案會需些更高權限的人來進行操作，所以給予低權限者在執行特定工作時，可以擁有較高的權限。例如更改密碼是管理者的權限，但為了方便使用者使用，所以更改密碼的程式 passwd，就會提供有 SUID 屬性，讓使用者在改密碼時可以得到 passwd 這個程式的擁有者（Root）的權限來改密碼。而當小組共同工作時，就可能會用到 SGID 這個屬性，好讓小組成員對小組所屬的檔案進行操作。然而，這個特別的屬性也常見於駭客植入的木馬程式上，好讓駭客可以透過執行木馬程式來操作原本只有系統管理者才能使用的檔案。因此，可用以下的指令來協助找出這些可疑的檔案：

```
find / -perm -2000 -ls          尋找屬性有 SUID 的檔案並以 ls 指令顯示
find / -perm -4000 -ls          尋找屬性有 SGID 的檔案並以 ls 指令顯示
```

透過檔案搜尋工具的使用，可以讓我們在找出可疑檔案時能夠事半功倍。

（三）建立映像備份檔

在 Linux 建立檔案系統映像最常用的指令是 dd。dd 指令可按位元從輸入媒體中讀取，並保存在輸出的檔案中。

在使用 dd 來製作檔案系統映像之前，可以先用工具建立需要檔案系統映像的 Hash。假設在 Linux 平台上要建立 /dev/hda 的映像，可以運作 md5sum /dev/hda，然後開始使用 dd。dd 完成後，再對保存的映像檔運行相同 md5sum 程式。如果這些值不相符，就必須檢查為什麼出現了差異。

當選擇工具來建立蒐證映像檔的時候，所選用的工具必須能夠精確反映建立磁碟映像時磁片的真實狀態。在製作檔案系統映像檔時，必須了解工具的作者是怎麼去處理所謂的映像檔。可以用下面方法進行測試：

1. 離線測試電腦的檔案系統。

2. 對包含檔案系統的設備，執行 md5sum 或者執行 SHA1。

3. 用工具製作映像檔。

4. 對映像檔執行 md5sum 或者 SHA1。

5. 如果檢驗出的 Digest 不相符，那麼就不要在蒐證中使用該項工具。

（四）檢查檔案內容

檢查文字檔的工具主要有 cat、more 與 less。其中 less 最常被使用，因為 less 指令除了檢視文字檔內容外，還提供有「上一頁」、「下一頁」的功能。此外，若已知所要尋找的關鍵字，也可以透過 grep 來進行。

但如果是遇到本章中所提到的 john 程式檔，使用檢視文字檔的工具來看的話就會是亂碼。因此，可以使用 file 指令檢查檔案，確定了檔案為 ELF 可執行檔後，則使用 strings 或是 od 這個指令來檢視檔案內容。其中 strings 可以顯示出程式檔中可被列出的部分，如圖 6-4 所示。而 od 則可以 16 進位模式來顯示程式內容，這可用來檢查或尋找程式中的特徵值，這些程式對於檢測不明程式非常有用。

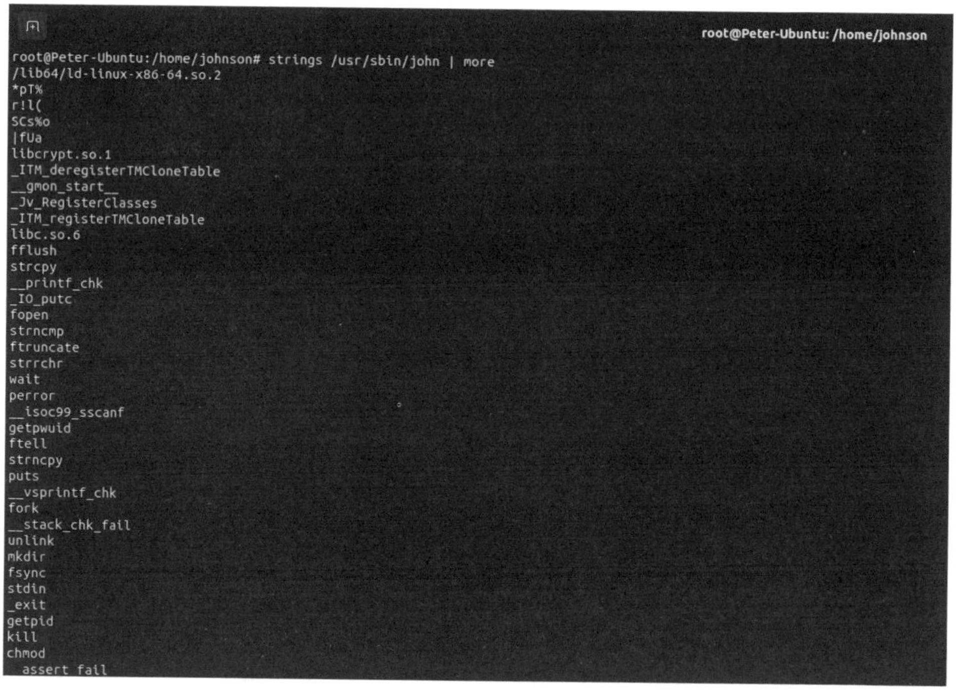

圖 6-4　以 strings 檢視 john 程式

五、系統記錄檔

在 Linux 下的目錄結構是遵循 FHS 標準（File-system Hierarchy Standard）。根目錄為「/」，其他的目錄都在根目錄下，即使是在不同的儲存媒體中，還是依循此一架構，常見的目錄與功用如表 6-1 所示：

表 6-1　Linux 常見的目錄與功用

目錄	說明
/bin	放置主要的指令，如：ls、cat 等。
/boot	開機檔案。
/dev	設備檔。在 linux 中，每項設備都以檔案表示。如軟碟為 /dev/fd0，SCSI 硬碟為 /dev/sda。
/etc	系統與軟體的設定檔。包括帳號檔 /etc/passwd 與密碼檔 /etc/passwd。
/home	各個使用者的目錄都在此目錄下。
/lib	系統主要的函式庫。
/mnt 或 /media	可供使用的掛載點，通常會有 floppy 與 cdrom。
/opt	應用程式的放置區。
/proc	系統開機後才建立的設備訊息，包括 CPU 與記憶體等資料。
/root	管理者（root）的家目錄。
DA/sbin	放置系統管理的工具，如：init。
/tmp	暫存目錄。
/usr	系統另一個存放資料的地方。
/usr/bin	提供給使用者的執行檔。
/usr/doc 或 /usr/share/doc	系統或套件的說明檔文件多放置於此。
/usr/lib	提供給使用者的函式庫。
/var	此目錄下放置的多為常變動的資料。
/var/log	系統記錄檔放置區。
/var/mail 或 /var/spool/mail	電子郵件帳號儲存區。
/var/www	網站資料放置區。

Linux 系統中，許多運作的過程與結果都會存到系統本身的記錄檔中，透過檢視記錄檔可了解系統的運作、網路服務執行狀況與使用情形。因此，在鑑識 Linux 主機時，記錄檔也佔了重要的一環。Linux 系統中，除了系統本身的記錄檔外，許多套件都會在 /var/log 目錄下有對應的記錄檔。除非是自行以 tarball 安裝的套件，可能會隨套件安裝到 /usr 或 /usr/local 目錄，其他的記錄檔多存在 /var/log 目錄之下。常見的記錄檔如下：

1. **/var/log/lastlog**：記錄每個使用者最近登入系統的時間。因此當使用者登入時，就會顯示其上次登入的時間。此檔可用 /usr/bin/lastlog 指令讀取。

2. **/var/run/utmp**：記錄目前登入系統使用者（仍在線上）資訊。包括使用者名稱、使用 tty（終端機）、login（登入）系統時間、由何處 login 系統、使用 CPU 狀況及目前正在執行之程式。who,users,finger 等指令可查詢這個檔案。

3. **/var/log/wtmp**：記錄使用者 (過去及目前) 何時由何處進入系統、停留多久及系統開關機時間等訊息。last 這個指令可查詢這個檔案。這個檔案也記錄 shutdown（關機）及 reboot（重新開機）的動作。

4. **/var/log/secure**：記錄哪些站台連線進來、哪些位址連線失敗，以及登入系統後存取的檔案。pop3,ssh,telnet,ftp 等都會記錄在此檔案中。

5. **/var/log/maillog**：記錄電子郵件寄收信訊息，包括 sendmail、postfix 及 pop3 等與電子郵件收發相關的訊息。

6. **/var/log/cron**：記錄 crontab 排程工作的相關訊息。

7. **/var/log/dmesg**：記錄開機時的訊息，可用 /bin/dmesg 將這個檔案顯示出來。

8. **/var/log/xferlog**：ftp 伺服器存取檔案記錄，包括來源 IP、時間與存取的檔案名稱。

9. **/var/log/messages**：包含了系統大部分的訊息。包括帳號登入、密碼檢查等。

10. **/var/log/httpd/access_log**：通常做為 Apache web server 的存取記錄檔，包括連線時間、IP、所瀏覽的頁面等記錄。

這些系統的訊息與對應的檔案設定，主要是透過 syslogd 程式與 /etc/syslog. conf 設定檔來進行控制，而且這些記錄檔不一定要直接存在本機上，可另外存到 log 伺服器以更一步整合管理並保護記錄檔不會因系統問題而遺失。此外，由於這些記錄檔包含了系統上許多的資訊，一般來說只有最高權限者（Root）才有權檢視這些記錄檔。若駭客尚未能取得最高權限，就還可以在記錄檔中發現到駭客的蹤跡。相對地，若駭客已成功入侵系統，這些記錄檔也會是必摧毀目標之一。

6.2 Linux 的密碼破解工具

在 Linux 中，密碼破解工具並不如微軟多，主要最常見的就是 John the Ripper（以下簡稱 JR），也就是在本章中一開始介紹用系統工具所檢測到的程式。這個程式在 Linux 最主要是用來破解系統的帳號密碼，也就是針對 /etc/passwd 與 /etc/shadow 這兩個檔案。

JR 提供了四種破解模式：

1. 「簡單」破解模式（**Single Crack**）：針對部分使用者以帳號作為密碼，或是使用英文名字做為密碼。JR 會去讀取帳號檔中的帳號名稱及全名，並配合加上一些常見的變化，例如把英文字母 O 以 0 代替，或是加上一些數字。因此，使用者密碼若是設定過於簡單，就會很快被破解。

2. 「字典檔」破解模式（**Wordlist Mode**）：在字典檔模式下，要先準備一份文數字列表給 JR 使用。這一份文數字列表多為常見的密碼組合，一般來說就是指字典中查得到的字，用這一份資料所為 JR 的字典，可以快速破解喜歡用有意義的英文單字做為密碼的使用者帳號。

3. 「增強」破解模式（**Incremental Mode**）：增強模式就是所謂的暴力破解法。JR 會自動嘗試所有可能的文數字組合來進行破解，這也是耗時最久的方式，一般都是在簡單模式與字典檔模式均無法破解時才會使用到這種模式。

4. 「外掛」破解模式（**External Mode**）：這個破解模式就是可允許使用者自行
以 C 語言撰寫一些副程式給 JR 使用。

以下簡單介紹 JR 的使用方式。JR 的使用方式如下：

```
john [- 參數 ]    [ 密碼檔檔名 ]
```

參數：-single
說明：使用「簡單」（Single Crack）破解模式解密。

參數：-wordlist:[字典檔檔名]
說明：使用「字典檔」破解模式解密。

參數：-incremental[: 模式名稱]
說明：使用「增強」破解模式解密，就是組合所有可能的字元當作密碼來破
解。在 JOHN.INI 檔案內的 [Incremental:*****] 區域裡定義好許多的模
式名稱，可以指定使用哪一個模式來破解。

參數：-restore[: 回復檔案名稱]
說明：繼續上次中斷的解密工作。John 在執行破解密碼工作時，可以按下
CTRL+C 鍵中斷工作，而當前的解密進度情形會被存放在一個名為
「restore」的檔案內。而使用「-restore」參數，可以從「restore」檔
案內讀取上一次破解時候中斷的位置，然後接下去繼續破解。

參數：-show
說明：顯示目前已經破解出的密碼。因為 JOHN.POT 檔案內並不儲存「帳
號」資料，所以使用時應該同時輸入相對應的密碼檔。

執行結果如，如圖 6-5 所示：

```
                                                    root@Peter-Ubuntu: /home/johnson

root@Peter-Ubuntu:/home/johnson# john -test
Benchmarking: descrypt, traditional crypt(3) [DES 128/128 SSE2-16]... DONE
Many salts:     5224K c/s real, 5309K c/s virtual
Only one salt:  5013K c/s real, 5095K c/s virtual

Benchmarking: bsdicrypt, BSDI crypt(3) ("_J9..", 725 iterations) [DES 128/128 SSE2-16]... DONE
Many salts:     175308 c/s real, 177438 c/s virtual
Only one salt:  165964 c/s real, 172520 c/s virtual

Benchmarking: md5crypt [MD5 32/64 X2]... DONE
Raw:    16508 c/s real, 16810 c/s virtual

Benchmarking: bcrypt ("$2a$05", 32 iterations) [Blowfish 32/64 X2]... DONE
Raw:    878 c/s real, 1040 c/s virtual

Benchmarking: LM [DES 128/128 SSE2-16]... DONE
Raw:    66389K c/s real, 69012K c/s virtual

Benchmarking: AFS, Kerberos AFS [DES 48/64 4K]...
```

圖 6-5　John the Ripper 執行畫面

6.3　Linux 鑑識整合工具

　　為了能在 Linux 下進行鑑識工作，許多的軟體也因而被開發出來，其中最有名的為 TCT（The Coroner's Toolkit），包括各種有用的鑑識工具，如 graverobber（能夠獲取系統重要記錄）、pcat（複製執行程序狀態）、ils（列出 inode 資訊）、mactime（確認檔案 MAC 時間）及 lazarus（回復已刪除資料）等。而之後的 TSK（The Sleuth Kit）則是在 TCT 上再加以改進，讓其功能更強大；Autopsy 則是提供圖形化介面，讓鑑識工作更容易進行。而這些軟體工具結合可開機功能，可直接透過一片無須安裝的光碟就能進行鑑識，以下介紹 Live CD 鑑識工具：

一、Knoppix STD

　　Knoppix(https://www.knopper.net/knoppix/index-en.html) 為 Live CD 的 一種。Live CD 得以光碟為開機之系統，具有可直接在嫌犯電腦開機並進行電腦鑑識相關工作之優勢，而不影響原系統。STD 套件以 TCT（The Coroner's toolkit）為核心，並整合入密碼破解、防火牆及 Honey Pot 等套件，為非商業性之電腦鑑識

軟體，其中的 The Sleuth Kit 結合 Autopsy 之電腦鑑識工具，常被用於鑑識 Unix/ Unix-like 之系統，並以圖形化之介面，一步步引導使用者建立案件及鑑識者之名稱，以利於報告之產生。然而 Knoppix STD 除了其中的 The Sleuth Kit 為圖形化介面，其他如磁碟清理與密碼破解功能皆為文字介面，如同 NTI Forensic Utilities 一般，使用者最好具有 Unix/Unix-like 之使用背景，如圖 6-6 所示。

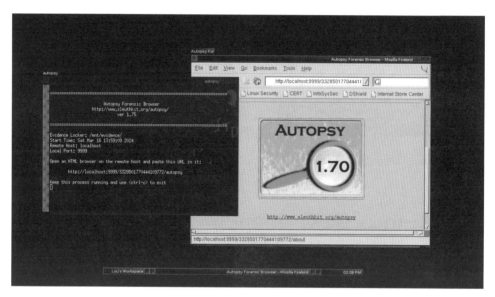

圖 6-6 　Knoppix STD 的 AutoPsy

二、Helix

Knoppix STD 雖已包括基礎的工具，但是幾乎不再更新，而且在對 Windows 系統進行鑑識也有不足之處。因此，我們可以考慮由 e-fense（http://www.e-fense. com/）這家公司所推出的另一套鑑識工具光碟 Helix，如圖 6-7 至圖 6-9 所示。做為進行事件應變的鑑識工具光碟，它特別之處在於：

1. 它不會去使用系統的置換空間（Swap Space）。

2. 它會將所掛載的磁碟自動設為唯讀。

3. 它支援 ext2、ext3、vfat、NTFS 與其他特別的檔案系統如：xfs、resier 與 jfs 等。

4. Helix 結合了許多開放原始碼的鑑識工具。

5. 可在 Windows 系統上執行。

6. 它可記錄操作過程。

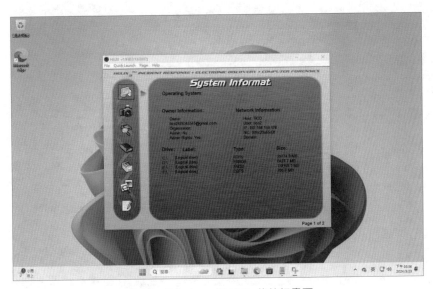

圖 6-7　Windows 下 Helix 的執行畫面

圖 6-8　Helix 的光碟開機畫面

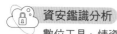

圖 6-9　Helix 以 Live CD 方式執行的畫面

三、F.I.R.E.（Forensic Incident Response Environment）

　　這是一套免費的可開機整合鑑識工具，並且可以用於現場即時鑑識處理。它可以幫助鑑識人員從一個受保護並可信賴的主機中擷取數位證據並進行分析。如果主機突然發生緊急事件，導致資料遺失，它也可以從分割區中回復資料。除此之外，還擁有病毒掃描和滲透測試的功能，所以為什麼要選擇 F.I.R.E. 當作鑑識工具，就是因為它提供了更多除了鑑識工具之外的選擇，並且也可以相容於罕見的平台，具備優異的支援性。除了有廣泛的工具可以使用外，它提供鑑識人員選單式的操作，使得鑑識人員能更容易地進行鑑識。F.I.R.E 包含的工具很多，比較知名的有：Nessus, Nmap, Ethereal, Snort, tcpdump, tct, fdisk, SSH 及 VNC 等。F.I.R.E. 如圖 6-10 至圖 6-13 所示。

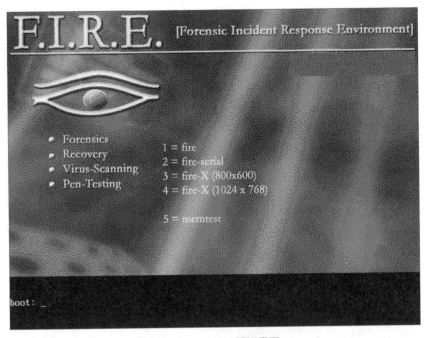

圖 6-10　F.I.R.E 開機畫面

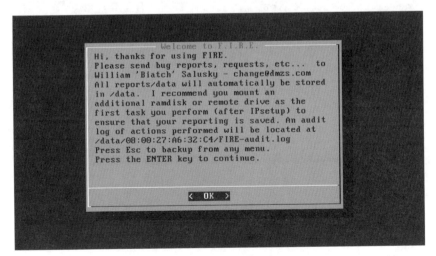

圖 6-11　進入 F.I.R.E 歡迎畫面

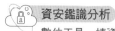

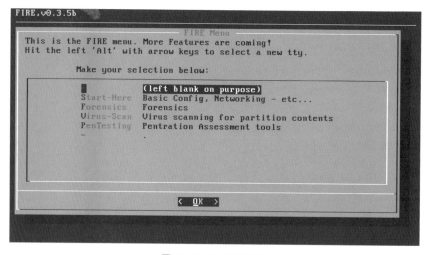

圖 6-12　F.I.R.E 選單

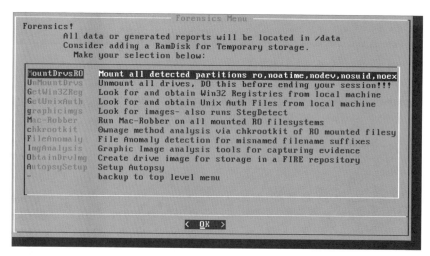

圖 6-13　F.I.R.E 鑑識工具選單

四、SMART Linux

　　SMART Linux 是專門處理資料鑑識和事件回應的 Linux 版本 Live CD 工具。SMART Linux 具有非侵入性的設計，它不會自動掛載檔案系統，也不會啟動 SWAP 掛載區。除了相關鑑識工具之外，它也有一般系統工具，可以幫助鑑識人

員順利進行工作。它能夠接受最嚴峻的法律和科技的考驗，使得數位證據能夠擁有法定證明力，並且可讓你在各種系統平台安全地進行鑑識，不需要擔心破壞證據完整性。在設定鑑識環境時，可以讓鑑識人員以低於兩分鐘的時間快速進行鑑識工作。如圖 6-14 所示。

```
smartctl 7.2 2020-12-30 r5155 [x86_64-linux-6.2.0-36-generic] (local build)
Copyright (C) 2002-20, Bruce Allen, Christian Franke, www.smartmontools.org

=== START OF INFORMATION SECTION ===
Vendor:               VMware,
Product:              VMware Virtual S
Revision:             1.0
User Capacity:        21,474,836,480 bytes [21.4 GB]
Logical block size:   512 bytes
Rotation Rate:        Solid State Device
Device type:          disk
Local Time is:        Tue Mar 12 19:39:47 2024 CST
SMART support is:     Unavailable - device lacks SMART capability.
```

圖 6-14　SMART Linux

6.4 結語

　　為了因應日益增加之電腦／網路犯罪的資安事件，鑑識人員應對即時應變的電腦鑑識工具有更深一層之認識，本章即探討如何即時應變使用電腦鑑識工具以因應不同之電腦／網路犯罪類型，並進一步探討電腦鑑識工具之適用性與分析其功能之差異。由於 Linux/Unix-Like 伺服器系統佔全球伺服器大多數，因此在進行電腦鑑識時遇到該類主機的機會極高，故本章首先探討了進行作業系統 Linux/Unix-Like 鑑識工作的基本概念與所可能會運用到的工具。此外，本章亦討論其他作業系統在鑑識工作所運用的工具，並簡單敘述使用這些工具的適當時機。無論使用何種作業系統，鑑識工具最重要的就是維持資料不受竄改，並使用受信賴於作業系統上的工具程式來進行檢驗。藉此建立有效的標準作業程序，方能幫助日後法庭上證據呈現。

問題與討論 🔍

1. Linux 的系統工具可以大略分為哪幾個部分？

2. 列出 Linux 常見的目錄與功能。

3. 說明並舉例整合型鑑識工具有哪些。

4. 討論檢查檔案內容的方法與可使用的工具。

7
CHAPTER

隨身小電腦－智慧型手機鑑識

導讀

智慧型手機的普遍運用與行動通訊協定的成熟，再加上無線網路寬頻技術的進步，讓各種 E 化後的資訊不論何時何地，都能透過手持的裝置即時存取之，達成和使用電腦同步的效果，我們稱這過程為「M 化」（行動化）。智慧型手機的功能越來越多元化，人們不只利用它傳簡訊和通話，更利用來上網瀏覽網頁及儲存個人相關資訊。本章將介紹手機目前的發展狀況、操作手機鑑識時應注意的流程及要點、手機資料的萃取方式及分析手機的鑑識軟體，以提升在面對手機等可攜式裝置的鑑識能力。

前言

　　智慧型手機結合傳統手機及 PDA 功能，無論商務性或娛樂性需求，這類型手持裝置滿足電子性、機動性、便利性及可攜性。智慧型手持裝置將漸趨普遍，如同小型電腦一般，但是相對地，儘管這類型設備帶來了便利性，許多犯罪者也可能會依賴智慧型手機的功能存放與犯罪有關的資料或聯絡訊息，例如：聯絡人通訊錄、備忘錄、簡訊、通話記錄、圖片、電子郵件、GPS 定位資訊以及網頁瀏覽記錄等。當這類行動裝置成為輔助犯罪者執行犯罪之工具，智慧型手機本身即轉變為重要且具關鍵性的證據。可以肯定的是，智慧型手機成為輔助犯罪者執行犯罪行為的工具將會是一個只增不減的趨勢。

　　對鑑識領域來說，電腦鑑識軟體之發展已漸趨完整，而手機因其推陳出新的速率遠高於電腦，且軟、硬體及作業系統在多元化與客製化的情況下，使得手機鑑識軟體更新的速率往往跟不上手機推陳出新的速率，導致有些資料無法完整的被蒐集，加上手機鑑識與傳統電腦鑑識最大之不同，在於手機鑑識最終的本質是「互動」，而電腦鑑識較缺乏衍生證據之分析與整合，例如由通聯記錄當中比對收發話狀況，以了解手機持有人社交狀況，因此在鑑識方法與工具的使用上也會有所差別。為了因應各種不同的鑑識環境，在有限資源下找出數位證據，本章將介紹一些較廣為人知的手機鑑識軟體，像是 Micro Systemation 公司所發明的 XRY及 UFED Physical Analyzer 手機鑑識工具軟體，並分別介紹對於時下最流行的iOS 及 Android 手機作業系統的鑑識方式。

7.1 手機作業系統介紹

　　行動裝置的作業系統目前可以區分為幾個類別，而目前主流的手機作業系統，依使用數量較多者包括了主要由 Google 公司領軍的開放手機聯盟（Open Handset Alliance）開發的 Android 作業系統、由 Apple 公司開發的 iOS 作業系統以及黑莓機使用的 BlackBerry OS 作業系統，其特性簡述如下：

7.1.1　iOS 作業系統簡介

iOS 是由 Apple 公司為 iPhone 開發的作業系統，是以自家開發的 Darwin 作業系統為基礎，專門設計給可攜式裝置使用的作業系統。它主要是給 iPhone、iPod touch 以及 iPad 使用。iOS 系統架構分為核心作業系統層（Core OS Layer）、核心服務層（Core Service Layer）、媒體層（Media Layer）以及觸控應用層（Cocoa Touch Layer）；檔案架構為 HFS+（全名是 Hierarchical File System Plus），而系統分成系統磁區（System or Root Partition）與使用者磁區（User or Media Partition）兩種。

iOS 作業系統的檔案格式則主要分為兩種：內容為使用者對裝置配置設定的 Property List（.plist）檔案，與儲存使用者個人資料庫的 SQLite（.sql）檔案，而記錄使用行為的資料內容多儲存在 Log（.log）檔案或 Cookies（.binarycookies）檔案內。

iOS 的特色是使用者介面美觀、應用軟體較一般作業系統多元，且螢幕可以多點觸控。雖然是封閉型的作業系統，但由於效能較佳與直覺性的操作介面等優點，讓 Apple 所推出的 iDevice 也擁有不少死忠粉絲。

7.1.2　Android 作業系統簡介

Android 是一套以 Linux 為核心的開放原始碼手機作業系統，Google 於 2005 年 7 月時收購手機作業系統開發公司 Android，其後由 Google 接續開發，且於 2007 年 11 月時，由 Google 與多家手機硬體製造商、軟體開發商及電信營運商所組成的 Open Handset Alliance（OHA）共同公佈最早版本 Android 1.0 beta 版，其後便由 OHA 共同研發改良。

Android 為 Google 進入手機產業的墊腳石，以開放原始碼的方式發行。初步發展方向為提供一開放式軟體平台，讓全球的開發者及使用者可自由在此平台上開發或安裝軟體。Android 發展重點為函式庫（Library）及應用程式，透過易用的使用者介面與多樣化的應用程式及附加功能，讓 Google 迅速闖入產業界並佔有一席之地。

　　Android 採分層設計的概念，此架構的優點是減少各層之間的相依性、便於獨立開發、易找出問題及除錯等。而於 2009 年 5 月起，Android 作業系統改用甜點作為版本代號，並按照大寫字母的順序來進行命名，其依序為：Cupcake、Donut、Eclair、Froyo、Gingerbread、Honeycomb、Ice Cream Sandwich、Jelly Bean、KitKat、Lollipop、Marshmallow 等。

7.2　手機數位鑑識

7.2.1　手機 vs. 電腦

　　電腦發展的時間較為長久，且軟硬體及其作業系統較為單純、標準化及規格化，故電腦鑑識軟體發展的程度漸趨成熟。而手機（或稱手持式行動裝置）具有便於可攜的特性，故其運算能力及蓄電能力往往不及電腦，且連接方式的規格不一，再加上作業系統較電腦更為多元化，導致手機鑑識工具的支援，往往跟不上推陳出新的速度，假如只依靠手機鑑識工具，所取得之資料將有所缺漏。因此，行動鑑識取得證據的方法較為多元化，除了利用手機鑑識工具以外，還可以透過人工檢驗（如對手機進行拍照）、電信公司的記錄（如通聯記錄）以及其他手機鑑識軟體（如 OPM，XRY 這兩種軟體，使用實體連結手機的方法取得資料）的輔助，使我們蒐集到的證據更為完整，達到偵查手機犯罪時的成效。表 7-1 為手機與電腦於取得數位證據之差異整理。

表 7-1　手機與電腦取得證據之差異

功能	手機	電腦
連接方式	規格多元化，如 USB（手機端介面的差異大）、紅外線、藍芽、Wi-Fi。	規格較為統一，如 USB、SATA。
作業系統	多元化的作業系統，如 Android、iOS、Windows Mobile 以及其他客製化的嵌入式作業系統。	Windows、Linux 與 MAC 作業系統。
特性	可攜、運算能力差、連接介面多元、手機鑑識軟體更新往往跟不上手機推陳出新的腳步。	固定位置、運算能力較強、連接介面較為單一及電腦鑑識軟體功能漸趨完善。
蒐集證據方式	人工檢驗、電信公司的協助、手機鑑識軟體及手機鑑識工具。	人工檢驗、ISP 業者的協助及電腦鑑識軟體。

7.2.2　手機鑑識方法

　　因為鑑識的目的不同，在進行鑑識工作時也就會運用不同的鑑識方法，假設只是進行手機通訊狀況的檢視，那麼只需運用人工檢驗之方式即可，若是手機硬體可能有鑑識價值或已遭刪除的證據，則必須運用記憶體檢視來進行鑑識。依照對智慧型手機涉及內部系統的程度，由淺至深，大略可以分為以下三種鑑識方式：

一、人工檢驗（Manual Examination）

　　此方法雖易於使用，但證明力卻是最薄弱，因為以人工（例如：對手機進行拍照或是錄影）的方式從裝置上顯示的資訊抓取資料，易出現人為的疏失對證物造成損害，如過於主觀的蒐證或不小心存取資料，影響證據力等。雖然人工檢驗的證據蒐集方式最為簡單且直觀，也最為清晰明瞭，但其證據蒐集的範疇僅限於手機基本面之操作內容，無法檢驗更深入的內部資料，而蒐集之資訊也較難以進行分析與評斷。

二、連結服務（**Connectivity Services**）

透過命令／回應的協定，將行動裝置連接電腦，以類似同步的方式進行手機資料萃取的鑑識方法。透過此方法有兩種應用的方式，其一是利用手機製造商隨機附贈的軟體（如 HTC SYNC），但有可能會改變手機內部檔案之原始狀態；另一種應用方式是使用專門為手機鑑識開發的軟體工具，例如 XRY 或 OPM，這些專業軟體較無上述存取資料造成檔案遭修改的風險，因此在操作過程中，會減少修改原裝置檔案的存取動作，保護檔案的完整性。本文實例操作係採用後者之方法，進行行動裝置的數位跡證萃取分析，採用此方法好處是，證據資料易於使用、證據內容多元化且便於操作。

三、連結代理程式（**Connection Agent**）

此方法是將連結代理程式安裝至手機裝置，建立起裝置和工具軟體間連結和交換資料的管道。Connection Agent 方法和 Connectivity Services 不同的地方，在於不使用既有的協定，較為客製化。其優點是能獲得更多的資料；缺點則為目標裝置內會多出一段程式，因此會破壞原裝置數位證據之完整性。

手機鑑識方式的選擇，會因所需標的或是鑑識目的而有不同的鑑識方法，若需要全面性掌握手機內的數位跡證，則需要採取更具侵入性的鑑識方法，而其花費成本、所需之時間，以及要求之技術程度也會愈高。因此，在進行鑑識工作前，必須先對鑑識工作的任務以及目標有所認識，選擇最合適的鑑識方法，才能最有效率的進行鑑識工作。

7.2.3 手機資料萃取

在手持式行動裝置上進行數位鑑識取證，依所採集的檔案資料形式區分實體萃取（Physical Acquisition）和邏輯萃取（Logical Acquisition）兩種不同的方式，並介紹 Jailbreak 對實體萃取及邏輯萃取的重要性，詳細說明如下：

一、實體萃取

行動裝置上的資料均儲存於內部記憶體中，或該裝置的其他儲存設備、元件及各類電子媒體。而在進行實體萃取時，必須使用該媒體或該硬體儲存資料的存取方法，反向將資料萃取出來。意即不能使用智慧型手機作業系統的命令提示字元來進行溝通或交換資料。通常在進行實體萃取時會寫入一個特殊的程式到手機的記憶體中，藉此取得記憶體的完整映射。一般來說，若在鑑識的過程當中，發現資料遭刻意抹除，則可以嘗試利用實體萃取的方式還原資料。

二、邏輯萃取

邏輯萃取資料，是指對某些原始資訊進行萃取的動作（包含了日誌檔 Log File 及資料庫 Database 等），這些資料的內容較為完整有邏輯，可經由鑑識軟體與作業系統通訊協定的交換後取得，其大部分的資料都能夠完整的被分段（Parsed），並以可閱讀的方式來表示。

儘管實體萃取較能夠有效還原大部分的資料，但是利用實體萃取工具（如 EnCase）還原的資料，有些只是破碎的片段，並沒有辦法解讀，此時，若能使用邏輯萃取並解讀有規律的資料庫資料，對於協助犯罪偵查則更有效用，有關於實體萃取以及邏輯萃取的優缺點分析整理，如表 7-2 所示。

表 7-2　實體萃取以及邏輯萃取的優缺點分析

	實體萃取	邏輯萃取
優點	較能夠找出遭刪除的簡訊、通聯記錄及曾儲存的密碼。	幾乎能夠獲得所有對犯罪偵查有幫助的資料，例如簡訊、瀏覽記錄、圖片、電子郵件與 GPS 資料。
缺點	1. 須取得手機最高權限（Jailbreak 或 root）。 2. 耗費時間久。 3. 常常取得破碎不堪之資料。	1. 須取得手機最高權限（Jailbreak 或 root）。 2. 無法獲取已遭刪除的簡訊和通聯記錄。

三、Jailbreak 與 Root

如欲透過實體萃取及邏輯萃取取得手機內的資料，必須先獲得手機的最高權限，才能獲取更深層的資料。而最高權限的獲取在不同的作業系統上有不同的名稱，在 Android 系統上稱之為 Root，而在 iOS 系統上稱之為 Jailbreak（JB），以下將針對 Jailbreak 進行說明。

Apple 公司為了保障使用者在使用該公司產品時，避免產品 iOS 作業系統遭到使用者有意或無意修改，進而造成產品系統錯誤之狀況發生，因此針對 iOS 作業系統進行系統內部安全隔離保護之措施，使用者因而無法直接存取系統核心檔案資訊。而所謂的 Jailbreak 程序，即是針對 Apple 公司所開發的行動裝置作業系統 iOS 進行破解的一種程序。使用者使用這種軟體可以獲取 iOS 的最高權限，讀取 iOS 系統核心檔案，並可進一步解開手機對於電信網路供應商與網路使用的鎖定限制。經由 Jailbreak 後的 Apple 公司產品依然是執行著 iOS 作業系統，並且仍然可以正常的使用其他功能。

透過 JB 的技術在系統分區中安裝鑑識軟體，方能執行資料萃取，然而這樣的作法卻有其相關的問題值得注意。首先，雖然透過安裝鑑識工具的方式可以保證萃取出來的資料是完整的使用者分區資料，但該 JB 卻是一個具爭議性的程序。儘管美國國家圖書館所屬的版權局於 2010 年 7 月 26 日針對 1998 年通過的「千禧年數位版權法」（Digital Millennium Copyright Act，簡稱 DMCA）進行檢討，宣布「當使用者為了讓智慧手機作業系統能與未獲手機或其作業系統製造商批准的獨立創作應用程式相容，而對手機進行破解，這種純粹只為了這種相容性而進行的修改是公平的使用」，但站在數位鑑識的程序上來看，此種更動手機作業系統的做法於適法性上仍然有待商榷。

其次，透過 JB 方法所執行安裝的鑑識工具，在安裝完成之後必須重新開機，此舉動或多或少會造成使用者分區的設定檔有些微的更動，儘管這些更動是較小且較無害的，但以數位鑑識的適法性則有待討論。

7.3 手機鑑識程序

7.3.1 鑑識程序

手機鑑識是數位鑑識中的一環，泛指所有對手機上數位資料進行識別、蒐集取證、檢驗及分析的一系列行為，根據美國國家標準技術局（National Institute of Standards and Technology, NIST）提出的作業程序，可分為圖 7-1 所示四個階段：

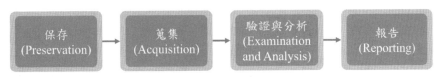

圖 7-1　手機鑑識程序

資料來源：Guidelines on Cell Phone Forensics, NIST

http://csrc.nist.gov/publications/nistpubs/800-101/SP800-101.pdf

1. 保存（**Preservation**）：如何於蒐證現場辨識正確的數位設備，並且妥善保存，使其合乎證據保存之規範。

2. 蒐集（**Acquisition**）：對手機進行證據之蒐集，於有限時間內找尋有關案情需要之證據。

3. 驗證與分析（**Examination and Analysis**）：依據不同案例情境，對蒐集到的數位證據進行假設的驗證或分析。

4. 報告（**Reporting**）：輸出蒐集及驗證分析的結果及其鑑識報告。

7.3.2 鑑識原則的遵守

探究鑑識的重要性，無非是鑑識人員可以從數位設備萃取出數位跡證，進而還原事件。但數位跡證的萃取方式如何才是有效的，或者能保有證據力，皆是鑑識的竅門所在，以下列出五項鑑識原則來檢視鑑識過程是否合乎合理的程序：

一、數位跡證的儲存位置

鑑識人員在知道調查方向的情況下（如通訊記錄、媒體檔案等），必須要能確切知道這些數位跡證的儲存路徑，以便萃取出數位跡證。一般情形下，App 軟體會依檔案性質分類儲存，而這些儲存路徑也是初步簡單判斷記錄檔內容的依據，如「/data/data/com.tencent.mobileqq/databases/」路徑下的檔案則可初步判斷為 QQ 所產生的檔案。但可惜的是，這些路徑常會因為 Android 系統開發廠商的不同而有變動。

二、蒐集方法

鑑識人員得視現場狀況來決定蒐集方法，例如行動裝置有無開機的情況。在無開機的情形，通常會透過鑑識工具直接做 Bit by Bit 的複製工作，隨後再行分析，而若是在有開機的情況下，則會先開啟飛航模式，然後維持開機並帶回實驗室進行萃取的作業。

三、正確性

鑑識人員萃取的檔案與原始的檔案必須相同，因此在完成前兩項的鑑識作業後，必須再確認數位跡證的完整性。

四、一致性

為了確保萃取出的數位跡證的可信度，在同樣的鑑識過程或方法下，鑑識的結果要求一樣，都要摒除人為因素，萃取結果不會因人而異。

五、實用性

隨著科技的快速發展，各類型的行動裝置也如雨後春筍般被推展出來。在這波趨勢中，希望鑑識流程或方法能套用各種裝置，否則假如每個裝置都各有一種不同的鑑識方法實為複雜，相對地鑑識人員也會消化不了。

7.4 整合型鑑識工具介紹應用

7.4.1 鑑識工具 XRY 簡介

　　XRY 鑑識軟體是由瑞典 Micro Systemation 公司所研發之手機鑑識產品，目前已可支援超過 1400 種以上手機型號，而對各種不同型號手機支援程度也有所差異，如圖 7-2 所示。我們可以利用傳輸線、藍芽或紅外線與手機連結，藉由其直觀與圖形化的介面，輕易的對手機製作備份映像檔，並利用其提供的 Reader 介面讀取並找尋有用的資訊，如：通聯記錄、簡訊、電話簿及電子郵件等。

圖 7-2　支援多種手機之型號

資料來源：https://www.msab.com/blog/super-fast-iphone-extraction-times/

　　以下即以 iPhone 6 Plus 手機經過 Root 後所為之實例操作，本小節將介紹如何對手機製作備份的映像檔，並且從中尋找可供參考的數位證據：

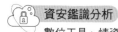

一、第一步：蒐集（Acquisition）

由操作介面中點選萃取資料（Extract Data），藉由 XRY Wizard 的引導，我們可以一步步的透過選擇手機型號、連結方式及萃取方式等步驟完成備份，並將備份的資料檔輸出，而後所有鑑識過程大多來自此備份檔，以免有任何更動手機原始資料檔之可能。

二、第二步：驗證與分析（Examination and Analysis）

針對 XRY 備份出來的資料檔進行分析，依照我們選擇的萃取方式及種類不同，可將備份資料分為下列三種：

1. **SIM Card**：來自於 SIM 卡的資料萃取，包括其 IMSI 碼、電話簿及網路連接參數等資料。除了 SIM 卡的身分證字號— IMSI 碼以外，最常見的電話簿以及簡訊內容也都很容易取得，少數較不為人知的資訊，例如：Last Network 及 Last Area Code，如圖 7-3 所示，可以讓我們得知此 SIM 卡是向哪家電信業者要求服務，以及其最後一次連結基地台的編號，由此我們可以概括判斷出此手機曾經在該基地台的附近出現過。

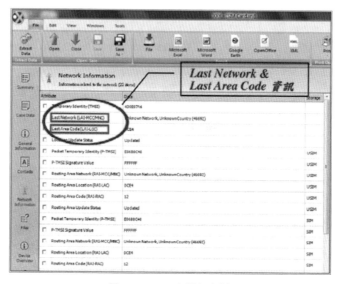

圖 7-3　SIM 卡儲存資料

2. **邏輯萃取資料（Logical Extract）**：邏輯萃取方式是對檔案系統上的所有實體資料進行萃取，意即將目前存在於手機上的所有檔案取出，如圖 7-4 所示。對手機鑑識而言，以邏輯萃取方式而得到的資料不論對犯罪偵查或是一般手機備份都相當重要，如：簡訊、瀏覽記錄、電子郵件、電話簿及 GPS 定位資料等…，如圖 7-5、7-6、7-7、7-8 所示，而這種萃取方式僅是從檔案系統中單純取出資料，其支援手機的機型與程度也遠多於實體萃取方式。

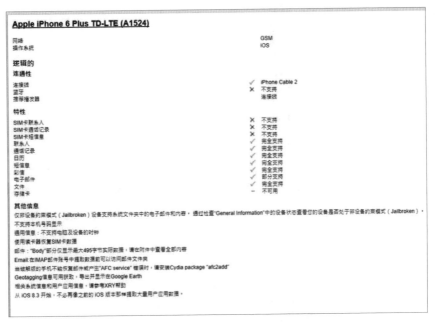

圖 7-4　各式手機型號支援邏輯萃取之程度不盡相同

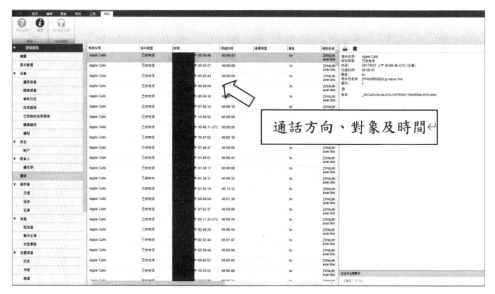

圖 7-5　萃取資料 - 通話記錄

圖 7-6　萃取資料 -SMS 簡訊

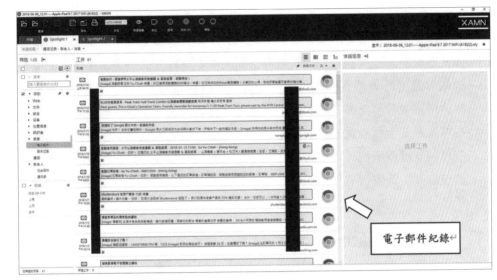

圖 7-7　萃取資料 - 電子郵件

圖 7-8　萃取資料 -GPS 定位（視手機是否支援定位功能）

3. **實體萃取資料（Physical Extract）**：一般情況下我們將檔案刪除後，檔案實際資料並不會從磁區上消失，而是刪除其指向實際資料的位址索引，並且將該實際資料的空間重新劃分成可用空間。實體萃取方式則是將手機或記憶卡的儲存體上所有位置的資料全部取出，利用這種方式我們可以掃描到被刪除的檔案內容，並將擷取到的記憶體內容解碼還原成原始檔案，讓我們能取得檔案系統上看不見的證據。但每種手機型號的架構及檔案系統不盡相同，解碼的支援程度也有限，因此有時候也只能取得零碎的記憶體資料而無法還原成檔案。其支援的機型跟程度相較於邏輯萃取方式也少了許多，如圖 7-9 所示。

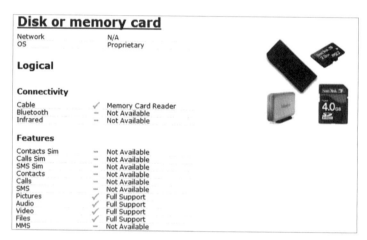

圖 7-9　Memory Card 實體萃取的支援程度

三、第三步：報告（Reporting）

最後我們可以把擷取到的數位證據以及 Log 記錄輸出成一份報告，如圖 7-10 所示。或是將取得之 GPS 定位資訊輸出為 Google Earth 使用的 kmz 格式並使用地圖來搭配分析，如圖 7-11 所示。

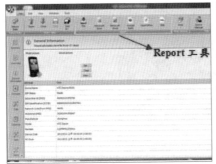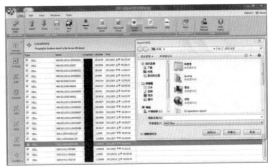

圖 7-10　XRY 提供的 Report 工具　　圖 7-11　將 Locations 資料輸出至 Google Earth 使用

　　現階段對於雲端鑑識仍有許多挑戰，但隨著行動雲端的興起，間接提供雲端鑑識調查的方向，國外學者提出數位跡證會遺留在存取雲端服務的設備端，提供一個雲端儲存服務的調查模型，明確地指出除了電腦端的雲端跡證外，在裝置端也會留有使用者曾存取雲端檔案的足跡，可與 PC 端雲端證據進行互補。

　　以下即利用鑑識工具 UFED Physical Analyzer 找出雲端檔案殘留的痕跡，讓鑑識人員除透過尋求雲端服務商協助外，還有另外獲取證據的方法。

7.4.2　鑑識工具 UFED Physical Analyzer 簡介

　　UFED 的操作流程是先使用 UFED Touch 或 UFED4PC 進行實體、邏輯、文件系統、密碼以及 SIM 卡的資料萃取，再使用 UFED Physical Analyzer 執行解碼、分析和報告。

　　UFED Physical Analyzer 本身也提供兩種萃取方式，一是 iOS 設備萃取，可對 iOS 設備執行高級邏輯萃取、實體萃取、文件系統萃取或密碼復原等；二為 GPS 或大容量存儲設備萃取，選擇 iOS 設備萃取提供「進階邏輯擷取」、「物理模式」、「資訊」等三種萃取的型態，如圖 7-12 所示。

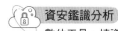

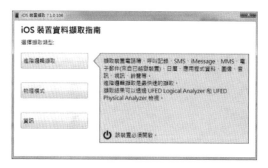

圖 7-12　決定 iOS 設備萃取型態

「進階邏輯擷取」對於設備「有無越獄」及「有無加密」等不同狀態，有不同的資料萃取方法可用，如圖 7-13 所示，包括以下兩種方法：

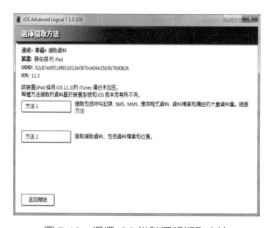

圖 7-13　選擇 iOS 進階邏輯擷取方法

方法 1：擷取包括呼叫記錄、SMS、MMS、應用程式資料、資料檔案和備註的大量資料集。

方法 2：限制擷取資料，包括資料檔案和位置。

UFED Physical Analyzer 會根據 iTunes 備份設置情形，以及設備是否越獄提供建議的鑑識方法，本文選擇 UFED Physical Analyzer 推薦的 Method 1 來進行資料萃取。

UFED Physical Analyzer 萃取完畢之後,最後的結果如圖 7-14 所示。

圖 7-14　UFED Physical Analyzer 萃取分析結果

資料來源:https://cellebrite.com/en/productupdates/new-and-
improved-ui-in-ufed-physical-analyzer-7-33/

而 UFED Physical Analyzer 右方欄位提供各種數位證據項目供鑑識人員檢
視,相關項目如表 7-3 所示。

表 7-3　UFED Physical Analyzer 數位證據檢視項目

項目	內容
Memory Image	FileDump
File Systems	使用者安裝的應用程式。
Analyzed Data	Application Usage、Calendar、Call Log Log、Chats、Contacts、Cookies、Device Location、Notifications、Passwords、User Accounts、User Dictionary、Web Bookmarks、Web History、Wireless Networks
Data Files	Applications、Audio、Configurations、Databases、Documents、Images、TexText、Video、Uncategorized
Other	Timeline、Watch Lists、Malware Scanner、Project Analytics、Reports

透過 FED Physical Analyzer 萃取而得的手機備份資料，我們還可以找出以下雲端檔案殘留的痕跡：

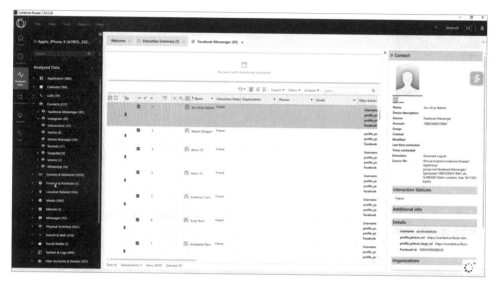

圖 7-15 通訊軟體訊息記錄

資料來源：https://cellebrite.com/en/productupdates/new-and-improved-
ui-in-ufed-physical-analyzer-7-33/

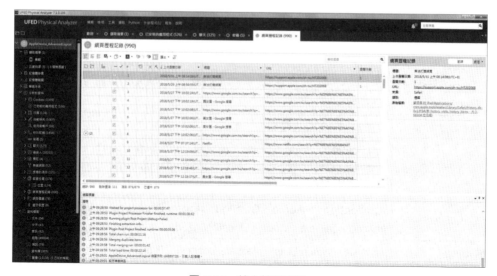

圖 7-16 線上搜尋記錄

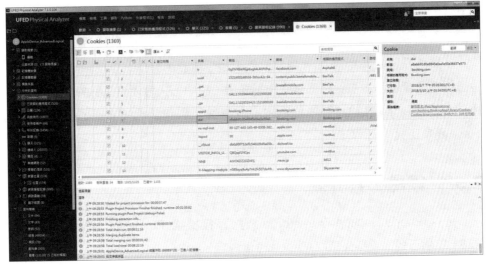

圖 7-17　存取 Cookie 內容

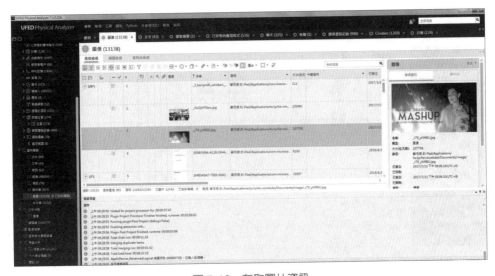

圖 7-18　存取圖片資訊

資料來源：https://cellebrite.com/en/productupdates/new-and-improved-
ui-in-ufed-physical-analyzer-7-33/

7.5 iOS 鑑識工具介紹應用

本節將介紹如何從 iPhone 中萃取個人地理資訊的方法，並以 iPhone 內的數位證據在保管過程中遭到惡意刪除作為案例，説明個人地理資訊對於調查案情的需要性。使用環境以 MAC 系統為主，並將使用到 iPhone Backup Extractor 和 iHash 兩項工具。

7.5.1 鑑識工具介紹

透過 iPhone Backup Extractor 就能夠直接檢視 iPhone 備份檔案，並可於 HFS+ 架構下選擇資料夾萃取 iPhone 備份內容。

如圖 7-19 所示，其特別之處在於具備將 iPhone 內所有地理資訊輸出成 KML 檔案的功能，故本文僅著重於其地理資料輸出功能。

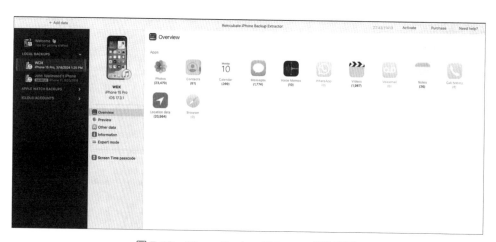

圖 7-19　iPhone Backup Extractor 操作畫面

iHash Mac 上的軟體，可於 App Store 下載。可簡單對文字或檔案產生 Digest，針對許多檔案格式皆有支援，對於確認檔案的完整性，有極大的幫助。

將目標檔案拉至 iHash 軟體中，即可快速地得到該檔案的 Digest，如圖 7-20 所示。此外，也可以與其他檔案的 Digest 比較，如圖 7-21 所示。

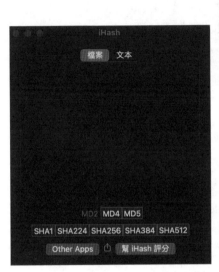

圖 7-20　iHash 程式畫面

圖 7-21　iHash 中的 Digest 比較

7.5.2　萃取個人地理資訊

隨著科技發展，越來越多人都會拍照，並於社群軟體上進行打卡，分享生活中旅遊與美食。然而，當開啟手機中的定位服務並拍照時，相片中的隱藏資訊（Metadata）也會記錄著當下拍照的地理資訊，大多數人並不會注意其資訊，但此資訊卻可為執法單位所利用，進行犯罪人之行為調查。

此時若運用 iTunes 對手機進行備份，並透過鑑識軟體將備份檔中的地理資料匯出成 KML 檔，然後將 KML 檔導入至 Google 地圖裡，便可在 Google 地圖中快速地顯現出手機的主人曾於何地出沒或經常於何地出入。接著，說明相關的萃取步驟。

　　首先將其行動裝置運用 iTunes 進行備份。備份後，由於電腦內有多筆手機裝置備份檔案，所以在進行手機地理資訊萃取前，必須確認該筆備份檔案的備份時間與儲存路徑，如圖 7-22 所示。

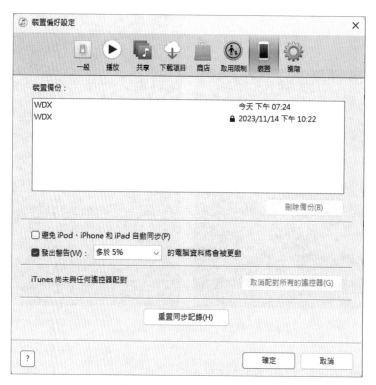

圖 7-22　確認手機備份時間

　　接著開啟 iPhone Backup Extractor 軟體，如圖 7-23 所示，在左上角可看到曾經備份之裝置名稱與備份時間，然後確認與目標裝置、其 IMEI、備份時間、作業系統版本、裝置型號是否皆相同，以確定證據的來源性是否正確。

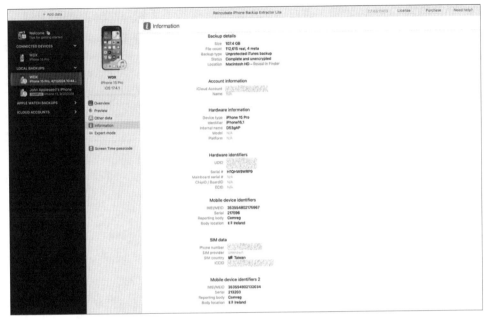

圖 7-23　iPhone Backup Extractor 操作畫面

　　再點選【File】功能表中的【Convert location data DB to KML】選項，即可將備份檔中有關於位置的相關資訊轉成 KML 檔，並輸出於桌面上，如圖 7-24 所示。

圖 7-24　將備份檔中 Location DATA 轉成 KML 檔

　　然後開啟 Google 地圖，選取「我的地圖」，並按下「建立地圖」，將可見到如圖 7-25 所示的畫面。將步驟 3 的 KML 檔匯入至 Google 地圖中，即可在畫面上顯示出如圖 7-26 所示的畫面。

圖 7-25　將 Location 的 KML 檔匯入至 Google 地圖中

圖 7-26　透過 Google 地圖將 Location DATA 轉成清晰可見的位置

　　此種萃取方法可以將需要鑑識之裝置的內部照片一次性地投射，對於擁有許多照片的數位裝置，特別適用此種鑑識方法，無須耗時將照片中的地理資訊逐一對應至 Google 地圖上。

7.6 Android 鑑識工具介紹應用

對於 Android 的手機來說，Root 是系統級帳號，就像 Windows 的 Administrator 系統管理員身分帳戶，它可以讓使用者取得 Android 作業系統的超級使用者權限。Root 通常用來讓使用者得以突破手機廠商的限制，使得其可以在手機中執行一些需要超級使用者權限的應用程式。本節透過對犯罪者及被害者的手機進行資料庫備份及聊天記錄的擷取，並模擬 LINE 的犯罪情境，來討論其相對應的萃取分析方法，提供數位鑑識的重要跡證追蹤。所使用到的備份工具及 SQL 資料庫的管理皆需要得到 Root 權限才可進行接續的動作。

7.6.1 鑑識工具介紹

1. **Titanium Backup**：此為目前最便利的系統備份工具，需要 Root 權限來運行，其操作介面如圖 7-27 和 7-28 所示。其命名就是一個暗示，鈦金屬的特性為重量輕、強度高，性質穩定，被廣泛應用於飛航和航海等軍事應用中，這種金屬元素的特性也暗示了此備份 App 功能的強大，不僅擁有壓縮備份的功能，也使備份的檔案容量小但穩固。

圖 7-27　Titanium Backup 主介面　　　圖 7-28　Titanium Backup 備份介面

2. **DB Browser for SQLite**：一般 Android 系統的 App 都內建一個 SQLite 的資料庫，此 SQLite 為一個開放的小型資料庫，執行資料的管理和查詢的工作，而 DB Browser for SQLite 為透過 Windows 系統來管理 SQLite 資料庫的工具，執行打開、建立、刪除和修改的動作，如圖 7-29 所示。

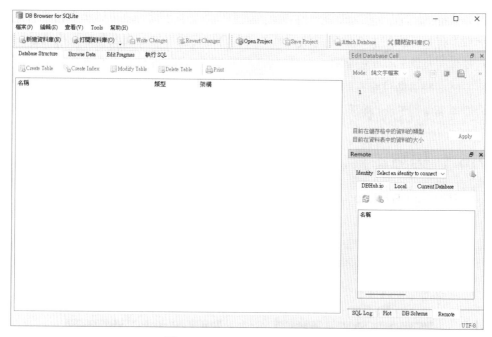

圖 7-29　DB Browser for SQLite

　　本節所操作的 Android 作業系統手機版本為 4.1.2 的 SAMSUNG GALAXY S II i9100。Android 作業系統的手機並無開發專門的備份軟體，所以要透過提高權限方式來備份 LINE 記錄檔的資料庫或是藉由 LINE 自身的聊天記錄備份來取得資料。因此本節即為以 Android 作業系統手機為工具，並透過 Titanium Backup 和其內建的備份機制分別進行手機 App 的資料備份，以萃取 LINE 的對話記錄。

7.6.2　鑑識與分析

　　本節的討論目標在於透過對 LINE 的聊天記錄檔進行備份，以便還原到另一支完整乾淨的手機上。其中應特別注意的是不可以對原始證物做鑑識，需要製作一

份 Bit by Bit 複製版本，讓證物保存為原來的狀態，避免去破壞數位證據的原始性以及保持其完整性。

因此，本節的重點在於透過各種備份還原的方式，去萃取出在原始手機的聊天記錄作為犯罪調查的關鍵線索。以下將分別針對使用 Titanium Backup 進行備份以及 DB Browser For SQLite 去查看資料庫聊天記錄的過程進行說明。

一、透過 Titanium Backup 備份 LINE 檔案

要透過 Titanium Backup 來備份手機 LINE 或各式各樣應用程式的資料之前都要先經過 Root 的程序來取得手機的最高權限，以獲得完整的系統控制權，而目前網路上有許多工具可幫助手機進行 Root 的工作，也相當的簡單、便利，因此這裡不再一一做介紹。

打開 Titanium Backup 後，裡面有全部手機所安裝的 App，為備份原始手機上的 LINE 記錄檔與設定值，選取 LINE 應用程式後，進行備份相關的主程式與設定，如圖 7-30 所示。

圖 7-30　點選 LINE 應用程式

回到 LINE 的備份對話盒，從「特殊功能」選項中，選取「傳送最新備份」，再選擇應用程式與資料（簡單匯入）欄位，如圖 7-31 所示，這樣就可以將其檔案與設定整合為一個檔案，方便之後的匯入工作。

圖 7-31　選取傳送最新備份

選擇透過何種方式將備份檔輸出至外部儲存空間，可由郵件寄送或是藍牙傳輸等等，如圖 7-32 所示，以便進一步做相關萃取、鑑識工作，而其備份檔檔名為「jp.naver.line.android-20240316-081213.TiBkp」。

圖 7-32　傳送備份方式

　　另外一支手機同樣也需要先經過 Root 程序，並且安裝 Titanium Backup，當備份檔案傳輸過來之後，可直接從資料夾中點選剛剛備份的還原檔案（.TiBkp）的檔案，如圖 7-33 所示。

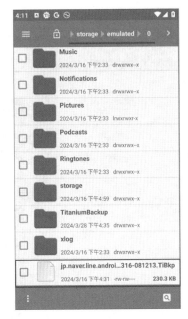

圖 7-33　匯入備份

　　當出現「備份已成功匯入」訊息的時候，就代表已經將備份檔匯入備份資料夾當中，但是尚未還原到手機系統之內，因此接下來還要點擊〔應用程式與資料〕選項來還原 LINE 的檔案及設定值，如圖 7-34 所示。

圖 7-34　匯入 App 與資料

還原成功後，會在通知列上跳出訊息，告知備份還原工作已完成，打開 LINE 之後就可發現與原始手機相同的聊天記錄與設定，如圖 7-35 所示，以利後續數位鑑識工作之進行。

圖 7-35　復原聊天記錄

二、藉由 DB Browser for SQLite 讀取資料

同樣地，手機須先取得 Root 權限，才可看到根目錄「/root」裡的檔案，再透過上面 Titanium 備份將 LINE 的資料庫萃取至一支乾淨手機後，針對路徑「/root/data/data/jp.naver.line.android/databases/naver_line」的檔案，藉由 DB Browser for SQLite 去讀取，並匯入整個 App 資料庫的結構表，裡面包含資料庫的各項資料，有語音電話記錄、群組資訊、聯絡人、貼圖等等，如圖 7-36 所示。

圖 7-36　顯示資料庫結構

點入想查詢的表格後，可以瀏覽各項資料，如 Group 的表格裡有群組名稱、建立人的 ID、建立時間等等，如圖 7-37 所示。

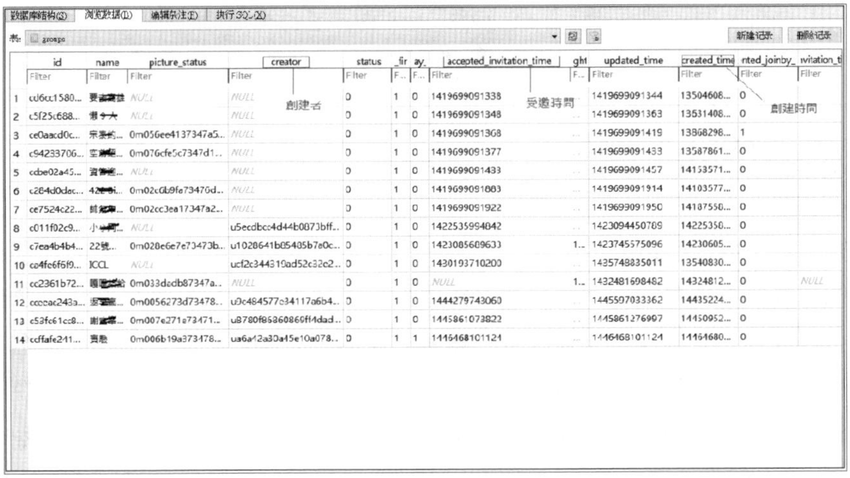

圖 7-37　查看群組資料

　　而最重要的聊天記錄則儲存於 chat_history 表格裡，如圖 7-38 所示。裡面包含訊息是由誰傳送、內容、傳訊時間，透過 ID 的比對即可驗證其是否透過 LINE 來進行犯罪聯絡。

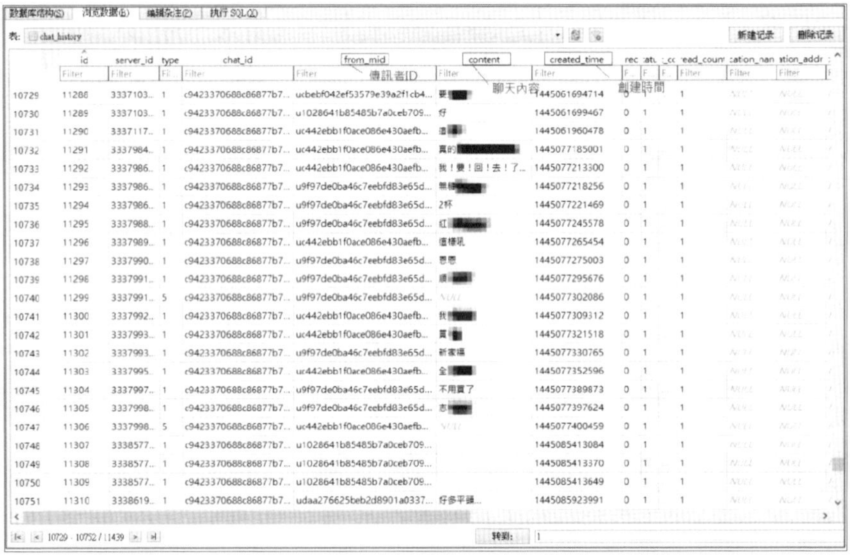

圖 7-38　聊天記錄儲存於 chat_history 表格內

7.7　結語

　　智慧型手機的市占率越來越高，相關的犯罪事件也隨之增加，加上手機推陳出新的速度比電腦還快，因此手機的鑑識工作所面對的挑戰比電腦還要更多且更高，如何取得這些關鍵證據變成現今鑑識人員的一大課題。本章所介紹的鑑識方法為一種普遍性的作法，在面對不同手機時會有些許的差異，不過整體來說，鑑識的大方向是不變的。本章對於手機及其儲存媒體的鑑識方法提供了人工檢驗、連結服務及連結代理程式，資料萃取的方法可分為實體萃取及邏輯萃取，這些方法可以依使用者需求去做選擇。本章提供一個手機（行動裝置）鑑識程序讓使用者在保存手機資料時能有一個依循的標準。並說明如何操作 XRY 及 MOBILedit 軟體，讓使用者對整個手機的資料萃取及鑑識程序能有進一步的了解。

問題與討論 🔍

1. 數位證據在手機與電腦上的差異為何？

2. 手機鑑識方法大致可分為哪幾類？

3. 實體萃取與邏輯萃取的優缺點為何？

4. 手機鑑識程序為何？

Note

8
CHAPTER

網路無國界－數位網路危機與鑑識

導讀

網際網路的普及化，串連起全世界的資訊流通，但也使得犯罪行為透過網路打破國界的限制。在享受網際網路帶來的眾多生活便利之際，事實上網路上充滿了各式各樣的危機，從網路犯罪的角度來觀察，不難發現有許多犯罪的起因係由於個人資料外洩、假冒或盜用等等。而在這類的案例當中，絕大多數往往都是因使用者自己本身的資安知識不足，而遭到有心人士利用。

面對這些流通於網路間的私密訊息，如何能夠成為有效的數位證據，並如何協助網路數位鑑識及其相關的應用，將在本章中逐一探討。首先我們介紹網際網路的數位證據如何辨別及蒐集，並針對熱門的網路應用例如即時通、社群服務…等，如何進行鑑識工作做說明。接著將雲端運算，雲端列印等重要的網路相關服務，以數位鑑識的角度切入討論。藉由本章中所描述數位鑑識的概念，更加地熟知科技資安的重要性，也提供鑑識人員未來執行數位犯罪鑑識工作時之參考依據。

前言

　　網際網路的普遍使用，已大幅擴展了數位證據的範圍，同時也增加了取得數位證據的困難度。經由網際網路，電腦儲存的資料不再侷限於連接的周邊儲存設備，而更擴展到透過網路連線至全世界的電腦或網路磁碟，而為取得這些數位資料，除了儲存於本機端電腦的資料外，在網路上傳輸的封包與資訊亦成為數位證據的來源。在本章中，將介紹取得網路數位證據的概念與方法，並討論如何提高網路數位證據正確性的議題。近來資訊科技的迅速發展，使得個人電腦及網路的發展已成長到令人驚嘆的地步，也因其高度數位化的特性，使得科技犯罪率持續成長。根據知名防毒軟體公司卡巴斯基實驗室（Kaspersky Lab）對於網路攻擊手法所做的統計，超過八成是直接透過帶有惡意的連結（Malicious URL）進行攻擊，其他如植入木馬程式、利用瀏覽器或是其附加元件漏洞等攻擊手法亦不斷更新。另外，由於行動網路以及雲端運算的快速發展，亦觀察到駭客的攻擊目標，已逐漸轉向行動裝置及擁有大量資料的雲端服務公司，面對追求更為方便的網路服務的同時，所面臨的資安威脅亦需同步注意。

8.1 網際網路與數位鑑識

　　網際網路做為時下最流行的資訊傳遞媒介，自然成為數位鑑識的重要標的，在本節，將介紹如何於網際網路上進行數位鑑識工作。首先，說明網路鑑識概論，包含數位證據種類及進行鑑識時可能遭遇的問題及解決方案；接著，以案例說明的方式，介紹瀏覽器、即時通及社交網路服務等網路應用，進行數位鑑識工作的方法。

8.1.1 網路鑑識概論

　　在網路鑑識中，除了一般可直接搜尋取得的資料外，另一項重點則是私密資訊或記錄，如案件關係人的電子郵件信箱，這些記錄或資訊往往存著電腦犯罪破案的關鍵，因此，其為蒐集網路數位證據不可或缺的一環。以下我們先說明傳統證據、一般數位證據與網路數位證據三者間的同異之處，再進一步討論網路鑑識的方法，其中網路證據的種類如表 8-1 所示。

　　以偵辦網路智慧財產權犯罪案件中，歸納各項證據如下：

一、傳統證據

1. 如標籤與光碟封面貼紙。

2. 包裝物品（如包裝棉套、牛皮紙袋、紙盒、塑膠套及信封等）。

3. 商品型錄與商品照片。

4. 郵局帳戶、郵局存摺及郵政劃撥儲金存款單（可得知款項匯入記錄）。

5. 訂單與代收貨價單（可得知交易人資料與交易方式等）。

6. 銀行帳簿（可得知交易記錄）。

7. 紙條、日記及通訊錄。

8. 通聯記錄（可得知交易內容）。

9. 仿冒商品（多為各大名牌手錶、飾品、皮包、皮夾、服飾、鞋子等）。

二、一般數位證據

1. 桌上型電腦、筆記型電腦（有些具備內建燒錄器、有些可能為網站伺服器）及液晶螢幕。

2. 燒錄器（種類分為內建或外接、一對一或一對多燒錄、與 DVD 或 VCD 燒錄）、空白 DVD 及 VCD 燒錄片。

3. 各式盜版光碟（為販售之商品）：如盜版 PS2、PS3 與 XBOX 遊戲光碟、盜版電腦遊戲軟體光碟、盜版影音（電影）光碟、盜版音樂光碟、盜版程式軟體光碟及色情光碟等。

4. 歌曲、電影等著作之來源光碟或盜版光碟。

5. 印表機（種類分為彩色或黑白、與雷射、噴墨或點陣式）。

6. 各儲存媒體（包括磁碟片、硬碟、隨身硬碟、USB 隨身碟、DVD 及 VCD 光碟等）中之電磁紀錄（尤其是侵權歌曲與電影等電子檔）。

7. 其他電子設備（如 PDA、手機、傳真機及數位相機等）、網路設備（如 hub、數據機及路由器等）與電源供應器、線材等。

8. 電腦程式（如 MP3 音樂搜尋程式與 P2P 程式）。

三、網路數位證據

1. 聯絡用電子信箱、電子郵件及通訊錄（查看與客戶聯絡記錄）。

2. 網站瀏覽記錄，包括網站主機或客戶端電腦瀏覽器中的 logs、Cookies 及 history 等（查看網路活動記錄，網站主機部分可請網際網路服務業者（ISP）業者協助提供）。

3. 網站或網頁相關檔案（如自架網站伺服器（apache、IIS server）或上傳之網頁內容）。

4. 網路連線記錄。

5. 其他網路上流通資料。

表 8-1　網路數位證據

節錄自＜電腦鑑識與數位證據＞，ISBN：978-986-201-004-4，博碩文化，2007

編號	存在點	網路數位證據	說明
1	客戶端的電腦記錄	系統稽核紀錄	包括 System Log、Error log 及 Access Log 等。
2		Internet Cookies	Cookies 是儲存於客戶端，供瀏覽器與 Web 伺服器互通資料用的純文字檔（.txt）。
3		快取（Internet Cache）	1. 瀏覽器會將之前瀏覽的網頁，儲存在快取（Cache）裡，當再次瀏覽相同網頁時，將瀏覽到儲存在快取裡的舊網頁（離線可觀賞網頁），例如在微軟 IE 瀏覽器必須按下「重新整理」的按鈕才能重新取得最新頁面。 2. 微軟 Windows 作業系統將快取存在「Temporary Internet Files」資料夾中。
4		Browser History	網頁瀏覽記錄。
5		防毒軟體	病毒掃描結果與 Logs。
6		入侵偵測軟體	入侵偵測系統之 Logs。
7		電子郵件軟體	包括電子信箱帳號、電子郵件（電子郵件資訊與收、發信件內容）及通訊錄等。
8		網路連線記錄	查看網路連線資料，包括連結之 IP 位址、埠號、服務與封包傳輸流量等。
9	網站伺服器端的電腦記錄	Web logs	伺服器網站稽核日誌。
10	各種網路設備	稽核日誌	包括 Hub、Gateway、Proxy Server、防火牆及入侵偵測系統等設備之 Logs 等記錄。

　　網路鑑識可取得的數位證據來源相當多，諸如蒐集客戶端電腦記錄、網站伺服器端的電腦記錄、擷取網路流通的資料、遠端服務的資料、代理伺服器（Proxy Server）、入侵偵測系統（Intrusion Detection System, IDS）、入侵防禦系統（Intrusion Prevention System, IPS）的記錄、網路設備（路由器、交換器及防火牆等）的記錄與網站上的記錄檔等。以圖 8-1 為例，主動式入侵防禦系統可即時蒐集網路封包、判斷攻擊行為並即時進行阻斷。

圖 8-1　入侵防禦系統

　　各種網路鑑識工具（如圖 8-2 鑑識工具可用來追查網路使用者瀏覽的網站記錄與內容；圖 8-3 鑑識工具可用來追查網路使用者 MSN 通話記錄與內容）在取得這些即時網路數位證據的過程中，將遭遇到很多的威脅，易導致破壞資料的真實性與可靠性，這些威脅如下所述：

1. IP 位址的偽造（IP Spfooing）。

2. MAC（Media Access Control）網路卡號位址偽造。

3. 通信協定表頭（header）的偽造。

4. 網路封包的攔劫與內容的竄改。

5. 資料在網路傳送的過程中，亦可能作了一些隱藏，如 NAT 網路位址轉換（Network Address Translation）、proxy chain、反鑑識工具與路由器轉換等。

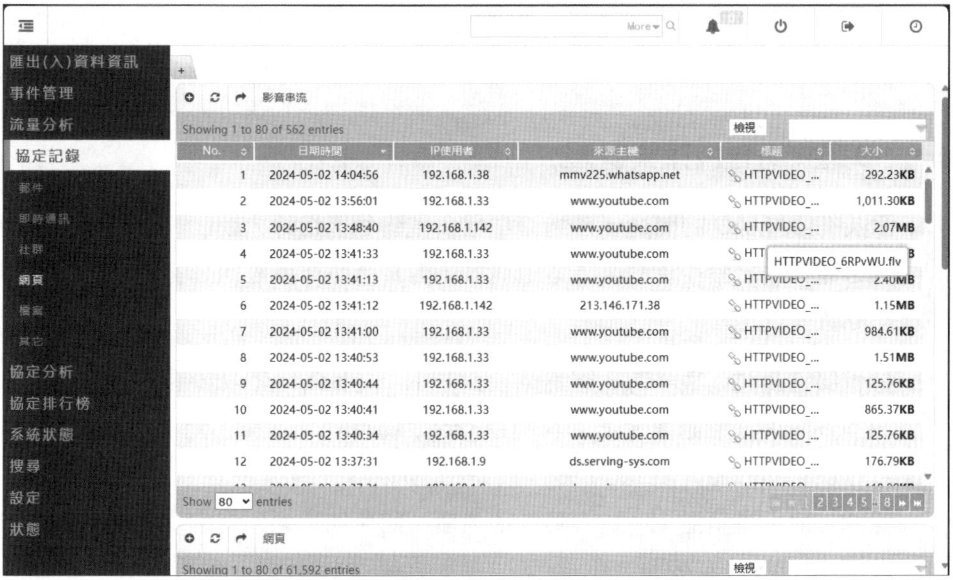

圖 8-2　網路鑑識工具（鑑識/瀏覽網站記錄與內容）

圖 8-3　網路鑑識工具（鑑識 MSN 通話記錄與內容）

　　面對前述之威脅及可能影響蒐集網路證據之正確性，該如何提高網路即時數位證據的可靠性，以下便提出一些改善的方法與概念，分述如下：

一、慎選網路封包蒐集器擺放位置

1. 對於 IP 與 MAC 的偽造多透過路由器多重轉址來進行，因此，儘可能將網路封包蒐集器擺設距資料來源越近越好，若距離越遠或經過越多的網路設備，則越難驗證其真偽。

2. 設置網路封包蒐集器時，應避免 proxy、NAT（Network Address Translation）轉換或防火牆的阻擋。當資料經過 proxy 或 NAT 等設備，將面對 PAT（Port Address Translation）port 轉換或 IP 轉換，這些轉換使資料蒐集的困難度激增，故應盡量避免。資料經過防火牆，則可能遭遇到阻擋或限制，亦增加蒐集上的困難。如圖 8-4 所示，在 Juniper 防火牆上，可依 Trust、DMZ、Untrust 等不同介面設定進與出的不同政策，進行資料流入與流出之管制。

3. 擺放多台網路封包蒐集器，可透過多台蒐集器，達到偵錯及改正的功能，避免遭受假資訊的攻擊，且多台網路封包蒐集器彼此可進行負載平衡並且相互備援，以避免一台設備故障而暫停蒐集工作。

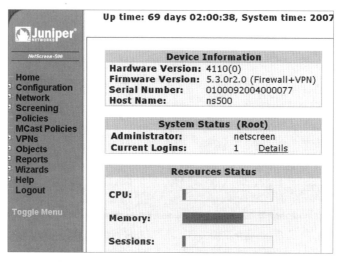

圖 8-4　Juniper 防火牆（具備 NAT 轉換功能）

二、加強證據取得過程中與取得後的完整性

1. 使用網路封包蒐集器蒐集封包過程中，將蒐集器蒐集的模式設定為 stealth mode，此種模式下僅能讀取資料，而不會破壞或改變原始封包資料。

2. 確認網路封包蒐集器的完整性。以避免影響取得之資料的說服力，如正確對時使用 Network Time Protocol（NTP）功能，如此，可防止蒐集所得的資料其時間戳記錯誤，若時間有誤，則擷取到的資料亦失去意義。

3. 對蒐集到的資料實施證據鏈的管理，如：使用經驗證可信賴的工具與軟體、對蒐集到的資料做 hash、將敏感性資料加密、記錄網路位置的戳記及必要時使用非對稱式加密來保護資料，並妥善保管金鑰，都是相當重要的。

三、盡可能獲取完整的資料

1. **網路即時資料獲得的困難性**：由於網路傳輸速度不斷提升，而網路封包蒐集器擷取速度無法跟上網路速度或是設備儲存空間不足，都可能造成封包蒐集過程中遺漏部分封包的情形發生。

2. **選擇要擷取的資料**：為解決網路封包蒐集器設備擷取速度或是儲存空間不足的情形，並減少封包篩選的時間，應挑選有用的資料進行擷取，諸如：特定電腦間的傳輸資料與特定功能的網路封包等，並視實際情況而定及注意其完整性。

3. **資料的交叉驗證**：透過同一時間多份資料或不同地點所擷取的資料，進行交叉驗證以偵測可能偽造資料的情形。

4. **不同通信協定與相關資訊的全面蒐集**：透過各通信協定與其他資料的蒐集，提供額外的資訊來識別資料的真偽。例如：Domain Name System（DNS）記錄或 Host table 提供 IP 與 Domain Name 間的轉換。Address Resolution Protocol（ARP）提供 IP 與 MAC 位址間的轉換。UID（User ID）與 GID（Group ID）提供 user name 與 group name 的識別。TCP 與 UDP port 提供網路服務名稱間的轉換。

四、網路數位證據蒐集過程記錄文件化

1. **網路過濾與寫入更動的記錄**：將即時網路數位證據獲取的各項細部過程予以文件化，記錄包括調查員姓名、使用的方法、開始與結束的時間戳記、其他的技術文件及錯誤資料等。

2. **時間戳記**：時間的正確性，影響網路數位證據與其他相關證據的連結。為求精確，應使用 NTP 協定來校對時間。

3. **地點戳記**：正確的地點戳記與描述，將可使證據更具說服力，透過地點的描述，可得知網路封包蒐集器的配置地點是否妥當。可將 IP 位址、DNS 資訊、Subnet 資訊、VLAN 資訊及路由資訊等，記錄於鑑識文件報告中。

4. **錯誤的報告**：在蒐集過程中發生的錯誤情形都應清楚記錄，並分辨是工具的選擇或網路資料本身的錯誤，以利於預測與判斷其他可能的錯誤。如網路第三層的錯誤解讀，將致使第四層的資料亦有錯誤。

五、分析所獲得資料之真實性與可靠性

1. **自我一致性與自我矛盾性**：對於資料本身是否存在自我矛盾之處，可尋找出偽造的資料，例如根據前後封包 TTL 與通信協定等網路特性進行分析。此外，從多個設備所擷取的相同資料進行比較，可提升即時網路數位證據的真實性。

2. **驗證資料來源的可靠性**：可依據一些主機的 log file，來驗證即時網路數位資料的可靠性，這些主機如 WWW server、Mail server、Firewall Log 與 IDS log 等。

8.1.2 網路瀏覽器與數位鑑識

　　網路瀏覽器做為使用者探尋廣大網際網路資源的窗口，其扮演著溝通使用者及網路服務供應商之間的中介者，自然會留下許多網路使用者的使用軌跡，至於網路瀏覽器會留下什麼類型的記錄檔呢？一般有下列四種，如圖 8-5 所示，詳述如下。

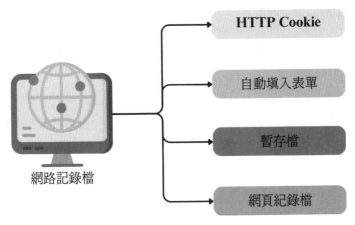

圖 8-5　網路記錄檔之四種類型

一、HTTP Cookie

HTTP 為用戶端與伺服器端之間互相商量溝通的準則，例如在台灣我們彼此利用國語溝通，雙方都聽得懂對方在說些什麼，在網路世界中用戶端與伺服端透過 HTTP 來進行通訊。而 Cookies 則是儲存溝通過程中彼此所交談的內容，比如說兩人交談過程中所使用的文字及帳號 ID 資訊，如圖 8-6 所示。而 Cookie 可區分為內部記憶體 Cookie 及硬碟 Cookie，差別在於當使用者關閉瀏覽器時，內部記憶體 Cookie 會消失，而硬碟 Cookie 則否。

	creation_utc	host_key	name	value	path	expires_utc	secure	httponly
	過濾	過濾	過濾	過濾	過濾	過濾	過濾	過濾
1	1297072723571479	.google.com.tw	PREF	ID=6da8e1dfdc76f4ca111dcd4ca558b1a762b8bf79c0.TK···	/	3013795935000000	0	0
2	1297072722963679				/	3295497795000000	0	0
3	1297072785797033	www.jdbcm.net	A134_2122_Jwkinist	true	/	1340251589	0	2973120780000000
4	1297072787575103	tw.av.wikimedia.yahc	yahc_tw_lv	y60d509a71784f6a8ed7855b7008dfa3b	/	1299812246189159779	0	3013898718000000
5	1297072787646333	images.tw.wikimedia.org			/	1297083016000000	0	0

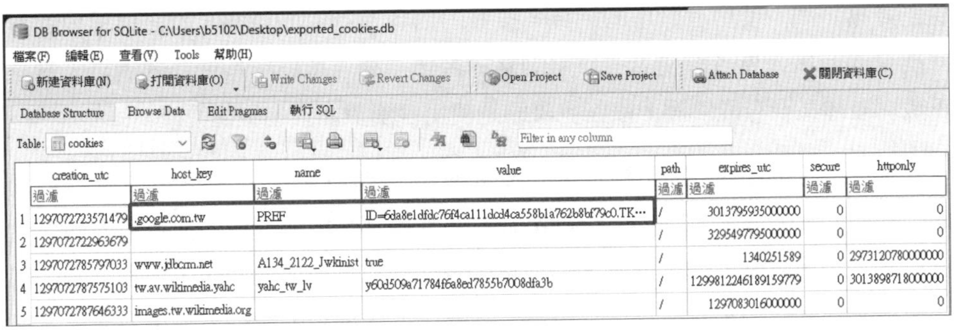

圖 8-6　含有 ID 資訊的 Cookie

二、自動填入表單資訊

　　有些網站會要求使用者填寫個人資訊以驗證使用者，而為了節省每次使用者登入網站都需重新填寫資訊的時間，各瀏覽器都提供儲存使用者填寫的表單內容，當下次遇到相同表單需填寫時，網站便從記錄檔自動載入表單內容。例如網頁要求使用者輸入姓名、電話及地址等身分資料，下次要再填寫一次時就會自動載入，節省掉使用者需再次輸入同樣資料的麻煩。因此，鑑識人員便可從案件關係人常使用於上網的設備中，搜尋網頁表格中所輸入的文字，從中可能掌握當事者身分或聯絡資訊。

三、暫存檔

　　當使用者從網站上存取圖片、影片及 Flash 動畫等檔案時，瀏覽器會同時下載存放這些容量不大的檔案內容。而當使用者下回再次讀取相同檔案時，瀏覽器會先從暫存區讀取暫存檔，而非重新從網路存取下載，這樣做目的，即可以加速顯示網頁內容。從檔案能初步判斷使用者常瀏覽何種網站與類型，如暫存檔中有電玩人物的圖檔或動畫，則可推測使用者可能有玩電玩的習慣或興趣。

四、網頁記錄檔

　　瀏覽器存有一個記載使用者瀏覽網路時，執行什麼程序與使用哪些應用服務的記錄檔，如：使用者造訪的網頁、搜尋的內容及存取的檔案，而記錄檔內的資訊能幫助鑑識人員了解使用者使用網路的習慣，如：造訪頻率最高的網頁、曾經下載哪些檔案及存取時間，這些記錄即是使用者瀏覽網頁的數位證據。

　　對於眾多的網路使用者而言，最常使用的網路功能即是搜尋引擎，舉凡 Yahoo 奇摩、Google 與 Findbook 等都是著名的網路搜尋引擎。當使用者輸入關鍵字時，搜尋引擎會依此關鍵字在網路中搜尋網頁並且過濾資訊，列出符合使用者可能需要的內容，在瀏覽清單中顯示網頁，使用者以點選的方式選取瀏覽。而我們所瀏覽的網頁資訊，如前述的各類型網路記錄檔，就會自動地被瀏覽器儲存於伺服端及本地端電腦，這些記錄檔記錄著我們的網路活動，同時，也可能記錄

著案件關係人在網路中搜尋資料的歷史活動。因此，鑑識人員可從相關設備中，萃取出網路記錄資訊，以還原犯罪行為。

8.1.3 即時通訊與數位鑑識

即時通訊（Instant Messenging，簡稱 IM）是一種線上通訊服務，可讓 2 人或是多人利用網際網路即時傳遞文字、語音、圖片與影片等。比起過去曾十分流行的網路聊天室服務，即時通訊更為群組化以及貼近個人，而與 E-mail 相比，IM 是更為快速以及更加簡便的聯絡方法。由於 IM 具備即時溝通、跨平臺性、低成本以及可多方通訊等優點，使得 IM 成為現今不可或缺的溝通管道之一，因此，也可能成為犯罪案件的聯絡管道，記錄著相關案件關係人之間的聯絡資訊等。

有些需要於本機安裝即時通訊軟體；有些則可直接與網頁中操作使用。因此，若要對即時通訊進行數位鑑識工作，需先針對不同的即時通訊服務運作機制進行了解。以下將以 Skype 為例，說明如何進行相關鑑識工作。

一、Skype 技術

Skype 是由瑞典斯德哥爾摩人 Niklas Zennström 於 2003 年發明，其通訊的技術是建立在 P2P 網路技術，讓使用 VoIP 的用戶端可以通過 Skype 在網路上進行視訊、語音和文本的傳輸。所謂 P2P（Peer-to-Peer），中文翻譯作「點對點」，是一種網路技術或架構，這項技術不同於傳統的主從式（Client-Server）架構，而是用戶端彼此之間可以相互溝通並可進行資料共享，而在 P2P 網路中，伺服器的功能主要是用來尋找其他用戶端，有關 P2P 技術的詳細介紹與鑑識相關議題，將於本章第 3 節進行說明。另一項掌握 Skype 通訊的技術為 VoIP，而 VoIP（Voice over IP）是透過 IP 網路傳輸語音資料的技術，即是當以 IP 協定傳送語音資料時，會先將語音資料切割成封包在網路上傳送，原為類比的聲音訊號將以「數據封包」（Data Packet）的型式在 IP 數據網路（IP Network）上做即時傳遞，換句話說，VoIP 系統就是將原為聲音的類比訊號數位化後（Digitized），透過由網路上各相關通訊協定下做即時通訊功能。而 VoIP 技術可將資料封包在網路上

傳遞過程中所發生的失真、回音及資料遺失做適當修補,使其原音重現。圖 8-7
為 VoIP 簡單的示意圖。

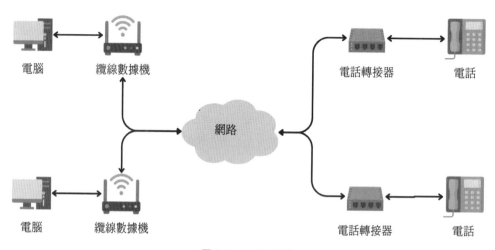

圖 8-7　VoIP 架構

二、Skype 系統運作及安全

　　前段已說明 Skype 系統使用 P2P 技術,而在 Skype 的 P2P 網路中可分為
兩種節點,即用戶端節點(Ordinary Node)和超級節點(Super Node, SN)。
用戶端節點指普通主機終端,只需要下載了 Skype 的應用程式,就成為具有提
供語音呼叫和文本消息傳送的能力節點;超級節點則是具備有公網地址、具有足
夠的 CPU、儲存空間足夠大及足夠的網路頻寬等特殊條件的主機終端。另外,
在 Skype 網路中由中央伺服器保存著用戶端初始登錄時的用戶名和密碼,欲使用
Skype 服務時,用戶端必須連結到超級節點,並且在 Skype 的中央伺服器登錄通
過認證工作,圖 8-8 為用戶端節點、超級節點及中央伺服器之關係圖,與一般即
時通訊工具如 MSN,最大的不同在於其除了用戶登錄,其餘工作基本不依賴中央
伺服器,每一個用戶端都維護一個可以到達的主機清單(Host Cache, HC),包
括其 IP 位址和埠號。

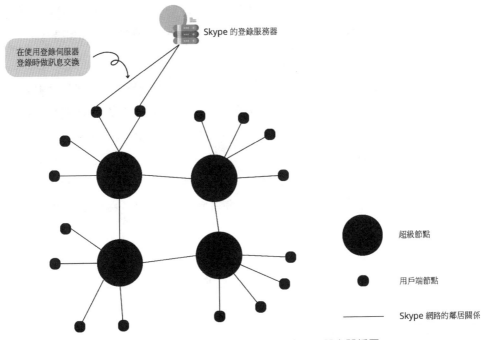

圖 8-8　用戶端節點、超級節點及中央伺服器之關係圖

　　而有關 Skype 安全保護機制，由於使用者的語音跟資料會經超級節點傳送，所以安全以及隱私的問題相當的重要。Skype 使用一項稱為 Skype 協定的專有 Internet 電話（VoIP）網路，這個協定並未公開，Skype 訊息傳送時，使用國際承認和接受的標準加密演算法 AES（Advanced Encryption Standard），可以動態的將每個呼叫和即時消息加密。透過這種方式，Skype 在訊息（語音、即時消息及文件）發送之前進行加密，在接收到訊息時進行解密，即使在數據傳輸過程中需要經過其他節點進行中轉，也完全沒有可能在中途被竊聽。Skype 並會向每名使用者發配一個「數位證書」，任何 Skype 使用者均可出示該證書，確定發起或接受 Skype 通話或聊天的人員的正確身分。

三、Skype 鑑識案例探討

　　Skype 傳輸資料所使用的 AES 加密演算法，目前仍無較佳的破解方式，即使用竊聽方式截取 Skype 封包，仍無法解密還原訊息。因此，我們將鑑識工作轉向

Skype 訊息的接收與讀取時，即當訊息以未加密狀態暫存於記憶體處理時，透過對記憶體進行鑑識來取得有利的數位證據。以下將透過案例來說明如何進行。

> **範例** 甲員為政治激進份子，企圖進行捷運炸彈的恐怖攻擊，其附近鄰居報案說常聽見類似爆竹的聲響，不知甲員是否在進行爆裂物的製作。某日，接獲報案後，偵辦人員進入甲住處時，看見甲正在電腦前，正在使用 Skype 與人進行即時通訊，惟因未及時將甲控制住，甲員得以迅速將即時通訊視窗關閉。適逢甲員之電腦主機仍在運轉中，偵辦人員即刻蒐集暫存於記憶體之資料，進行記憶體鑑識，以在電腦上蒐集甲可疑犯罪活動的相關證據。

針對上述的案例，現場的鑑識人員採取之步驟如下：

一、製作記憶體映像檔

在現場將電腦中的揮發性記憶體製作一個完整的映像檔（Image File），即現場進行記憶體傾印（Memory Dump）來蒐集運轉中電腦主機裡的記憶體資訊，以便進一步分析暫存於記憶體裡的重要資訊。在本案例中，我們使用 win32dd 來進行記憶體傾印，以 win32dd 來進行傾印（Memory Dump）時，需要在 DOS 介面下操作進行，並在電腦主機 C 槽目錄下產生記憶體映像檔。圖 8-9 中，鑑識人員 C 槽下執行 win32dd 的指令（win32dd /d /f 是針對 Microsoft 的格式所進行的指令）。這個指令完成之後，就會像圖 8-10 所示，在 C 槽下，產生一個記憶體的映像檔叫做 physmem.dmp）。

圖 8-9　以 win32dd 軟體進行記憶體複製

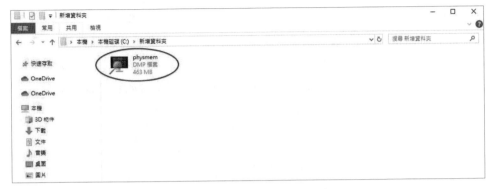

圖 8-10　完成產生記憶體映像檔

二、取得嫌疑犯登入之帳號

　　從步驟一中所得到的映像檔 physmem.dmp，利用 WinHex 可以搜尋到映像檔中的使用者帳號。如圖 8-11 所示，現在甲員的使用者帳號是 vance0831，在 physmem.dmp 即可以找到 vance0831 這個帳號。

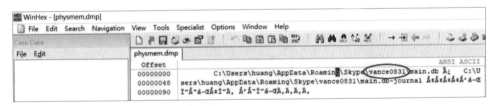

圖 8-11　使用者登入之帳號

三、搜尋聯絡人清單

　　聯絡人清單是呈現嫌疑犯甲員的社交網路以及人際關係鏈的輪廓，這有助於線索的追查以用來對照聯絡的細節。而在 Skype 的系統，每個聯絡人列表的成員都是以 ID 來識別的。在本案例中，以關鍵字 vance0831 搜尋，從記憶體映像檔裡有蒐集到聯絡人清單裡的 Skype 帳號，就是 x5642000，如圖 8-12 所示。然後，對應到 x5642000 之相關的資訊在瀏覽器以萬國碼（UTF-8）編碼方式可以得知使用者聯絡人的一些設定資訊。中文字呈現出來會變成亂碼，這個問題可以使

用瀏覽器開啟這些訊息之後將其轉換成可讀的中文字。假設現在聯絡人 x5642000
的設定資訊（以自我介紹為例）是「我憎恨藍色，綠色才是我的道路」，如圖
8-13 所示。當我們利用 WinHex 去讀取映像檔時，會出現如圖 8-14 的亂碼。
這些亂碼再經由瀏覽器（以 Chrome 為例）開啟之後就會成功的讀取到聯絡人
x5642000 的設定資訊，如圖 8-15 所示。

圖 8-12　蒐集聯絡人資料

圖 8-13　聯絡人的相關資料

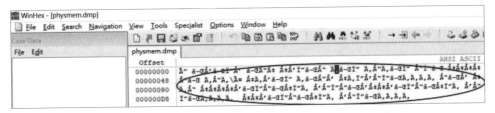

圖 8-14　利用 WinHex 解讀聯絡人的相關資料而產生出的亂碼

圖 8-15　利用 Chrome 瀏覽器將 WinHex 所得到的亂碼解成可讀的中文

四、還原聯絡內容

　　聯絡內容包括了嫌疑犯甲員和聯絡人彼此間所傳送的資料，回復聯絡內容可以提供給偵辦人員追查的線索，如攻擊活動的地點、時間、參與人員身分及任務分配，也可以做為建立案件關係人的人際關係，以利後續偵辦工作。經由步驟一取得的記憶體映像檔及步驟二所取得之帳號，可以用關鍵字 "#($)vance0831" 來搜索通訊內容，而 Skype 的通話記錄的開頭會以 # 帳號 /$ 帳號表示建立通訊的雙方記錄，同樣以瀏覽器進行編碼，藉此可蒐集到使用者使用通訊軟體所對談的內容。在本案例中，當鑑識人員利用步驟一、二跟三之後，取得甲員的 ID 和聯絡人 x5642000 的資料之後，再利用 WinHex 去讀取映像檔並尋找 "#($)vance0831" 的關鍵字之後，如圖 8-16 所示，再對此關鍵字之後的字串利用瀏覽器來解讀，如圖 8-17 所示，可發現聯絡人 x5642000 傳送訊息「之前計畫所需要的貨已經到手了，預計這禮拜天在台北車站執行」給甲員（ID 為 vance0831），即為欲找尋之犯罪訊息。

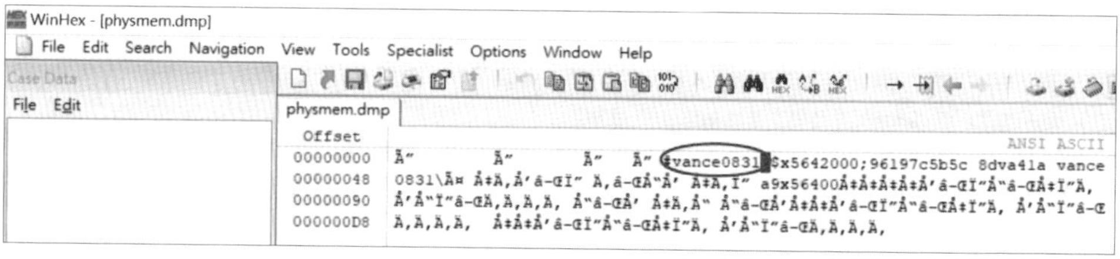

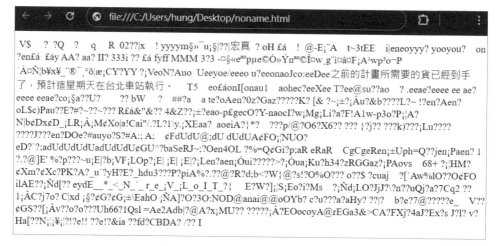

圖 8-16　尋找犯罪者和聯絡人間聯絡內容的關鍵字

圖 8-17　將聯絡內容利用瀏覽器解讀

8.1.4　社交網路服務與數位鑑識

　　社交網路服務於近幾年發展迅速，以全球最知名的社交網站 Facebook 為列，截至 2019 年，已擁有超過 20 億用戶。而社交網站的流行所帶來的不僅是人們間進行社交活動的另一種平台，亦可能成為進行犯罪行為的工具，最常發生於社交網路服務的犯罪類型為身分竊盜，即是一種以盜用他人身分證明資訊，例如姓名、身分證字號、出年月日、電話、信用卡號碼、印章、簽名及指紋…等，再利用這些資訊，假冒成被害者，為所欲為地進行各種犯罪行為，例如詐騙取財、申請或盜刷信用卡及偽冒貸款…等，當被害者發現身分被盜用時，已造成難以挽救的財物損失或信譽受損。而由於社交網路服務具有分享資訊的本質，容易讓使用者疏忽資訊安全意識與個人資料保護，使得身分竊盜行為特別容易發生。在

Facebook 正興起之時，國際上便有一則案例，由於將隱私權設定勾選為分享給「朋友的朋友」，而導致其出遠門的訊息洩露給其中一名「不懷好意」之朋友的朋友，遭致闖空門的下場。

　　既然社交網路服務存在著犯罪行為的可能，因此，探討如何進行數位鑑識工作有其必要性。由於社交網路主要是以網站介面瀏覽及上下載資料的形式，故鑑識工作可分為找尋網站瀏覽痕跡及本機記憶體分析兩方面進行，以下將以一則透過 Facebook 進行網路詐欺的範例，說明相關鑑識工作如何進行。

> **範例**　在本範例中，可能的嫌疑者 C 與人物 A 與 B。首先，A 在社交網路服務網站 Facebook 中，收到一個申請與 A 成為朋友關係的交友訊息，畫面如圖 8-18 所示，而經過檢視，其所顯示的照片及個人資料，使得 A 認為此帳號即為其友人 B，因而同意與該帳號在 Facebook 上成為朋友關係。有天該帳號以手機損壞無法使用且有急需為由，透過即時訊息功能，請 A 協助購買網路遊戲點數和代收網路遊戲認證碼簡訊，並請 A 告知認證碼。然而，該帳號在獲取認證碼後即失去聯絡，A 在收到手機帳單並向朋友 B 詳加查證後，發現 B 並未使用 Facebook，A 始知已遭到犯罪者詐騙。
>
>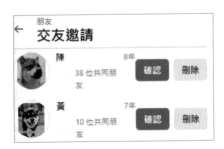
>
> 圖 8-18　A 收到 B 的朋友邀請

針對上述的案例，鑑識人員進行下列的步驟：

一、分析社交服務網站特性

由於各種不同的社交服務網站，各自有著不同的註冊及設定方式，因此，需先針對目標社交網站分析其使用方式，以找尋相關線索。本範例是以 Facebook 為犯案平台，由於 Facebook 的帳號即為使用者的 E-mail 帳號，也是用來識別使用者的唯一依據，使用者在帳號申請過程，都需要經過 E-mail 認證，如圖 8-19 所示，所以雖然犯罪者所公佈的個人資訊為 B 所有，但該 E-mail 可能為犯罪者所擁有或與其有一定程度之關連。

圖 8-19　Facebook 註冊畫面

二、追查 ip 位址

檢視 Facebook 使用情形，得知該詐騙帳號所使用的 E-mail 為 im711148@ ，偵辦人員依據其 E-mail 追查 ip 位址，並向 E-mail 主管單位調閱申請者所留下之個人資訊。依據 ip 位址，偵辦人員追查到 C 的電腦，但是 C 矢口否認曾使用該 Facebook 帳號，此時，下一步即是證明 C 確實使用過該帳號。

三、製作記憶體映像檔

由於登入 Facebook 網站並不需要安裝任何軟體，因此，有別於其他需要安裝才能使用的軟體程式會在登錄檔中留下許多證據，我們將鑑識工作重點放在嫌疑人電腦中的揮發性記憶體，找尋殘存的證據，證明使用者剛剛執行的動作及行為。在此，我們使用 Helix 鑑識軟體，進行記憶體傾印（Dump），由於 Helix 具有 Live CD 的特色，可協助鑑識人員獲取電腦資料而不會修改到目標電腦的

資料與設定值。Helix 軟體的執行畫面如圖 8-20 顯示，先將 Source 來源設定為 PhysicalMemory，並選擇儲存的目的地資料夾與輸出檔案的名稱。

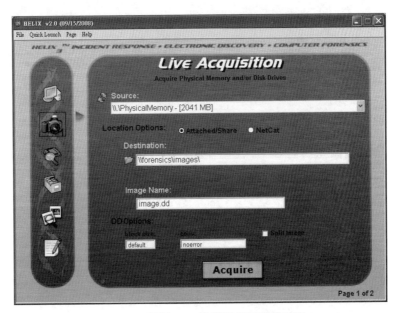

圖 8-20　透過 Helix 軟體進行記憶體傾印

四、關鍵字搜尋

　　將傾印出來的記憶體映像檔 image.dd，透過 EnCase 專業鑑識軟體進行關鍵字搜尋，圖 8-21 為 EnCase 輸入關鍵字搜尋的畫面，我們輸入 view my profile、profile.php、pass= 以及 C 所用的 E-mail 帳號 im711148 等四個字串，作為搜尋的關鍵字。在這四個關鍵字搜尋結果中，發現一些關鍵性的蛛絲馬跡，例如在關鍵字 view my profile 的搜尋結果，如圖 8-22 所示，裡面發現：「Visit your privacy settings to control who can see the information on your profile」、「View My Profile」、「Apple Ting」、「Edit Profile」、「Current City」等資料，這顯示剛剛偽冒者曾用 Apple Ting 帳號登入 Facebook，並編輯帳號的基本資料。而圖 8-23 顯示在關鍵字 pass= 的查詢結果中，發現有一段「email=im711148@███████ ██&pass=123███」，表示 C 曾用 im711148@███████████ 登入 Facebook，且密碼為 123██。

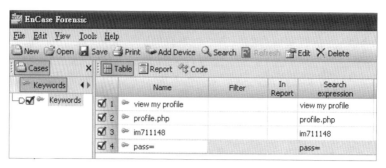

圖 8-21　EnCase 關鍵字搜尋畫面

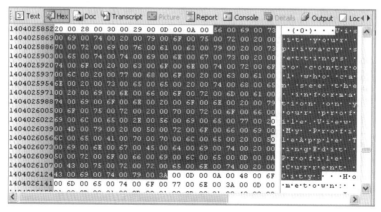

圖 8-22　關鍵字 view my profile 的搜尋結果

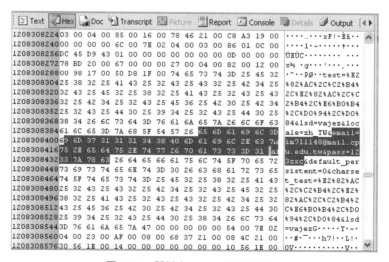

圖 8-23　關鍵字 pass= 的搜尋結果

五、描繪案件關係

透過上述記憶體鑑識的操作，我們可以在 C 的電腦中找到他曾經使用過該帳號登入的證據，證明 C 的確使用過該帳號，並與 A 進行互動。也就是說，C 是進行詐騙行為的偽冒者，利用 A 對 B 的信任與朋友關係，在 Facebook 建立一個帳號，利用 B 在網路上分享的資料與照片，盜用 B 的身分，在 Facebook 上與 A 成為朋友關係，並透過 A 所公佈的 Facebook 塗鴉牆、個人訊息及照片內容等相關資料，瞭解 A 的生活與動態，以及 A 與 B 的關係，時常攀談建立熟悉感與信任程度後，藉此進行詐騙取財等非法行為，我們將此範例的關係圖，以圖 8-24 表示。

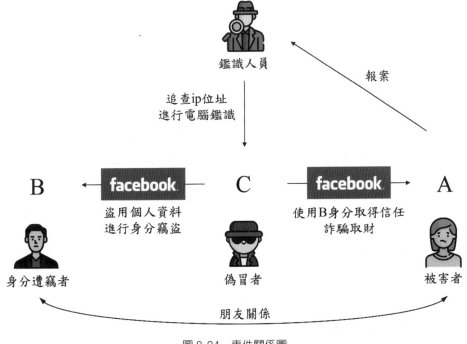

圖 8-24　事件關係圖

8.2 雲端運算與數位鑑識

雲端運算可說是目前資訊領域最熱門的議題,市場調查機構 Gartner 預估雲端運算(Cloud Computing)是企業未來投資的首要目標。顯而易見的,雲端運算服務將是未來網路科技發展重點,會有更多企業或使用者踏入此領域。或許部分讀者對於什麼是雲端運算服務仍是一知半解,根據美國國家標準局(NIST)的標準定義中認為雲端運算應包含五個基礎特徵,分別是 1. 隨需自助服務(On-demand self-service)、2. 隨時隨地用任何網路裝置存取(Broad network access)、3. 多人共享資源池(Resource pooling)、4. 快速重新部署靈活度(Rapid elasticity),和 5. 被監控與量測的服務(Measured service)。

從上可以簡單了解雲端運算是服務的概念,而非技術;「雲」指的是網路,「端」則是平台,利用網路平台使電腦能夠彼此合作及使服務更無遠弗屆。雲是充滿變化的,而使用者可以依個人需要塑造屬於自己的雲,不受他人作業的干擾,但依偵查鑑識角度而言,使用雲端的「雲雲」眾生卻帶來不少問題,因為當犯罪利用雲端運算服務進行非法行為時,犯罪跡證不若以往 PC 犯罪環境較易留下數位痕跡或固定的犯罪範圍,取而代之,犯罪可以在任何地點(Anywhere)、任何時間(Any time)利用雲端資源達成非法目的,而且還不易留下犯罪跡證。因此,本節將先介紹與雲端相關的概念,以及雲端鑑識的相關議題,並以提供雲端服務之一的線上文件儲存服務「Drop box」為例,說明鑑識人員如何進行雲端鑑識,期望藉由電腦鑑識技術找尋犯罪的蛛絲馬跡,發現關鍵線索還原真相,輔佐案件鑑識之進行。

8.2.1 雲端運算的概念

雲端運算是種分享網路資訊的服務模式,使用者透過網路取得服務時,不需關心基礎建置,意味著,使用者提出要求,則雲端服務提供者回應你的要求,為此,雲端服務需具備彈性(Flexibility)與可擴充(Scalability)的能力,以應付多元的環境。而雲端運算概念中有四個關鍵要素,茲彙整如下:

一、硬體與軟體皆是資源，透過網際網路提供服務

雲端運算中摒除以往使用者凡事自己來的高成本運作方式，它的思維走向分工合作模式，資源範疇不侷限在硬體或軟體，而是擴展 Web 服務及軟體應用。所以透過雲端運算，組織可將資訊服務委託專業的機構負責，以專心經營公司本身的業務，資源需求方面只要透過網路連線便能取得，具有高度彈性，如亞馬遜 EC2 平台，提供運算處理的資源。

二、資源動態調整

雲端運算可動態擴展和彈性配置資源，藉由建立標準及開放技術，用戶可以依照本身對服務品質的要求，調整本身所需要的服務。好比過年期間返鄉車票訂購，為處理短時間內大量使用者訂票需求，政府可向雲端業者租買短期內需要的運算處理資源，解決資源不足的問題。

三、分散虛擬架構

雲端運算採分散式協同架構模式，它將資源運行在遠端的分散式系統上，而不是集中在一台伺服器上執行運算。這樣的好處是，資源可以藉由網路相互連接起來，進而提供大量且穩定的網路服務，不用擔心某一伺服器發生故障就會中斷服務。所以你在享用資源時，並不知道資源是哪兒來或資料存放在哪裡，因為資源是分散的，但卻可以用單一整合的服務介面。

四、依時付費，以量計價

以往解決資源不足問題，似乎只能透過購買設備的高成本作法解決，但有時候狀況可能是短時間大量的需求，一旦過了此階段，這些所購買的設備資源便閒置下來，成了冗餘資源，撇除購買成本不說，用戶還需負擔維修管理成本，這像是惡夢，揮之不去。雲端運算的出現，解決了問題，它是用戶按資源的使用量或規模付費，平常用戶也不用關心設備及軟體的維護管理問題，避免了可能出現的浪費或維修的成本。如透過應用程式的使用者數計價的 Google App Engine 及

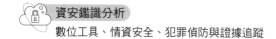

CPU 使用時間、儲存資料量及使用頻寬等計價方式的 Microsoft Windows Azure Platform，皆是依時付費，以量計價的雲端服務。

若從技術演進來看，雲端服務概念大抵承襲了「分散式運算」（Distributed Computing）以及「網格運算」（Grid Computing），將任務分工至各平台或利用閒置資源完成工作，擺脫了使用者需耗大量成本購買設備環境，各階段演進技術詳述如下：

一、分散式運算與網格運算

分散式運算（**Distributed Computing**）是將大型工作切分成較小型的工作後，透過網路將這些小型工作分別傳送到不同的電腦進行運算，然後再彙整結果，如 1999 年啟動「SETI@home 尋找外星生物計畫」，便是透過分散式運算將 500 萬個人電腦連結，在它們空閒時間中進行無線電訊號的分析運算。所以分散式運算不但能減低成本，更能彈性調整資源，將資源有效利用。**網格運算（Grid Computing）** 可將不同平台、不同架構及不同等級的異構電腦做整合運算，這些分散不同處的電腦透過分散式運算虛擬成一台超級電腦。「網格運算」以公開的標準溝通協定整合不同系統的伺服器，來處理大規模的資料，所以網格運算與分散式運算是有不同之處，但都屬於雲端服務的概念。

二、公用運算

公用運算（**Utility Computing**）的概念是讓 IT 服務以公用服務的方式進行，如供應水、電力或瓦斯，用多少就付多少，使用者付費。因網路通訊技術的逐漸成熟，基礎建設普及化，讓多工運載的網路環境成形，使得以運行公用運算。而公用運算的資源可透過內部網路或利用公開網路等管道獲取。

三、軟體即服務

不同於以往套裝軟體使用經驗，此模式下的服務，應用軟體或資訊服務儲存於的網路資料中心，使用者只要透過網路連線至網路資料中心選取所需服務，即

可存取應用軟體或資訊服務等雲端資源，故 SaaS（**Software as a Service**）可說是延續既有桌面軟體，以網路為傳輸資源媒介，提供線上軟體應用。

四、雲端運算

雲端運算（**Cloud Computing**）的發展，網路是一個很重要的角色，我們將雲端資源比喻為水龍頭，而網路就是輸送自來水（資源）的水管，負責將水（資源）運送至各個地方。所以要讓資源廣布，讓民眾隨時隨地存取的話，雲端運算要建立在分散式運算、網格運算、公用運算和 SaaS 等發展基礎下，讓網路資源方得以有效使用，提供高品質、高彈性與低成本的服務。雲端使用者可以很容易地存取各方資源，也可以將資料存放各地，這可看出，資源可用性與資料保障性是雲端重要的服務特色，也是不能缺少的必備元素。

若依照雲端運算提供的服務類型，雲端服務大可歸納三種服務，說明如下：

一、軟體即服務

使用者只需關心使用應用程式，而不用去維護或管理雲端架構各項硬體資源、軟體的部署及運行。此外，雖然 SaaS（**Software as a Service**）同時面對多個用戶，但每個用戶都是感覺獨自享有該服務。目前大家常用的 YouTube、Gmail 等 ... 即是 SaaS。

二、平台即服務

PaaS（**Platform as a Service**）是雲端業者提供了一個資訊開發的平台，用戶可以隨自己意思開發相關應用服務程式，除了編寫自己的程式碼部署在雲端平台上外，可將開發好的應用服務放置在網路上，且有很多好處。首先，PaaS 有很大的彈性空間，供使用者設計應用服務；其次因為開發與執行都是在同樣的平台，故用戶執行應用程式時，相容性問題會較少；第三，用戶無需考慮應用的擴充性或服務容量等問題，PaaS 會提供如同 SaaS 一樣的維運管理功能，如：Google AppEngine 與 Microsoft Azure 即是 PaaS。

三、基礎設施即服務

雲端服務業者提供「基礎運算資源」，如虛擬化的運算資源、儲存空間、網路元件或中介軟體等資源，免去了過往使用者花大錢卻用不到幾次的窘境。**IaaS（Infrastructure as a Service）**服務中，你可以根據需求選擇購買基礎設施，這項服務很棒的一點是，讓一般使用者也可以享受到企業級的 IT 基礎設施與資源，而費用卻很平易近人，採計時付費。我們可以簡單歸納 IaaS 好處，動態調整設施資源、使用時才付費、降低建置與維護成本及獲得豐富、強大的 IT 資源，雖然相對於 SaaS、PaaS 的服務，IaaS 提供的服務是較於底層軟硬體，但使用上卻更為靈活，如 Amazon Simple Storage Service（S3）便是一例。

以上我們可以清楚知道此三項服務內容，SaaS 運作內容是應用軟體服務、PaaS 則提供了開發的服務環境，讓用戶自由編寫應用程式，IaaS 則是為一個基礎建設服務，在設施資源上管理儲存空間、作業系統及應用程式。SaaS、PaaS、IaaS 雲端服務關係如圖 8-25 所示：

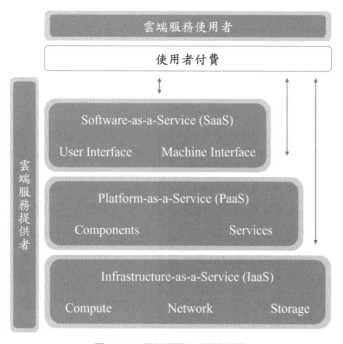

圖 8-25 雲端服務架構關係圖

8.2.2　雲端鑑識議題

　　如何在雲端上進行鑑識工作為近期十分熱門的議題，而雲端運算的架構主要可分為雲端伺服器、寬頻網路及使用者終端三大元件，因此，雲端鑑識也針對各元件發展相對應的鑑識方法。就雲端伺服器鑑識而言，由於雲端運算運用了虛擬機器的技術，部分資料可能在虛擬主機關閉後即消失，因此，掌握稽核紀錄變得十分重要，另外，在萃取記憶體進行鑑識時，如何分析其檔案結構也需先具備相關知識背景。而由於雲端服務的提供需透過網路進行，因此，在使用者終端進行鑑識取證時，除了一般鑑識電腦主機的方法外，亦需結合網路鑑識的技術，蒐集包含連線記錄、電子郵件以及瀏覽網站資訊等。

　　目前提供雲端服務的公司多為國際知名大廠，如：Amazon、Google 及 Microsoft 其伺服器遍及全球各地，導致各類記錄資訊可能分散各地，另外，由於進行鑑識具有司法偵查的性質，對於跨國案件可能產生司法管轄權的問題，這些問題都造成國內從事雲端鑑識工作的困難。因此，對於雲端鑑識的應用，多集中於雲端服務的使用者終端，一旦取得相關證據，不僅能提供為呈堂證據或是提供偵辦方向的參考，若是需要從國外伺服器取得相關資料，也可做為請求跨國司法互助時的依據。

8.2.3　雲端儲存服務軟體

　　目前在台灣較廣為流行的雲端儲存服務軟體有 Google Drive、OneDrive、Dropbox，以下依序分別介紹。

一、Google Drive

　　Google Drive 為 Google 所提供的雲端硬碟服務，提供 15GB 的免費儲存空間，相片、影片、簡報、PDF，甚至是 Microsoft Office 檔案，各種檔案類型都能安全地儲存在雲端硬碟。同時 Google Drive 與自家提供的雲端服務緊密結合如：Gmail 電子郵件附件、Google 相簿、Google 文件、簡報、試算表等，都可直接儲存到雲端硬碟並進行線上的編輯，如圖 8-26 所示，可以輕鬆邀請他人查看、

編輯指定的檔案或資料夾,並在其中加上註解,透過線上協作,讓工作更輕鬆。
Google Drive 採用 SSL 加密功能,即使智慧型手機、平板電腦或桌機發生任何問
題,雲端硬碟中的所有檔案仍然安全無虞。

圖 8-26　Google Drive 與 Google 雲端應用程式的結合

二、OneDrive

OneDrive 為微軟所提供的雲端儲存服務,提供 5GB 的免費儲存空間,已經
預先安裝在 Windows 10 上,如圖 8-27 所示,使用者可以直接透過拖拉的方式來
搬移、上傳、刪除檔案,此外,還可以預設檔案儲存路徑在 OneDrive 位置,檔案
直接儲存在 OneDrive 雲端空間上,達到快速進行備份的效果,如圖 8-28 所示為
Word 預設儲存路徑在 OneDrive 位置。OneDrive 一大特點在於與自家的 Word、
Excel、PowerPoint 及 OneNote 文書服務緊密結合,可透過電腦、行動裝置及網
頁進行共同編輯作業,對於使用慣 Office 的使用者是一大福音。另外,OneDrive
並允許使用者透過 Microsoft Account 來限制不同的使用者存取檔案,允許使用者
決定是否將檔案與公眾分享,或是限於聯絡清單上的人才能存取;而對所有人公
開的檔案則不需要 Microsoft Account 即可存取。

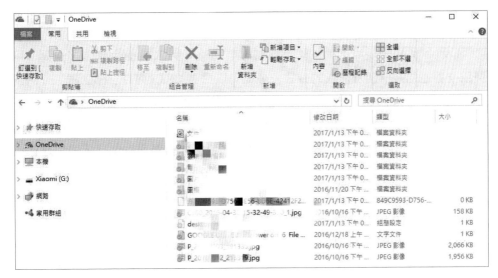

圖 8-27　OneDrive 預先安裝在 Windows 10 上

圖 8-28　Word 預設儲存路徑在 OneDrive 位置

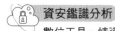
三、Dropbox

Dropbox 是一個線上檔案同步服務，申請時提供 2GB 的免費儲存空間，可利用推薦連結邀請朋友加入的方式，最高可以提供 16GB 儲存空間上限。提供多台裝置間的檔案同步、檔案分享下載點、和他人共用資料夾、和各種手機 APP 結合、各種外掛、網站服務的延伸應用，除此之外，還有一大特點是還原誤刪檔案，Dropbox 會保存 Dropbox 帳戶裡 30 天內任何的檔案變動記錄（使用延長版本記錄期間或 Dropbox Business 方案時，則可保存更久），可以恢復檔案舊版、還原遭刪除的檔案，或是復原刪除活動，在檔案內點選「更多」→「版本記錄」如圖 8-29 所示，可還原下方任何版本，還原的版本會變成檔案目前的版本，而 Dropbox 系統仍會儲存其他所有舊版本，如圖 8-30 所示。

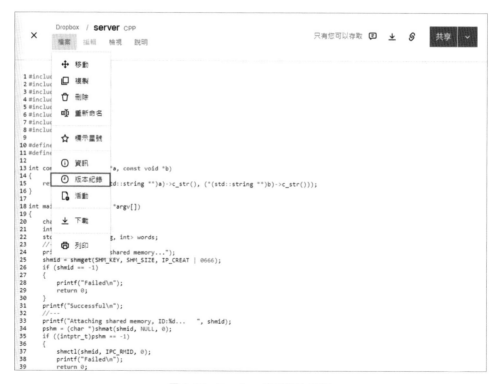

圖 8-29　Dropbox 查看版本記錄

圖 8-30　Dropbox 選擇還原的檔案版本

8.2.4 雲端鑑識實務－以 Dropbox 為例

　　Dropbox，如圖 8-31 所示，並且具有桌機版以及手機版，桌機版可支援 Windows、Mac 和 Linux 等作業系統；手機版則透過下載安裝 App 方式使用，支援 iOS、Android 與 Blackberry 等智慧型行動作業系統。由於 Dropbox 提供使用者輸入帳號及密碼登入後，便可利用行動裝置連線以無時無刻、不限時間地點及不限於原上傳裝置，自由存取上傳的檔案。進一步推想，若使用此工具進行違法犯紀之事，該如何處理。以偵查鑑識角度而言，我們需了解在安裝完 Dropbox 後，會有什麼數位跡證存留在電腦，並進一步搜尋關鍵的犯罪證據檔案。

圖 8-31　Dropbox.com 網站登入畫面

範例　執法單位調查一起手機販毒案，目前已知嫌犯利用手機上網功能，將販毒交易明細儲存至網路空間，以利隨時掌握毒品買賣狀況，惟鑑識人員要將手機進行扣押鑑識時，嫌犯竟將手機破壞，使之鑑識人員無法從手機中萃取相關數位跡證，在此情形下，鑑識人員前往嫌犯住處，扣押嫌犯平日所使用的電腦，進行鑑識。在鑑識過程中，發現嫌疑犯有安裝 Dropbox，判斷嫌犯應是利用此軟體進行網路毒品交易。

針對上述的案例，鑑識人員進行下列的分析：

一、檢視數位跡證

鑑識人員先使用 "MyUninstaller" 軟體將目前電腦已安裝的軟體作統計清單，確認 Dropbox 已被安裝，此軟體工具除可列出軟體基本資訊（軟體名稱、發行公司及軟體版本）外，還能顯示安裝時間與所使用的資料夾與登錄檔位置，如圖 8-32 所示。微軟系統中，對於曾執行過的程式均會產生相對應的 PF 檔，我們可透過「.PF」檔檢查使用者是否曾經在電腦上執行 Dropbox，而產生的 PF 檔存於「C:\WINDOWS\Prefetch」路徑下。

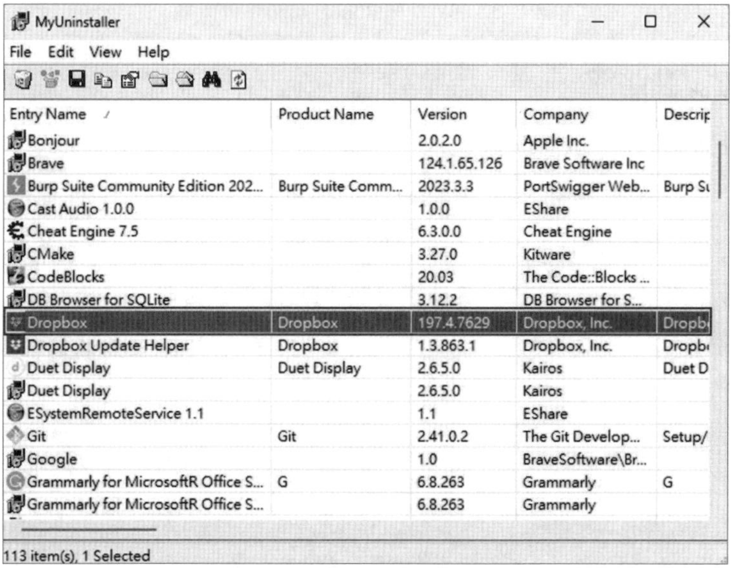

圖 8-32　有安裝 Dropbox 的狀態畫面

二、檢查上網記錄

藉由瀏覽記錄，鑑識人員可追蹤嫌犯造訪了哪些網站，分析其網路行為。透過 "Web historian" 等軟體，如圖 8-33 所示，可查看嫌犯的瀏覽記錄內容或者解析 cookie 檔，查看是否有 Dropbox 的可疑瀏覽記錄。

圖 8-33　Web Historian 網站下載頁面

三、檢查安裝路徑

　　電腦中存有軟體相關安裝路徑，我們可循相對應安裝路徑下查看有無軟體相關檔案。Dropbox 的安裝路徑是位於「Application Data」目錄下，我們可在檔案總管資料夾選項下，開啟「顯示所有檔案及資料夾」功能，查看此目錄。在 Windows XP 作業系統上，預設路徑為「Documents and Settings/username/Application Data Dropbox」，在 Windows 11 作業系統上，預設路徑為「Users/username/AppData/Roaming/Dropbox」，如圖 8-34 所示。

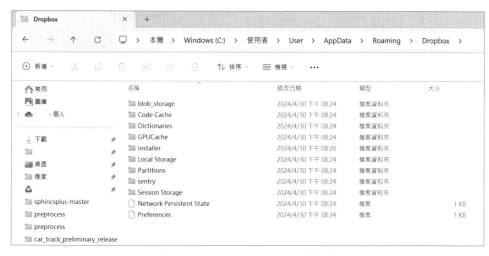

圖 8-34　Win11 Dropbox 安裝情形

四、檢查註冊機碼（**Registry**）

在 Windows 系統，Registry 是存放系統軟、硬體、使用者環境設定及系統執行等，相關詳細設定數據的大型資料庫。因此若電腦中有安裝過 Dropbox，則會在 Registry 中存有記錄。利用登錄檔管理軟體或至 Windows 作業系統下的「執行」功能，輸入「regedit」，查看 Registry 檔案內容，尋找關鍵檔案記錄，如圖 8-35 所示。

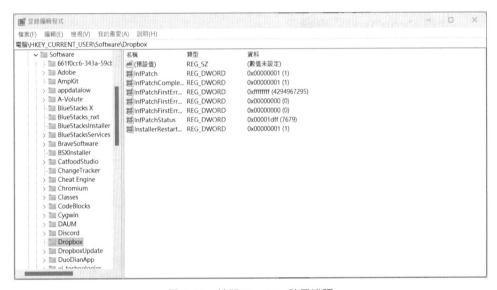

圖 8-35　檢視 Dropbox 註冊機碼

五、檢視網路連線狀態

Dropbox 是一套雲端服務的工具，藉由遠端連線將檔案文件上傳至 Dropbox 檔案伺服器。故若要確定嫌疑犯有無執行此雲端服務時，我們可利用命令提示字元輸入「netstat –an」指令或網路連線檢測工具程式「TCPView」觀察其電腦連線狀態，如圖 8-36 所示。

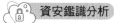

圖 8-36　檢視 Dropbox 服務連線狀態

六、檢視 Dropbox 系統資訊

　　確定嫌疑犯安裝 Dropbox 後，可透過解讀 Dropbox 相關檔案搜查重要數位跡證，在 Dropbox 安裝路徑下，有「config.db」及「filecache.db」兩個檔案，此檔案為 SQLite 檔案格式，我們可使用「SQLite Database Browser」軟體解讀檔案內容。「config.db」檔案內含有使用者登入 Dropbox 所使用 E-mail 的帳號資料，如圖 8-37 所示。而 filecache.db 內則記載使用 Dropbox 上傳檔案的記錄，如圖 8-38 所示。從這些檔案中，鑑識人員發現類似引喻毒品及交易金錢的檔案名稱，如櫻桃小丸子、藥丸頭兒及大伙兒的錢。藉此獲取重要關鍵跡證，鑑識人員得以繼續往後的鑑識作為。

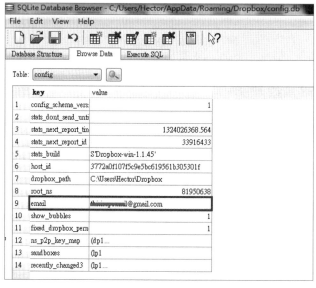

圖 8-37　Dropbox 安裝路徑下 config.db 開啟畫面

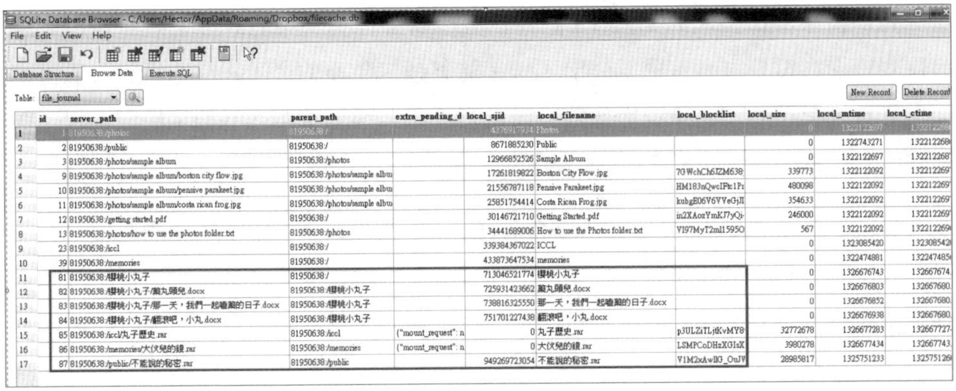

圖 8-38　Dropbox 安裝路徑下 filecache.db 開啟畫面

　　我們將前述各步驟所獲取的數位跡證類型整理如表 8-2 所示，各鑑識方法所獲取的數位跡證類型有所不同，但都有助於還原整個案情過程，以利偵辦人員進行後續偵查作為。

表 8-2　Dropbox 鑑識獲取數位跡證類型

鑑識方法	數位跡證
MyUninstaller	Dropbox 捷徑及安裝記錄。
Web Historian	網路瀏覽歷程、cookie。
Registry	程式安裝或反安裝記錄。
搜尋安裝路徑	應用程式執行檔、組態檔。
Dropbox 系統資訊分析 -config.db	E-mail 帳號。
Dropbox 系統資訊分析 -filecache.db	上傳 / 下載檔案記錄、存取位置。
netstat–an TCPView	Dropbox 服務連線運作情形。

8.3　雲端列印

　　行動設備的廣泛使用已經改變企業的營運方式，根據市場研究機構 Strategy Analytics 指出，全球行動工作者到 2022 年將達 18.7 億人，佔全球員工的 42.5%，此外，全球平板電腦的出貨量預計從 2011 年的 6 千 9 百萬增長至 2 億 2 千萬台；

全球智慧型手機出貨量將高達 13 億。許多行動工作者使用智慧型手機和平板電腦等行動設備在辦公室、家裡或外出工作，隨著越來越多的員工經常在行動設備上處理文書業務等，他們也需要從這些設備進行列印，預計使用智慧型手機和平板電腦來列印的用戶在三年內將達到 28%至 30%。

除此之外，BYOD（Bring Your Own Device）現象正在轉變現今的企業，Tech Pro Research 最近的一份報告發現，近四分之三的被調查組織已經建立 BYOD 或者計劃這樣做，而 Gartner 預測，全球一半的雇主將要求 BYOD，員工在工作場所使用自己的智慧型手機和平板電腦來工作，可促進更多的協作、溝通以及流動性，減少公司投入設備的資金，企業關鍵性資料將繼續轉移到雲端空間，供員工從任何時間、地方進行安全的存取，這意味著企業必須提供行動列印設備來進一步支援新型態的工作模式。根據同 IDC 研究，75% 的用戶表示行動列印的商業價值與 PC 列印相等重要，另有 15% 的用戶認為其實更大。雖然行動列印不是很新的概念，但隨著使用人氣的增加，越來越多行動用戶意識到其優勢，印表機廠商看準這波行動商務趨勢，推出全面支援雲端列印功能的商務機種。

未來企業使用雲端列印將蔚為常態，雲端列印服務使用安全的 HTTPS 加密協定，在列印時將檔案從雲端中刪除，但不完全安全，畢竟雲端服務商持有用戶與企業分享的列印檔案、行動裝置丟失或是被盜、裝置被植入惡意的程式、甚至連接公共 Wi-Fi 應用程式可能會使公司的資料和整個網路面臨風險。此外，一些行動設備被設計可存取分享雲端資料，並且沒有文件管理系統來管理共享於應用程式間的檔案，增加了資料在應用程式間可以輕鬆複製與移動，加上既有列印軟體，無法留存列印行為的記錄，使得任何 BYOD 裝置只要加入企業網域，便可隨時進行列印，並無法追蹤何人列印相關機密文件。因此，特別對於需要處理高度敏感性、機密性的企業如：政府機關、醫療保健和金融機構，擔心安全漏洞不願意使用雲端列印。

一、Google Cloud Print

Google 雲端列印可在電腦、智慧型手機或平板電腦之間引導路由，將列印工作傳送至已連上網際網路的印表機。此外，這項服務可讓使用者透過自己的裝

置輕鬆找到印表機並執行列印工作，完全不需進行複雜的設定及安裝驅動程式。Google 雲端列印支援的印表機有兩種：

（一）具備雲端連線功能的印表機

HP's ePrint、Epson、Canon、Samsung、Kodak 等具有雲端連線功能的印表機，可以直接連線至網路，完全不需透過電腦進行設定，只要幾秒鐘印表機就能與使用者的 Google 雲端列印帳戶建立連線，隨後即可開始列印。

（二）透過「傳統印表機」進行雲端列印

此方法需要在電腦 Chrome 瀏覽器上登入 Google 雲端列印建立網路連線。因此，Google 雲端列幾乎支援所有印表機進行雲端列印，使用者只要將家中或是工作場所中的印表機連上網路後，透過任何連上網路的裝置（Mac 或 Windows 系統電腦、筆電、手機、平板電腦），就可以隨時隨地進行列印。Google 雲端列印透過綁定 Google 帳號的方式，使用者可以和擁有 Google 帳戶的使用者共用印表機。

二、Apple AirPrint

AirPrint 是蘋果公司 macOS 和 iOS 作業系統中的一項功能，AirPrint 服務會在本地網路端自動尋找印表機，蘋果使用者可以直接從 Mac、iPhone、iPad 或 iPod touch 等蘋果裝置上，透過 Wi-Fi 無線網路列印高品質的照片與文件，且不需要安裝特定的驅動程式或下載軟體，但必須確認 iOS 裝置和印表機皆連接至相同的 Wi-Fi 網路。早在 AirPrint 技術引進前，用戶對於蘋果產品無法列印的困擾引起大家關注，蘋果公司聽到了使用者的心聲，於 2010 年 9 月發表的 AirPrint 技術，兩個月之後，iOS 4.2 發布，成為首款支援 AirPrint 的 iOS 版本。在推出時，僅有 12 台印表機與 AirPrint 兼容，印表機型號均來自 HP Photosmart Plus e-All-in-One 系列。至 2017 年，相容印表機數量已經增長到來自 40 個不同製造商至少 1,100 台印表機型號。

三、Google Android Debug Bridge

Android Debug Bridge（ADB），是一種多用途的命令行工具，可以提供使用者建立 Android 模擬器或是與 Android 設備進行連接，透過命令提示字元下達 ADB 指令，讓你直接對 Android 作存取的動作，例如刪除 Android 內部的檔案，將某個檔案放到 Android 之下，也可以得到一些目前系統的資訊，或者將 Android 內部的檔案抓出來等等，常用指令如表 8-3 所示。

表 8-3　ADB 指令

指令	說明
adb start-server	啟動 adb 伺服器。
adb devices	顯示已連結的裝置。
adb shell	進入指令模式。
adb install	安裝 App。
adb shell pm clear	清除 App 資料。
adb push	上載檔案到 SD 記憶卡。
adb pull	下載 android 裝置資料。

四、Autopsy

是一款免費的資訊安全鑑識工具，圖形化的使用者介面，支援 Windows 及 UNIX 的檔案系統格式，如 NTFS、FAT、UFS1/2 及 Ext2/3 與眾多的檔案類型，可進行刪除檔案的復原、映像檔的製作、關鍵字搜尋，提供多種 E-mail 格式文件、使用者瀏覽記錄等分析。此外，Autopsy 有一大特色在於能夠建立時間序列供鑑識人員了解在設備上發生的一連串事件，包括揮發性資料如：地理資訊。

五、DB Browser for SQLite

一款簡單又功能強大的開放原始碼工具，可用於 SQLite 資料庫的建立、設計、編輯等，提供圖形化的編輯介面，使用者不需要學習複雜的 SQL 指令，也可以清楚地檢視資料庫內容。

8.3.1 實驗操作流程

本文在 ROOT ASUS Zenfone 2 智慧型手機，版本 Android 5.0，實驗操作 Google 雲端列印，Google 雲端列印支援的印表機則選擇以「傳統印表機」方式來進行列印，本實驗印表機採用 HP LaserJet M426fdn，透過智慧型手機操作 Google 雲端列印，隨後使用 ADB（Android Debug Bridge）工具對智慧型手機進行實體萃取（Physical Extraction），並使用免費鑑識工具 Autopsy，對萃取出來的裝置映像檔進行檢視分析，尋找雲端列印的蛛絲馬跡。

一、Google 雲端列印設定

新型的印表機都配有支援雲端網路連線功能，供使用者可透過雲端連線方式，隨時隨地透過手邊的行動裝置進行列印，然而現今絕大部份傳統印表機並沒有連網的服務，因此，Google 針對此提出的解決方案如圖 8-39 所示，可透過區域網路內與印表機連線的電腦為媒介，只要該電腦持續連接網路的狀態下，使用者將行動裝置內需要列印的資料，透過 Google 帳號綁定的方式，上傳至 Google 雲端伺服器，再將列印工作提交到本地的印表機進行列印。以下就 Google 雲端列印在電腦端與行動裝置的設定做介紹。

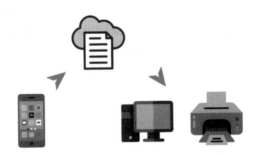

圖 8-39　Google 雲端列印流程

（一）電腦端設定

1. 開啟 Google Chrome 瀏覽器，點選「設定」→「Google 雲端列印」→「管理」。

2. 系統會列出已註冊 Google 雲端列印的裝置和網路上可用的新裝置，在「傳統印表機」底下，按一下「新增印表機」可新增區域網路內的印表機，如圖 8-40 所示。

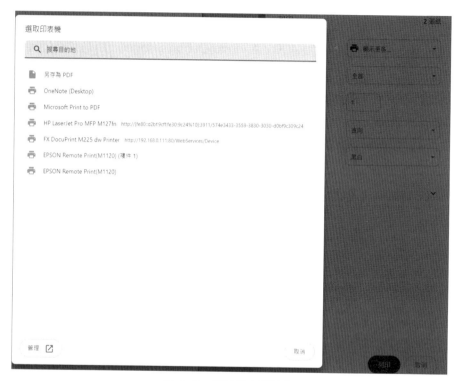

圖 8-40　傳統印表機設定

（二）行動裝置端設定

確認您的手機上已安裝了雲端列印：

1. 開啟行動裝置的「設定」設定。

2. 在「系統」之下，選取「列印」。

3. 如果未看到列印選項，請前往 Google Play 商店下載並安裝 Google 雲端列印應用程式。

4. 安裝完畢即可啟用雲端列印功能，Google 雲端列印可從「本地」與「網路」
   選擇檔案列印，「本地」選擇提供的功能選項有：檔案、圖片、繪圖、簡訊、
   聯絡人、掃描文件、記事本等列印功能；「網路」選擇則提供使用者可以透過
   Facebook、Dropbox、Google Drive、SkyDrive、網頁、電子郵件等方式來
   列印，除此之外，還羅列出使用者曾列印過的檔案資訊（日期、檔名、列印
   狀況、印表機）如圖 8-41 所示。

圖 8-41　Google 雲端列印操作介面

二、行動裝置映像檔萃取

本實驗流程圖如圖 8-42 所示，行動裝置映像檔萃取操作步驟如下所述：

- 使用ADB工具進行實體萃取取得裝置映像檔
- 將映像檔匯入鑑識工具Autopsy進行鑑識分析
- 檢視雲端列印應用程式資料夾
- 利用SqliteBrowser檢視雲端列印資料庫「CloudPrint.db」
- Printers Table 發現Google Drive雲端列印的蹤跡
- 從Google Drive取得罪證

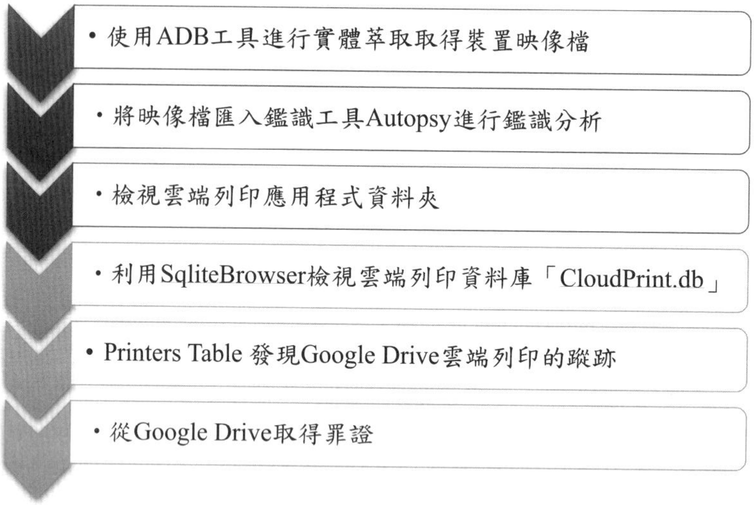

圖 8-42　實驗流程圖

1. 點選手機「設定」→「關於手機」，持續點擊「軟體版本」，直到成為開發人員。

2. 再點選「設定」→「開發人員選項」，然後勾選「USB 偵錯」。

3. USB 線連接手機至電腦。

4. 至 Download Android Studio and SDK Tools 網站下載連接手機與電腦的 ADB 工具。

5. 由於 ADB 本身所提供的指令集不多，若有需要使用到其他常用的 Linux 指令「dd」，必須到 Google Play 下載安裝 BusyBox，提供 ROOT 手機精簡的 Unix 工具集使用。

6. 在 ADB 命令提示字元輸入「adb start-server」啟動 ADB 伺服器，接著使用「adb devices」查看 Android 設備是否與電腦順利連接，「adb shell」進入 adb server 遠端操控，「su」以最高權限使用者身分執行，符號回從「$」轉換為「#」，如圖 8-43 所示。

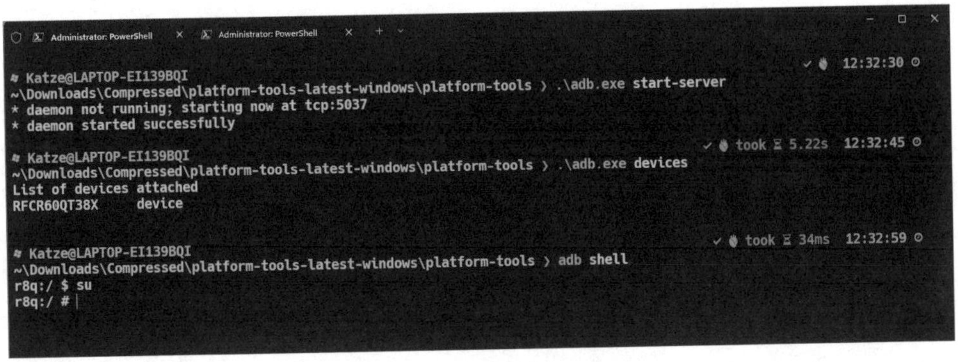

圖 8-43　啟動 ADB server

7. 下達「busybox df–h」指令，可以查看系統的分割區路徑、容量大小、已使用空間、剩餘空間、即掛載的檔案系統，如圖 8-44 所示。

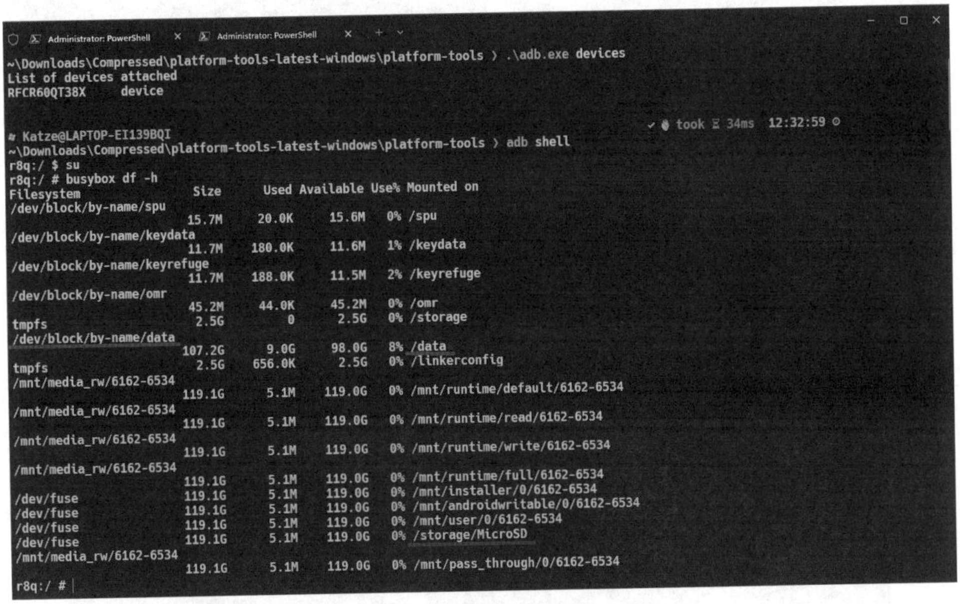

圖 8-44　查看系統的分割區

8. 使用者安裝的應用程式資料會存放於 data 分割區中，我們可以從這個發現許多程式在執行過程中所留下的蛛絲馬跡，因此，對 data 分割區路徑 (/dev/block/by-name/data) 進行「dd」指令的實體檔案資料萃取，執行：

「busybox dd if=/dev/block/ by-name /data of=/storage/MicroSD/userdata.
img conv=noerror bs=4096」，利用「dd」這個指令可以快速對手機進行以
位元為單位（Bit by Bit）的實體記憶體複製（Physical Imaging），「if」為要
進行實體資料萃取的分割區，「of」為所產生的映像檔的輸出路徑，將檔案輸
出到外接 SD 卡中，並命名輸出的映像檔為 userdata.img，「conv=noerror」
表示發生錯誤時還是繼續執行，「bs」指定 block size，一次讀取與寫入位元
組（Bytes）的資料，如圖 8-45 所示。

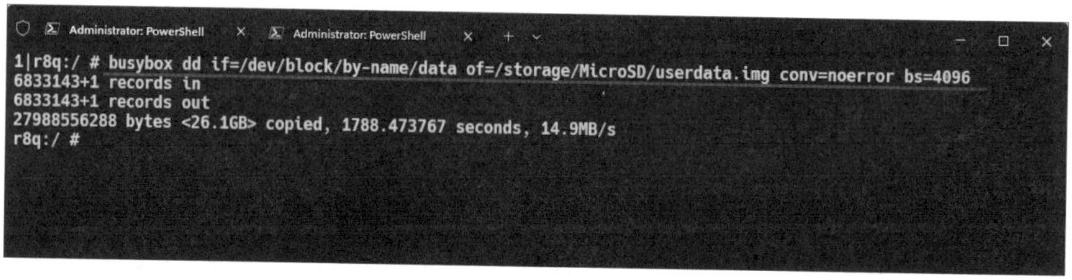

圖 8-45 「dd」指令進行資料的萃取

9. 完成 data 分割區的資料萃取，在路徑「/storage /MicroSD」底下，可以發
現我們所產生「userdata.img」映像檔，使用「adb pull /storage/MicroSD/
userdata.img C:\ImageData」，將 data 分割區的映像檔輸出到 Windows 電腦
C 槽的「ImageData」資料夾，如圖 8-46 所示。

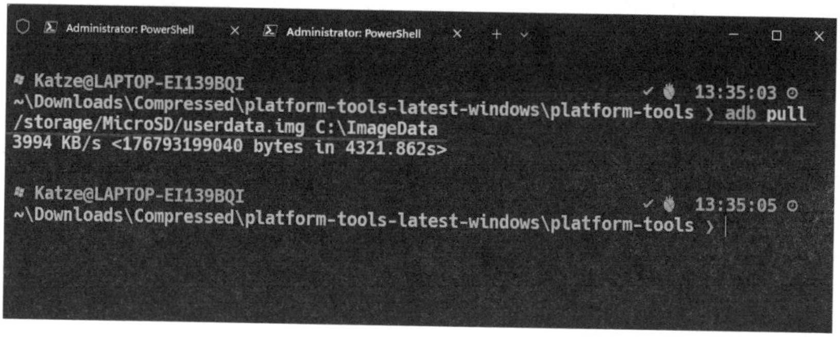

圖 8-46 輸出 data 分割區映像檔

10. 行動裝置調查重點在於資料庫鑑識，資料庫記錄許多應用程式在執行過程
的重要資訊，藉此可以了解用戶的使用行為，本實驗執行鑑識工具 Autopsy

分析取得的映像檔，在雲端列印資料夾「data/com.google.android.apps.
cloudprint」路徑下，成功取得雲端列印資料庫「CloudPrint.db」，將萃取出
來的資料庫使用 DB Browser for SQLite 打開資料庫進行檢視，如圖 8-47 所
示，資料庫內容如表 8-4 所示，從表 8-4「Printers Table」中可得知進行雲
端列印的軟體服務，調查人員可以藉此來得知哪些軟體進行雲端檔案列印，
指引調查人員另一條偵查途徑。

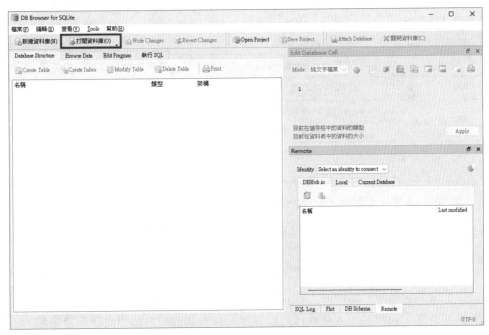

圖 8-47　DB Browser for SQLite 打開資料庫

表 8-4　「CloudPrint.db」資料庫內容

資料表（Table）	內容
Invitations	邀請列印 id 編號列印工作排程 id 編號。
PrintJob	列印檔案存放位置、使用者帳號、列印工作排程 id 編號、列印時間、印表機 id 編號、印表機型號、列印檔案名稱、列印檔案類型。
Printers	記錄進行雲端列印的軟體服務（e.g. Google Drive）、使用者帳號、列印檔案的時間、列印設定。
RequestTimestamp	列印的時間戳記、使用者帳號。

11. 現今雲端儲存服務結合雲端列印，提供使用者直接在雲端儲存空間進行雲端檔案的列印，以 Google Drive 為例，表 8-5 為 Google Drive 重要資料夾目錄，實驗發現在 cache 資料夾內可以發現雲端列印的快取檔案資料，可供調查人員了解使用者曾進行哪些檔案的列印。

表 8-5　Google Drive 重要資料夾

資料夾	內容
app_webview	Cookie、Web Data
cache	存取的快取檔案。
database	檔案 metadata 資訊、使用者帳號、檔案存取記錄、同步資訊。
files	保存曾被存取過的檔案。
shared_prefs	Xml 檔記錄檔案帳戶資訊，使用者的帳號資訊、帳號同步時間、時間登入 key、備份資訊、AES 加密演算法。

範例　高度競爭時代的來臨，各家企業為了在該領域佔有一席之位，無不卯足全力研發尖端技術，因此智慧財產權成為企業競爭力最重要的資產。近日科技公司研發部主任 A 發現另一家公司推出的新一款產品，其設計概念正是自己所帶領的研究團隊正在著手研發設計的新產品，該產品的研發已達最後階段，這時另一家公司也推出相似的新產品，讓 A 不禁懷疑有內神通外鬼，報請調查人員進行內部調查。該公司的研發部因資訊安全顧慮，有嚴格控制員工只能使用公司所配給的行動裝置，且為了使員工便於工作，在這些裝置上都安裝雲端列印服務功能，調查人員猜想公司機密資料有可能透過雲端列印洩漏，確立偵查方面後，隨即針對這些裝置進行數位調查。

調查人員透過 ADB「dd」指令對 Andorid 行動裝置進行實體萃取，取得裝置
的映像檔，並將檔案匯入鑑識工具 Autopsy 進行數位證據分析檢視，如圖 8-48 所
示，因使用者安裝的應用程式資料會存放於 data 資料夾中，調查人員針對這個資
料夾內的雲端列印檔案仔細檢視，企圖尋找列印暫存檔的蹤跡。

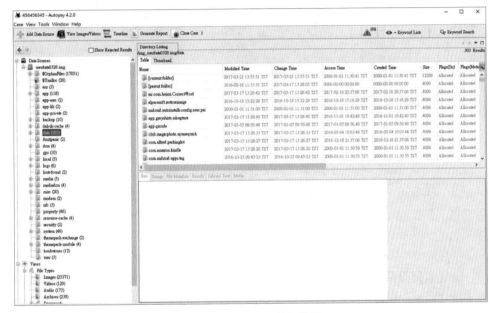

圖 8-48　Autopsy 執行畫面

雲端列印資料夾路徑「data/com.google.android.apps.cloudprint」底下，
調查人員並沒有發現列印檔案的暫存檔，猜測當列印工作結束後，暫存檔案隨
即被刪除，讓調查人員大失所望，但隨即發現雲端列印程式資料庫，因 Autopsy
無法直接檢視資料庫內容，調查人員將雲端列印資料庫「CloudPrint.db」透過
Autopsy 擷取出來匯入 DB Browser for SQLite 檢視，如圖 8-49 所示。

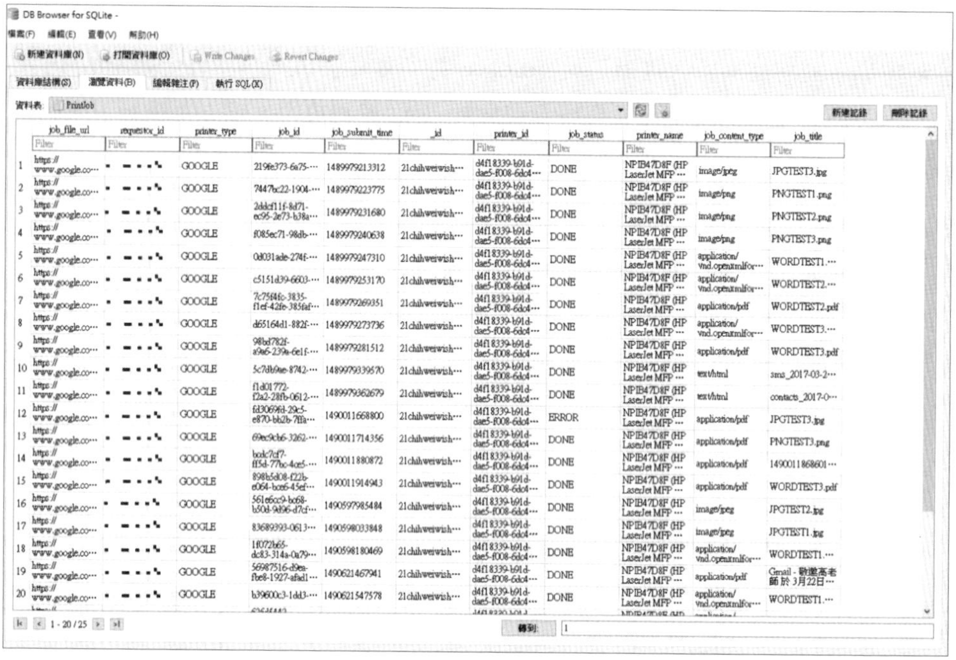

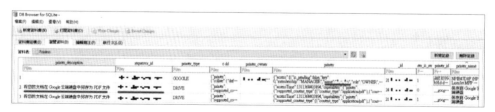

圖 8-49　雲端列印資料庫

　　從雲端列印資料庫「PrintJob Table」資料表中，可以檢視請求列印的使用者
電子信箱、列印檔案的 url、id 編號、列印的狀態、印表機型號、列印檔案名稱與
檔案類型等，但從檔名並無法得知無法確認機密檔案由此被洩漏出去，但可以確
認的是何人使用了雲端列印。調查人員進一步檢視資料庫「Printers Table」資料
表，發現在資料表欄位「printer_description」顯示：「將您的文檔在 Google 雲端
硬盤中另存為 PDF 文件」，如圖 8-50 所示，現今雲端儲存服務提供雲端列印的功
能，調查人員猜想機密資料被上傳至雲端儲存服務空間進行列印。

圖 8-50　「Printers Table」資料表

調查人員改變偵查方向朝 Google Drive 雲端儲存服務進行調查,在 Google Drive「data/com.google.android.apps.docs/cache/docs_glide/temp」下的 cache 資料夾內發現了公司機密的產品設計圖暫存檔,如圖 8-51 所示。此帳號為同屬研發部 B 所有,在證據確鑿的情況下,B 坦承接受其他科技公司收買,洩漏公司機密設計圖換取高額報酬,B 萬萬沒有想到即使將列印檔案刪除,但在雲端列印以及 Google Drive 都留下犯罪痕跡,調查人員在透過 ADB 實體萃取技術將 B 企圖刪除的檔案進行復原,B 百口莫辯俯首認罪。

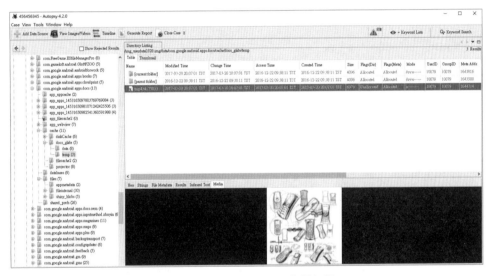

圖 8-51　Google Drive 列印暫存檔

8.4 結語

網際網路讓資訊流通打破地域的限制,也造成各類在網路上進行或是以網路為工具的犯罪行為,隨時隨地都可能發生。對於一般網路使用者而言,若未做好完善的資安措施,將可能造成自己的帳號、密碼或個人基本資料等私密資料外洩,輕者造成困擾,重者可能被利用進行犯罪行為。透過本章有關網路數位鑑識技術的說明及案例介紹,能更加了解進行鑑識蒐證時,有哪些應注意事項及可用的工具。在未來,數位鑑識將隨著網路服務的多樣化而不斷發展其對應的鑑識技術而得以蒐集有效的數位證據。

問題與討論 🔍

1. 試列出偵辦網路智慧財產權犯罪案件中，可能存在哪些數位證據？

2. 試說明網路鑑識可能遇到的威脅以及如何提升網路鑑識的可靠性？

3. 試簡述進行網路瀏覽器鑑識時，可獲取哪些類型的記錄？

4. 試說明雲端鑑識包含哪些面向及如何進行？